ACCESO GRATIS *a la Lectura en la Nube*

Para visualizar el libro electrónico en la nube de lectura envíe junto a su nombre y apellidos una fotografía del código de barras situado en la contraportada del libro y otra del ticket de compra a la dirección:

ebooktirant@tirant.com

En un máximo de 72 horas laborables le enviaremos el código de acceso con sus instrucciones.

La visualización del libro en **NUBE DE LECTURA** excluye los usos bibliotecarios y públicos que puedan poner el archivo electrónico a disposición de una comunidad de lectores. Se permite tan solo un uso individual y privado.

DESINFORMACIÓN
Y COMUNICACIÓN POLÍTICA
Una visión iberoamericana
en una nueva era tecnológica

Procedimiento de selección de originales, ver página web:
www.tirant.net/index.php/editorial/procedimiento-de-seleccion-de-originales

DESINFORMACIÓN Y COMUNICACIÓN POLÍTICA
Una visión iberoamericana en una nueva era tecnológica

MARÍA JESÚS FERNÁNDEZ TORRES
LAURA TERUEL RODRÍGUEZ
Coeditoras

tirant lo blanch
Valencia, 2025

En caso de erratas y actualizaciones, la Editorial Tirant lo Blanch publicará la pertinente corrección en la página web www.tirant.com.

Directores de la colección:

Alberto Mora Rodríguez
Inmaculada Melero López

EDITA: TIRANT LO BLANCH
C/ Artes Gráficas, 14 - 46010 - Valencia
TELFS.: 96/361 00 48 - 50
FAX: 96/369 41 51
Email: tlb@tirant.com
www.tirant.com
Librería virtual: www.tirant.es
DEPÓSITO LEGAL: V-839-2025
ISBN: 978-84-1071-789-3
MAQUETA: Tink Factoría de Color

Si tiene alguna queja o sugerencia, envíenos un mail a: *atencioncliente@tirant.com*. En caso de no ser atendida su sugerencia, por favor, lea en *www.tirant.net/index.php/empresa/politicas-de-empresa* nuestro procedimiento de quejas.

Responsabilidad Social Corporativa: http://www.tirant.net/Docs/RSCTirant.pdf

Autores

Alejandro Álvarez Nobell
Daniel Barredo Ibáñez
María Belén Barroso
Sonia Blanco
Mª Carmen Caretón Ballester
Viktor Chagas
Mariluz Congosto Martínez
Michelle Días
Tatiana Maria Dourado
Jesús Espino González
María Jesús Fernández Torres
Daniel Javier De La Garza Montemayor
Wilson Gomes
Alejandro G.J. Peña
Mireya Márquez Ramírez
Marta Martín Llaguno
Marío Riorda
Carmela Ríos Calvo
Leticia Rodríguez Fernández
Nina Santos
Jon Sedano Amundarain
Laura Teruel Rodríguez
Ana Zafra Arroyo

Índice

Prólogo

CARMELA RÍOS CALVO

Posiblemente, cuando lea este prólogo, usted se haya cruzado hoy con la desinformación en algunas de las pantallas con las que trabaja, se comunica o se entretiene. En la era de la información instantánea y la conectividad global, la desinformación se ha convertido en un monstruo de siete cabezas capaz de tomar apariencias diversas y filtrarse en los canales de la comunicación convencional para mezclarse con la información real. Esa convivencia de la verdad y la mentira se está convirtiendo en uno de los signos de los tiempos en los que nos ha tocado vivir. Los actores de la desinformación disfrutan, en la era de las redes sociales, de la capacidad para difundir sin límites y envolver sus manipulaciones en disfraces narrativos cada día más creativos y convincentes. Esto es lo que hace que la amenaza sea sólida y creciente. Esto es lo que hace que obras como la que tiene entre sus manos sean más necesarias que nunca.

Expertos en verificación de datos, autoridades reguladoras, científicos sociales, profesores universitarios: todos parecen estar de acuerdo en la gravedad del fenómeno de la desinformación y el alcance del problema. No existe tanta unanimidad, sin embargo, a la hora de delimitar los contornos de la amenaza debido a su capacidad de transformación en el ecosistema de comunicación de este siglo. En este sentido, podríamos considerar que la sobreabundancia de información en la que vivimos inmersos ya es una modalidad de desinformación. "La información tiene un intervalo de actualidad muy reducido. Carece de estabilidad temporal porque vive del atractivo de la sorpresa. Debido a su inestabilidad temporal, fragmenta la percepción. Arrastra la realidad a un 'permanente torbellino de actualidad'. Es imposible detenerse en la información. Esto deja al sistema cognitivo en estado de inquietud. La necesidad de aceleración inherente a la información reprime las prácticas cognitivas que consumen tiempo, como el saber, la experiencia y el conocimiento". Como señala el filósofo surcoreano Byung-Chul Han, lo que él denomina "infocracia" aparece como el zócalo emocional e intelectual sobre el que la desinformación crece actualmente.

La manipulación emocional puede ser otra forma de desinformación y ha encontrado en el ámbito electoral otro de los campos de batalla más notorios. Durante décadas, los algoritmos de las redes sociales han premiado con más difusión las publicaciones capaces de generar entre los usuarios los sentimientos más intensos, como la ira y el miedo. Los actores de la desinformación llevan años aprovechando el potencial viralizador de la negatividad para teñir procesos electorales en todo el mundo. Noticias falsas sobre candidatos, conspiraciones descabelladas y campañas difamatorias en las redes sociales se convierten en moneda corriente. Tales artimañas no solo polarizan a la sociedad, sino que tienen un impacto directo en la intención de voto.

La desinformación electoral ya tiene monumentos contemporáneos, como la imponente estrategia que, en Filipinas, permitió al hijo del dictador Ferdinand Marcos impulsar, con ayuda de las redes sociales, un proceso de revisión histórica que logró borrar, a ojos de muchos ciudadanos, la inmensa y oscura huella que la dictadura de sus padres dejó entre 1972 y 1986. El relato alternativo, donde no aparecían ni torturados, ni víctimas de la represión, ni el enorme expolio económico que sufrió Filipinas con los Marcos, circuló impunemente en todos los formatos y plataformas y terminó por seducir a millones de ciudadanos. El hijo de Ferdinand e Imelda ganó las elecciones presidenciales de su país en 2022.

Pero la desinformación no se limita a las urnas. En el ámbito internacional, hemos visto su impacto en conflictos armados como Ucrania o, más recientemente, la crisis en Oriente Próximo. La desinformación es ahora un arma adicional para manipular la percepción pública, sembrar dudas y confusión. El paso de los años solo parece incrementar el problema.

¿Cómo enfrentarnos a este monstruo? Como hemos señalado, primero debemos reconocerlo en sus diversas formas. No se trata solo de la proliferación de noticias falsas en línea. La desinformación abarca un amplio espectro de tácticas. Incluye la difusión de teorías de conspiración, la manipulación de imágenes y videos, y la creación de divisiones en las redes sociales. Comprender estas tácticas es fundamental para evitar que la desinformación gobierne nuestras vidas como ciudadanos activos.

Desde edades tempranas, los ciudadanos deben comprender que viven en un entorno saturado de información. La alfabetización mediática se ha convertido en una habilidad esencial en el siglo XXI. Las escuelas y las instituciones académicas tienen un papel vital en impartir estas habilidades a las generaciones jóvenes. La educación no se trata solo de identificar información falsa, sino de fomentar un pensamiento crítico y la capacidad de discernir la información de calidad de la basura digital.

Y ha entrado en el campo de juego un actor importante: la inteligencia artificial (IA) en la lucha contra la desinformación. La IA tiene el potencial de detectar y neutralizar la información errónea de manera eficaz y eficiente. Algoritmos avanzados pueden rastrear la propagación de noticias falsas y eliminar contenido engañoso. Sin embargo, esta tecnología puede usarse con la misma eficacia para suplantar todos los rasgos visuales, sonoros o informativos de una identidad, ya sea personal o corporativa. Todavía no somos capaces de valorar el desafío en su justa medida.

Algo que tenemos claro es que la desinformación es un enemigo que no se rinde fácilmente; se adapta, evoluciona y debemos estar listos para luchar. Solo a través de la comprensión y la acción colectiva podremos preservar la integridad de nuestras sociedades, protegiendo así nuestros sistemas democráticos y nuestro bienestar. En una era de desafíos constantes, la verdad se convierte en un faro al que debemos aferrarnos con determinación y valentía.

La desinformación: Un problema creciente a ambos lados del Atlántico

LAURA TERUEL RODRÍGUEZ
MARÍA JESÚS FERNÁNDEZ
Coeditoras

La desinformación ha emergido como una preocupación significativa en las sociedades contemporáneas en los últimos años y su impacto en el ámbito iberoamericano ha sido especialmente notable. Por ello se hace necesario un abordaje integral de este problema con vocación internacional y longitudinal; pues los desórdenes informativos han ejercido una influencia sustancial en la formación de la opinión pública en esta región.

Aunque es cierto que existen diferencias significativas entre los países que conforman Iberoamérica, entre España y los países de América central y del sur, es importante destacar que también se han identificado notables similitudes en los patrones de desinformación y sus efectos. Por ello, estas cuestiones serán abordadas en detalle en este libro, que busca arrojar luz sobre la naturaleza de la desinformación en la región y sus implicaciones para la democracia y la sociedad en general. En estas primeras páginas queremos presentar los capítulos que lo componen para ofrecer una perspectiva general de su ámbito epistemológico y guiarles sobre la concepción del mismo.

La desinformación se asocia generalmente a las elecciones políticas. Esto sucede en países de todo el mapa, pero adquiere una dimensión propia en Iberoamérica, como ya afirmaron Lupu, Ramírez Bustamante y Zechmeister (2020). Con este trabajo confirman la hipótesis, que sostienen diversos autores, sobre los efectos negativos de la desinformación para la credibilidad y legitimidad de las democracias iberoamericanas. Más aún, las noticias falsas socavan la libertad individual de la ciudadanía, como sujeto electoral, y se convierten en un obstáculo para el desarrollo de las sociedades (Cañizález, Hernández y Torrealba, 2020). En esta línea se sitúa el capítulo de la presente monografía de Mireya Márquez, que pone el foco en la situación mexicana.

Al respecto, Hernández, Flórez y Marlés (2022) recuerdan que el aumento de la desinformación, que erosiona la capacidad de decisión y el proceso democrático, se da en un entorno de grandes desigualdades sociales, lo que las convierte en más vulnerables. Una de las potenciales consecuencias de este fenómeno internacional es, además de lo anterior, el surgimiento de líderes populistas.

La exacerbación de las ideologías agudiza los extremos políticos que sesgan el tratamiento de determinados temas en medios de comunicación y que son tierra fértil para la proliferación de noticias falsas, tal y como apuntan en su capítulo Alejandro Álvarez y Mª Belén Barroso.

América del Sur es una región con inequidades determinantes —económicas, sociales, educativas, culturales— que la hacen estar más expuesta a los desórdenes informativos que provienen, a su vez, de distintos actores y llegan a la ciudadanía por diferentes medios. Identificar a los causantes de los desórdenes informativos es especialmente complicado, pero sí es posible observar los intereses que persiguen la creación y puesta en circulación de estos contenidos falsos. Contenidos falsos que desde hace años vienen denominándose *fake news* como un mal sinónimo de la desinformación —tal y como apunta en este libro Leticia Rodríguez.

Entre esas finalidades de la desinformación, en varios textos de esta monografía se aborda la importancia de la política. Es el caso del capítulo de Daniel Barredo, Daniel Javier de la Garza y Michelle Días, que realiza un estudio comparativo entre tres grandes países americanos. En esta línea, supone una contribución a la literatura científica internacional que observa en España y América Latina, como inductores de las *fake news*, fundamentalmente, los intereses políticos, gubernamentales o reputacionales, de manera destacada (Hernández-Rodríguez y Londoño-Pardo, 2023).

Sin embargo, en el contexto político, es escaso el estudio de las denominadas "cortinas de humo" como estrategias de desinformación desde el poder y que, tal y como exponen Marta Martín y Mª Carmen Carretón en estas páginas, crean falsos ciclos de noticiabilidad condicionadas al tiempo que duran los asuntos públicos que se pretenden ocultar.

Una vez identificados los objetivos —el para qué—, Guallar y otros (2020) hablaron de tres tipos de canales de difusión de estos contenidos falsos: los medios de comunicación, las redes sociales abiertas (como Twitter/X, Facebook o Instagram) y las redes sociales cerradas y servicios de mensajería (como Whatsapp o Telegram). Concluyen en el gran peso que tiene este último grupo en la distribución de la desinformación, aunque también tiene una importancia apreciable el segundo grupo, siendo mucho más escasa la presencia de contenidos falsos que trasladan a la sociedad los medios de comunicación. Así pues, en este libro se han dedicado varios capítulos al papel de las redes sociales. Es el caso de aportaciones como la de Jon Sedano —centrada en el caso de Telegram—.

A este respecto, rematan Salaverría y otros (2020, p. 11): "WhatsApp se ha revelado, en efecto, como la plataforma donde los bulos se diseminan en mayor cantidad y con mayor alcance. Con todo, también se advierte una considerable difusión de contenidos falseados en redes sociales abiertas, como Twitter". Coinciden con otros autores (Machado y otros, 2019; Canavilhas, Colussi y Moura, 2019) que se centran en el caso brasileño, uno de los países, en todo el mundo, a los que más se vincula la relación entre la desinformación y la política (Teruel, 2023). Por ello, es uno de los estados abordados de manera protagonista en esta monografía por investigadores como Wilson Gomes y Viktor Chagas.

Así pues, las redes facilitan que actores tanto externos como internos, fundamentalmente con intereses políticos, puedan distribuir sofisticados mensajes falsos con la finalidad de desinformar. En esta monografía, capítulos como el de María Jesús Fernández, Sonia Blanco, Mariluz Congosto y Alejandro G. J. Peña confirman estos aspectos y ponen el foco en la desinformación como arma utilizada en los conflictos bélicos, como ya apuntaban Morejón-Llamas, Martín-Ramallal y Micaletto-Belda (2022).

Guallar y su equipo (2020) escribían no sólo sobre las consecuencias del problema de los desórdenes informativos y los canales por los que se transmite sino, también, sobre posibles soluciones. El periodismo de calidad es una de las primeras murallas defensivas contra el fenómeno. En esta monografía reflexionamos sobre cómo se abordan en la prensa el problema, en aportaciones como las de Laura Teruel y Ana Zafra, y observamos dinámicas más o menos positivas para la cobertura de estos casos. También se apunta hacia la alfabetización mediática y digital de los ciudadanos (Lotero-Echeverri; Romero-Rodríguez; Pérez-Rodríguez, 2018).

Y se menciona, por último, la importancia de la curación de contenidos y la verificación o fact-checking (Palau-Sampio 2018). Vélez, Porter y Wood (2022) afirmaron que las verificaciones de hechos podían eliminar los efectos de la desinformación en creencias falsas, reforzando la importancia verificación de hechos por parte de los medios de comunicación orientados a la comunidad latina. En este libro, capítulos como el de Jesús Espino realizan un estudio de caso de cómo una fuente política ha optado por desarrollar una labor constante y organizada de verificación en temas de interés social vinculadas a la institución municipal.

No cabe duda, por tanto, de que el estudio de la desinformación ha despertado un gran interés académico internacionalmente y en el ámbito iberoamericano, en particular. En esta monografía científica hemos llevado a cabo un exhaustivo análisis de los enfoques académicos relacionados con el fenómeno de la desinformación en Iberoamérica, desde múltiples perspectivas y con objetos de estudios complementarios. Los capítulos que la componen proporcionan una valiosa panorámica sobre los desórdenes informativos y profundizan en la comprensión de este desafío crucial al que nos enfrentamos.

Antes de concluir, queremos mostrar nuestro total agradecimiento al proyecto de investigación "Impacto de la desinformación en el periodismo: contenidos, rutinas profesionales y audiencias" (PID2019-108956RB-I00), del Ministerio de Ciencia e Innovación del Gobierno de España, y a ALICE, Asociación Latinoamericana de Investigadores en Campañas Electorales, por financiar y respaldar esta publicación.

Bibliografía

Canavilhas, J., Colussi, J. y Zita-Bacelar, M. (2019)." Desinformación en las elecciones presidenciales 2018 en Brasil: un análisis de los grupos familiares en *WhatsApp". El profesional de la información,* 28 (5). España, pp.1-9

https://doi.org/10.3145/epi.2019.sep.03

Cañizález, A., Hernández, L., & Torrealba, L. (2020). "Disinformation as a Society-Wide Threat: Journalism and 'Fakecracy' In Venezuela". En Višňovský, J. y Radošinská, J. (eds.) *Fake News Is Bad News: Hoaxes, Half-truths and the Nature of Today's Journalism.* IntechOpen, Londres. Pp 183-196

Guallar, J., Codina, L., Freixa, P. y Pérez-Montoro, M. (2020). "Desinformación, bulos, curación y verificación. Revisión de estudios en iberoamérica 2017-2020". *Telos: revista de Estudios Interdisciplinarios en Ciencias Sociales,* 22 (3), Venezuela. (Pp.595-613).

DOI: www.doi.org/10.36390/telos223.09

Hernández, S., Flórez, B., and Marlés Herrera, M.S. (2022). "Fake News and Democracy in Latin America". *Politeja* 19 (6(81):85-101. https://doi.org/10.12797/Politeja.19.2022.81.04.

Hernández Rodríguez, J. C., & Londoño Pardo, Ó. I. (2023). "Los contenidos, los actores y los intereses detrás de las noticias falsas. Un análisis de los bulos verificados en España y Colombia". *Comunicación Y Sociedad,* 1-25. https://doi.org/10.32870/cys.v2023.8518

Lotero-Echeverri, G., Romero-Rodríguez, L.M. y Pérez-Rodríguez, A. (2018). "Fact-checking vs. Fake news: Periodismo de confirmación como recurso de la competencia mediática contra la desinformación". *Index. comunicación,* 8 (2), pp. 295-316. https://journals.sfu.ca/indexcomunicacion/index.php/indexcomunicacion/article/view/370/400

Lupu, N., Ramírez Bustamante, M. V., & Zechmeister, E. J. (2020). Messaging Mistrust in Latin America. *J. Democracy, 31,* 160.

Machado, C., Kira, B., Narayanan, V., Kollanyi, B., & Howard, P. (2019, May). "A Study of Misinformation in WhatsApp groups with a focus on the Brazilian Presidential Elections". In *Companion proceedings of the 2019 World Wide Web conference* (pp. 1013-1019).

Morejón-Llamas, N., Martín-Ramallal, P. y Micaletto-Belda, J.P. (2022). Twitter content curation as an antidote to hybrid warfare during Russia's invasion of Ukraine. El *Profesional de la información,* 3(3), e310308. https://doi.org/10.3145/epi.2022.may.08

Palau-Sampio, D. (2018). "Fact-checking y vigilancia del poder: La verificación del discurso público en los nuevos medios de América Latina". *Communication & Society,* 31 (3), 347-365. https://doi.org/10.15581/003.31.3.347-365

Porter, E., Velez, Y., & Wood, T. J. (2022). Factual corrections eliminate false beliefs about COVID-19 vaccines. *Public Opinion Quarterly, 86*(3), 762-773. https://doi.org/10.1093/poq/nfac034

Rodríguez-Pérez, C. (2020). "Una reflexión sobre la epistemología del fact-checking journalism: retos y dilemas". *Revista de Comunicación,* 19 (1), España, pp. 243-258.

https://doi.org/10.26441/RC19.1-2020-A14

Salaverría, R., Buslón, N., López-Pan, F., León, B., López-Goñi, I., y Erviti, M.C. (2020). "Desinformación en tiempos de pandemia: tipología de los bulos sobre la Covid-19". *El profesional de la información,* 29 (3), España, e290315. https://doi.org/10.3145/epi.2020.may.15

Teruel-Rodríguez, L. (2023). Increasing political polarization with disinformation: A comparative analysis of the European quality press. *Profesional De La información Information Professional, 32*(6). https://doi.org/10.3145/epi.2023.nov.12

Velez, Y., Porter, E. and Wood, T.J. (2022). Latino-Targeted Misinformation and the Power of Factual Corrections. *The Journal of Politics,* 85(2):789-794. https://doi.org/10.1086/722345

Las cortinas de humo, entre la distracción y las fake news. Conceptualización teórica y aplicación práctica: corbatas para esconder inflación

MARTA MARTÍN-LLAGUNO
Departamento de Comunicación y Psicología Social
Universidad de Alicante
CARMEN CARRETÓN-BALLESTER
Departamento de Comunicación y Psicología Social
Universidad de Alicante

1. INTRODUCCIÓN

La irrupción de internet ha potenciado la velocidad y el alcance de la desinformación, definida por la Unión Europea como aquella "falsa, inexacta o engañosa diseñada, presentada y promovida con el propósito de causar daño público o con fines de lucro" (Comisión Europea, 2018, p. 5).

La presencia de la mentira en la comunicación colectiva no es un fenómeno nuevo. Lo que diferencia la situación actual es que, como resultado de la hiperdigitalización, la escala, complejidad y abundancia de la comunicación (Blumler, 2015) permiten la producción y difusión rápida de información incorrecta (Benkler, Faris & Roberts, 2018). En este contexto, el concepto de "desorden informativo" (Niklewicz, 2017) se convierte no solo en un riesgo para la economía y la democracia, sino también en una potente arma estratégica.

El conflicto en Crimea fue un punto de inflexión que llevó a la Unión Europea a considerar que la desinformación era un riesgo real, no solo de manera aislada, sino también en conexión con otras amenazas híbridas. Desde entonces, políticas nacionales y supranacionales han lanzado iniciativas con el objetivo de "comprender" para poder "actuar" (Comisión Europea, 2018ab; Renda, 2018) contra este fenómeno.

Existe una necesidad apremiante de contar con estudios teóricos, empíricos y taxonomías para identificar patrones de desinformación en la era de la hiperdigitalización. No es por tanto sorprendente que esta cuestión haya despertado un gran interés en la comunidad académica, ya que el nuevo entorno exige una reevaluación de algunas teorías sobre las influencias de los medios sociales.

El Brexit y la llegada de Trump despertaron el interés de algunos investigadores, pero ha sido la "infodemia" (Aleixandre-Benavent, Castelló-Cogollos & Valderrama-Zurián, 2020) de la COVID-19 lo que ha generado un crecimiento exponencial en los estudios centrados en las noticias falsas y bulos, el papel de los medios, los periodistas y las redes, así como las estrategias de comunicación de los sistemas sanitarios (Aleixandre-Benavent, Castelló-Cogollos & Valderrama-Zurián, 2020; González-Harbour, 2020).

La búsqueda de referencias sobre el fenómeno de las "cortinas de humo" descubre un cierto interés mediático en detrimento del científico. En 2013, Boris Johnson, entonces alcalde de Londres, publicaba un artículo en el diario The Telegraph, en el que desvelaba la táctica política del "Gato muerto sobre la mesa" diseñada por Lynton Crosby, su anterior coordinador de campaña (The Telegraph, 2013). Esta maniobra política consiste en sorprender con un asunto inesperado y relevante para desviar la atención sobre un hecho que te perjudica lanzando un tema (gato muerto) por el que la gente se sentirá "indignada, alarmada, asqueada" (yocampesino, 2021), que acaba convirtiéndose en el foco del debate. Durante su mandato como primer ministro del Reino Unido, Boris Johnson empleó esta estratagema, una "cortina de humo", en innumerables ocasiones. (Stothard, 2019; Taylor, 2021; Potter, 2022).

A pesar del extendido uso de esta táctica, de sus presencia en medios, de su impacto político y social, y de la abundancia de literatura sobre la desinformación, sorprende el escaso interés académico que despiertan las "cortinas de humo" para las que apenas se encuentra material cuando se hacen búsquedas en las bases de datos científicas.

En este contexto, el objetivo general de este artículo es profundizar en estas dinámicas ubicando el concepto dentro de las taxonomías de la desinformación, definiéndolo y delimitando para, posteriormente, explorar un ejemplo reciente: la minimización de la atención sobre el dato de la inflación a partir de un polémico consejo sobre el uso de la corbata dado por el presidente de gobierno español.

2. CONCEPTUALIZACIÓN, INVESTIGACIÓN Y DELIMITACIÓN DE CORTINA DE HUMO

2.1. Origen y ubicación del concepto dentro de la mentira comunicativa

El concepto de "cortina de humo" tiene su origen en el ámbito militar y era una táctica de guerra que consistía en generar una gran cantidad de humo para ocultar los movimientos de las tropas propias y confundir al enemigo. Esta estrategia se empleó durante miles de años, pero fue en la Primera Guerra Mundial cuando se convirtió en una herramienta militar esencial (Sputniknews.com, 2019).

En la actualidad, el término se utiliza en lengua común de manera metafórica para referirse a una distracción generada por una persona, empresa o gobierno con el objetivo de desviar la atención de la opinión pública de un tema importante o controvertido.

Las cortinas de humo son una fórmula para desinformación identificada desde hace años en el contexto de la propaganda.

Y es que al igual que la mentira comunicativa no es nueva, tampoco lo es la reflexión sobre ella. A pesar de haberse desarrollado en otros contextos de difusión, hay textos canónicos que aportan hoy día categorías de utilidad al estudio de la desinformación.

Tabla I. Mecanismos de la mentira y la desinformación

I. Supresión. Hacer creer que algo que existe, no existe	**Omisión**	**Ocultar información al interlocutor**
	Negación	Afirmar que algo verdadero que se dijo sobre un hecho es falso y acusar de mentirosa a la fuente
	Supresiones materiales	Esconder o destruir pruebas como huellas o documentos
II. Adiciones. Hacer creer que algo que no existe, existe	Disimular un plan	Concebir y poner en marcha planes falsos para distraer al enemigo
	Embellecer o deslucir un objeto	Elogiar el campo amigo con falsas noticias favorables y deslucir el campo enemigo con falsas noticias desfavorables
	Justificar una acción agresiva	Inventar información sobre presuntos desórdenes en el campo enemigo para justificar una acción
III. Deformaciones	Exagerar Minimizar	Engrandecer hechos, propiedades o virtudes y lo contrario
IV. Otros procedimientos perturbar el ejercicio del conocimiento	Desviar la atención	Pretender que el tema sea poco conocido Aludir a supuestos conocimientos y lanzar noticias contradictorias
IV. Especular sobre dificultades inherentes al conocimiento	Uso del lenguaje Uso del razonamiento	
V. Procesos afectivos	Uso de valores de otras personas Uso del inconsciente	

Fuente: elaboración propia a partir de Durandin (1982).

Es el caso del libro de Guy Durandin, quien en 1982 detalló los procedimientos de "la mentira en la propaganda" (Durandin, 1982). Como se puede apreciar (ver Tabla I) estos implican (i) signos (palabras, imágenes, falsos personajes, objetos, fenómenos, acciones y documentos); (ii) operaciones, (supresiones, adiciones y deformaciones); y (iii) mecanismos varios como a) utilización de lo afectivo, b) falsos razonamientos o c) la perturbación de las condiciones del ejercicio del conocimiento (por ejemplo, mediante el desvío de la atención).

Es precisamente esta última categoría la que define las cortinas de humo, unos mecanismos que no constituyen mentiras en sentido estricto, pero que, al distraer la atención de lo relevante, impiden que la población conozca la realidad al manipular su psiquismo.

Como explica Durandin (1983, pp. 188-189), "cuando un hecho llega a la opinión pública a través de canales que uno no ha podido controlar, a veces es difícil negarlo, pero se puede intentar desviar la atención para reducir su impacto". Se consigue "eliminar" o "minimizar" a) llamando la atención sobre otro objeto o b) rodeando el objeto en disputa con varios otros para disminuir su importancia relativa. "Es un procedimiento similar al de esconder un pez en un lago" (Durandin, 1983, pp. 188-189).

Aunque el autor francés no emplea en su texto en ningún momento el término, en su mecanismo de distracción está describiendo las cortinas de humo, las operaciones realizadas para manejar la opinión pública que consisten en "despistar" de una noticia o situación incómoda mediante la creación de otra menos comprometedora que capte más interés público.

2.2. El estado de la investigación sobre desinformación: escasez de investigación sobre las cortinas de humo

Las cortinas de humo, como tácticas desinformativas en la sociedad de la información y la comunicación (SIC), no han recibido una atención académica, a pesar de la explosión de investigaciones sobre estos temas en los últimos años.

Kapantai et al. (2022) han llevado a cabo una revisión sistemática con el propósito de establecer una taxonomía, y señalan una abundancia de términos y conceptos, como "fake news" (Lazer et al., 2018; Vosoughi et al., 2018; Zhou & Zafarani, 2018), "desinformación digital" (World Economic Forum, 2018), "desinformación" (Amazeen & Bucy, 2019; Comisión Europea, 2018a; Wardle & Derekshan, 2017), o "rumores" (Shao et al., 2018; Amazeen & Bucy, 2019), lo que conduce a una compleja ambigüedad terminológica (Wendling, 2018).

A partir de la síntesis de estas investigaciones, los autores identifican 11 "productos desinformativos" analizados de manera repetida (nuestro objeto de estudio no se encuentra entre ellos). Así, la academia ha investigado ampliamente la fabricación, la impostura, la conspiración, las bromas, los sesgos, los rumores, los clickbaits, la conexión engañosa, las reseñas falsas, el trolling y la pseudociencia. El potencial de engaño de cada uno de estos elementos se encuentra en tres dimensiones, a saber:

- La facticidad se refiere al grado en que los contenidos se basan en hechos (Tandoc et al., 2017), lo que puede variar desde ser totalmente falsos (fabricados) hasta incluir una mezcla de hechos y contexto, o narrativas falsas y distorsión de información o imágenes (Comisión Europea, 2018a).
- La verificabilidad, o la capacidad de confirmar los orígenes y la autenticidad del contenido (Allcott & Gentzkow, 2017), puede existir o no.
- La motivación se refiere a la fuerza que impulsa el acto, que puede ser de naturaleza ideológica, psicológica o comercial.

Si partimos de la clasificación de Kapantai et al. (2022), una cortina de humo estaría basada en hechos verificables, pero el engaño radicaría en la importancia que se les otorga en respuesta a una motivación específica: eclipsar otro evento. El "producto informativo" de las cortinas de humo sin embargo apenas ha captado la atención en comparación con otros, como los rumores, ampliamente estudiados desde que Allport y Postman (1947) investigaron su mecanismo de difusión.

Por otra parte, si analizamos la producción científica a partir de la taxonomía de Durandin (1983), vemos que la academia ha mostrado un gran interés en "procedimientos" y "operaciones" de desinformación, basados en "adiciones" y "deformaciones" pero falta investigación sobre las consecuencias "supresiones", que involucran la omisión y ocultación de información (Martín-Llaguno et al., 2022) y "distracciones de información", como señalan Seo y Faris (2021).

2.3. Hacia una delimitación de las cortinas de humo

Las cortinas de humo son operaciones que se orquestan por parte de una persona, empresa o gobierno para generar una distracción y desviar el foco de atención de la opinión pública de un tema y trasladarlo hacia otro (Lifeder, 2023), o para generar ambigüedad y neutralizar un discurso (Meyer & Höllerer, 2016).

Carreras, López y Serrano (2009) plantean que el primer requisito de una cortina de humo es la existencia de un determinado asunto, sobre el cual hay en marcha "un ciclo de noticiabilidad" que impulsa "un ciclo de atención" que necesita ser neutralizado.

Desde su inicio hasta su desaparición, los "temas" que se convierten en "problemas sociales" atraviesan un "ciclo" (Downs, 1972, p. 39), en el que el papel de la comunicación pública es crucial (Martín-Llaguno, 2000) (ver Gráfico I).

Gráfico I. La construcción del ciclo de noticiabilidad

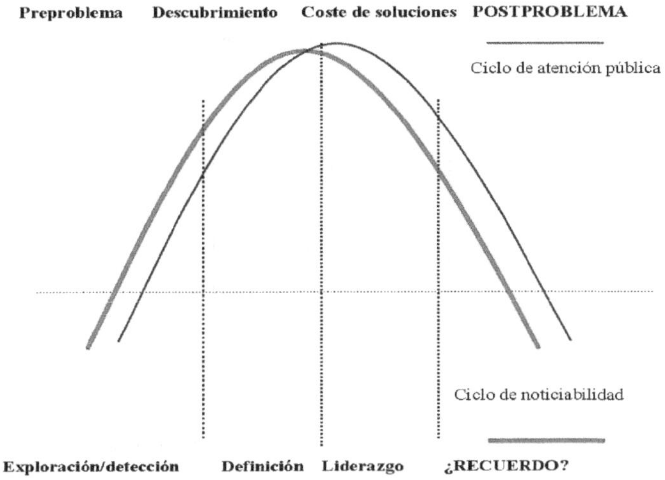

Fuente: Martín-Llaguno (2002).

Inicialmente, hay una fase de "pre-problema", cuando la cuestión afecta a unos pocos y sólo es conocida por algunos, en la que un acontecimiento lleva a los medios de comunicación a ocuparse de ella. Al aumentar repentinamente el número de noticias, la sociedad hace un "descubrimiento alarmante" del tema en el que se establecen los marcos que guiarán la percepción y las respuestas de los ciudadanos (Martín-Llaguno, 2002). Entonces se entra en la etapa de "darse cuenta del coste de un progreso significativo", en la que los medios de comunicación y la opinión pública reflejan propuestas de solución (Downs, 1972, p. 40). Después de un tiempo, se produce un "declive gradual del interés público intenso", que lleva del ciclo de atención al asunto a la etapa posterior al problema (Downs, 1972, p. 40).

En una cortina de humo la clave está en agregar hechos a la esfera pública de manera que la nueva cuestión despierte mayor interés público que la que se desea ocultar, provocando una pérdida del conocimiento en los detalles del asunto original. La orquestación de una cortina de humo genera un ciclo de noticiabilidad artificial y simultáneo más potente que el iniciado por la cuestión real, con la esperanza de que el nuevo ciclo de interés desplace al anterior.

Gráfico II. La construcción de una cortina de humo

Preproblema Descubrimiento Coste de soluciones Postproblema

Cortina de humo

Problema real

Exploración/detección Definición Liderazgo Recuerdo

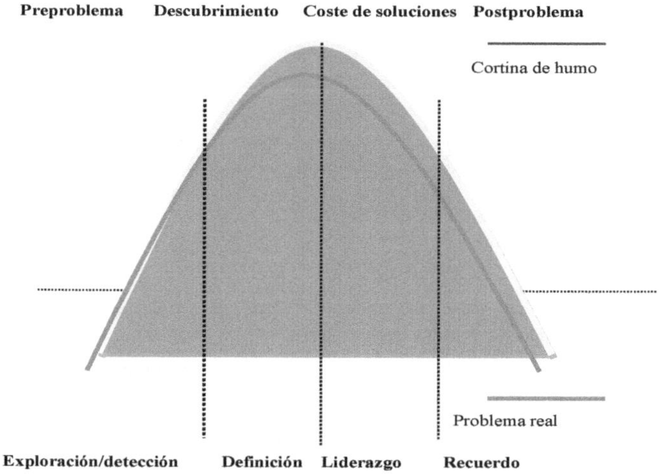

Fuente: elaboración propia

Las fases del ciclo de la cortina de humo (ver Gráfico II) son las mismas que las fases del ciclo de construcción del problema social. La cortina de humo atraviesa todos estos ciclos, pero procura desarrollarlos buscando coincidencias casi absolutas con los ciclos de los temas que pretende ocultar. La ambigüedad generada "puede ayudar, al menos temporalmente, a abordar los problemas derivados de la complejidad institucional" (Meyer & Höllerer, 2016, p.17). De esta forma, su ciclo de noticiabilidad está totalmente condicionado por el tiempo de los asuntos verdaderamente importantes que desea ocultar.

La clave reside en que el tema de la cortina de humo se convierta en un "tema asesino" (Hans-Bernd & Hans, 1995), para que el tema que se desea ocultar acabe transformarse en un "tema víctima" (Hans-Bernd & Hans, 1995)[1].

> Para lograr esto, la cortina de humo debe exhibir dos características bien definidas:
> a) Con independencia de su veracidad o falsedad, requerirá de una cobertura mediática más allá de lo normal.
> b) El tema debe tener valor en sí mismo para gran parte del público (Brosius & Kepplinger, 1990).

Los "temas víctima" que se pretenden ocultar deben acabar siendo menos atractivos, menos mediáticos o accesibles para la comprensión del público en que los "temas asesinos" (en este caso, las cortinas de humo). La designación de un tema como "víctima" o "asesino" no implica un juicio de valor sobre su importancia, sino que describe su posición en la dinámica de la atención pública.

Cualquier tema puede convertirse en "asesino" en contraposición a un relato "víctima", sin embargo, algunas de las formas identificadas por Hans-Bernd & Hans (1995) que lo facilitan incluyen:

a) La posibilidad de dotar al tema de una dimensión que incluya las consecuencias personales.

b) Que sea presentable como un gran peligro y amenaza.

c) Que introduzca retroalimentación durante el desarrollo de un asunto en curso.

d) Que genere una "relación" con otra cuestión en la agenda.

e) Que sea fácil simbolizarlo o personalizarlo.

---

1 Según Brosius y Kepplinger (1990) y Hans-Bernd y Hans (1995), los "victim issues" o "temas víctima" son aquellos que son desplazados o eclipsados por otros temas que capturan la atención del público de manera más efectiva. Estos "temas asesinos" son a menudo introducidos deliberadamente en la esfera pública para desviar la atención de los "temas víctima".

Desde la perspectiva del público, la cortina de humo genera una ilusión cognitiva y tiene más posibilidades de efectividad si se presenta como escándalo (como un acto socialmente inaceptable o infringen normas, leyes o estándares éticos) o como absurdo. El ruido que desencadena tiene que ser capaz de acaparar toda la atención. Por lo tanto, el escándalo a menudo es la mejor opción para esta técnica, lo que resulta en una disminución directa de la confianza política de los ciudadanos, un principio básico para las instituciones democráticas.

Finalmente, y en línea con las FID identificadas por Rojecki & Meraz (2016)[2], las cortinas de humo se caracterizan por siempre surgir de un interés partidista y no necesitan de la incertidumbre para su difusión.

3. LA CONVERSACIÓN SOBRE CORBATAS FRENTE A INFLACIÓN. LA EXPLORACIÓN DE UN EJEMPLO DE UNA CORTINA DE HUMO

El 29 de julio de 2022, el Instituto Nacional de Estadística (INE) de España publicó datos sobre la tasa de inflación que había aumentado un 10,8% en comparación con el mismo mes del año anterior (Ara, 2022). Esta fue la tasa más alta en los últimos 38 años, superando el 10,2% registrado en junio (Ara, 2022). Este aumento en la inflación despertaba gran preocupación para la economía española y los medios de comunicación lo recogieron en sus portadas esa mañana.

---

2 Rojecki y Meraz (2016) subrayan que el potencial de la Web 2.0 para la exposición selectiva (Martín-Llaguno y Berganza-Conde, 2001) facilita la difusión deliberada de lo que ellos denominaron "mezclas de información facticia" (FIB). Las mezclas de información facticia (FIB) surgen como intentos deliberados de hacer pasar por hechos afirmaciones no verificadas. Representan una forma de desinformación que se asemeja a los rumores en algunos aspectos, pero que es cualitativamente distinta en otros. Así, a diferencia de los rumores, las FIB no requieren el precursor psicológico de la incertidumbre para su difusión y adquieren verosimilitud a partir de un núcleo de verdad alrededor del cual orbitan especulaciones impulsadas por la polarización partidista, la resistencia de los ciudadanos a la información que los contradice y la reticencia de las élites interesadas a rechazarlos de plano. Los FIB son por tanto informaciones interesadas para desacreditar al adversario.

Unas horas después, a las 14 horas ese mismo día, el presidente Pedro Sánchez en una conferencia para hacer balance del curso político de prensa, aparecía sin corbata y hacía estas declaraciones. "No llevo corbata. Esto quiere decir que todos podemos ahorrar desde el punto de vista energético". Además, Sánchez explicaba que había solicitado a sus ministros y a todos los "responsables públicos" que hicieran lo mismo y que, "en la medida de lo posible," también lo hicieran desde el sector privado como una forma de ahorrar energía (El País, 2022).

Esa misma noche, en visita oficial en Serbia, Sánchez aparecía de nuevo con corbata en su comparecencia junto al primer ministro serbio, Aleksandar Vučić, generando una gran polémica.

La estrategia de la corbata, que los medios convirtieron en escándalo, fue interpretada por algunos como una "cortina de humo" para desviar la atención del público del importante tema de la alta tasa de inflación hacia la anécdota de la corbata (El País, 2022).

La performance de Sánchez fue criticada por la oposición, pero en especial por Santiago Abascal (Vox) que le acusó de tratar de ocultar la inflación con "debates estúpidos" (El País, 2022). Por parte del gobierno, el acto de quitarse la corbata y alentar a otros a hacerlo se presentó como un esfuerzo para promover el ahorro de energía (El País, 2022) y mejorar la economía.

Con el fin de explorar qué dinámicas se produjeron esos días, y poder plantear hipótesis posteriores, entre el 29 y el 30 de julio de 2022, monitoreamos la red Twitter en abierto utilizando la herramienta SocioViz[3]. Recogimos así 50.000 tuits (el límite permitido de

[3] Un software de análisis de medios sociales que utiliza la API gratuita de Twitter para recoger una muestra de los mensajes publicados. Este software se basa en métricas como la centralidad, la centralidad de intermediación y la densidad, y es capaz de generar archivos gexf. Además, realiza análisis de redes sociales mediante algoritmos de ForceAtlas2. El software proporciona un informe que incluye datos de tweets y retweets, gráficos con información sobre los usuarios más activos, fechas y horarios clave, hashtags y términos más frecuentes. Programamos la búsqueda para que descargara hasta 50,000 tweets por término, el límite permitido por Twitter.

forma gratuita) que contuvieran la palabra “inflación” y otros 50.000 con el término “corbata”.

El gráfico III presenta la línea temporal de los 50000 tuits recogidos sobre la inflación (izquierda) y las corbatas (derecha). El Gráfico IV presenta la nube de palabras de los 50000 tuits sobre la inflación (izquierda) y sobre las corbatas (derecha).

Gráfico III. Línea del tiempo de la distribución de tuits sobre inflación (izquierda) y corbata (derecha)

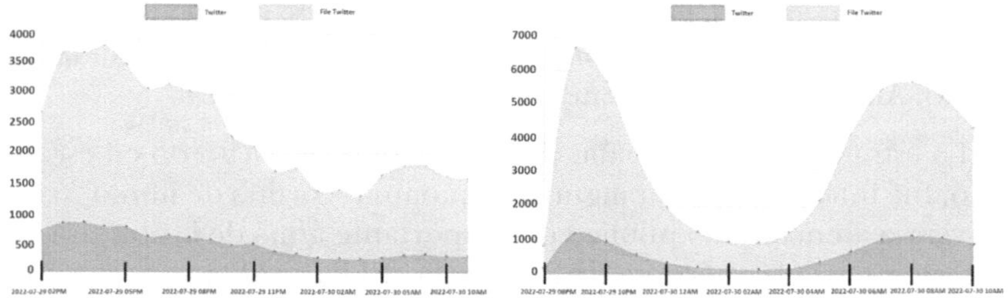

Fuente: elaboración propia

Gráfico IV. Nube de términos más frecuentes en los de sobre inflación (izquierda) y corbata (derecha)

Fuente: elaboración propia

Aunque los medios habían informado sobre el récord de la inflación a primera hora de la mañana (The Objective, 2022) no fue hasta la hora de los informativos de las 15:00 horas cuando la conversación sobre el tema (en forma de tuits y retuits) alcanza su punto máximo.

Lo hace apenas minutos después del anuncio del presidente sobre las corbatas que, sin embargo, no tiene un eco inmediato. Sólo ocho horas más tarde, durante la visita oficial en Serbia, cuando Sánchez se presenta con corbata en su comparecencia junto al primer ministro serbio, Aleksandar Vučić (The Objective, 2022) la conversación en la red se dispara.

Estalla el escándalo. El asunto del atuendo "asesina" el relato de la inflación que, como se puede observar (ver Gráfico III), se va minimizando. Y al día siguiente hay un intento de repunte de atención entre las 6 y las 9 de la mañana (franja de radios) que se ve, sin embargo, eclipsado por el segundo ciclo de noticiabilidad que genera el escándalo de las corbatas cuya controversia reflejan informativos de radio y televisión y se ve plasmada en redes.

Por otra parte, en la nube de palabras sobre el tema de la "Inflación" se observa como la "corbata" aparece entre los términos más frecuente. Sin embargo, en el caso de la nube de palabras sobre el tema "corbata" se observa la inexistencia del tema inflación y el protagonismo de Sánchez entre los términos más frecuentes que aporta la API de Twiter.

Lo curioso es que tuiteros del PSOE y los de Vox lo alimentan con los hashtags más mencionados (#corbata #inflacion #gobierno dimisión y #cumpliendo2022). Así, en el tema "asesinado" de la inflación (ver Tabla II) dominan la conversación @santi_abascal, el profesor @jmlopezzafra, el polemista @willytolerdo, @vox.es pero, en octavo lugar, aparece también @sanchezcastejon. En el tema "asesino" de la corbata, los tuiteros más influyentes son, sin embargo, el protagonista @sanchezcastejon, @elmundoes, el diputado de UPN @sergiosayas, el bloguero @dsantosfacher, el escritor crítico @ janogarcia y, de nuevo, @santi_abascal para criticar a Sánchez. Por tanto, la polarización parece ser un elemento favorecedor de esta estrategia.

Tabla II. Tuiteros más influyentes

Inflación		Corbata	
Usuario	Frecuencia	Usuario	Frecuencia
santi_abascal	1991	sanchezcastejon	2641
jmlopezzafra	1739	elmundoes	2214
willytolerdoo	1292	sergiosayas	1908
vox_es	1104	pedrootamendi	1616
tonyboza	1040	dsantosfacher	1089
epigmenioibarra	1038	janogarcia_	969
jmvillarroya	1014	davidmartinezg	835
sanchezcastejon	911	santi_abascal	823
hectoratarrabia	808	willytolerdoo	793
hugomanchon	730	jospastr	786

Fuente: elaboración propia

4. CONCLUSIONES Y DISCUSIÓN

Internet y la hiperdigitalización han incrementado significativamente la velocidad y el alcance de la desinformación. Consecuentemente, hay una preocupación política y un aumento en la investigación sobre desinformación, con la proliferación de nuevos conceptos y términos. A pesar del interés que han suscitado algunos aspectos, como las noticias falsas, los bulos o el rumor, hay una falta de estudios sobre la desinformación basada en técnicas de supresión (como el ocultamiento de información) o distracción, como las cortinas de humo, es evidente. Nuestro objetivo era hacer una primera aproximación al concepto y sentar los cimientos para futuras investigaciones.

Si nos basamos en la taxonomía de Durandín (1983) para clasificar la mentira en la propaganda y la publicidad, las cortinas de humo no constituyen mentiras en sentido estricto. Sin embargo, son herramientas de manipulación que, al desviar la atención de lo relevante, impiden que la población conozca la realidad al manipular su percepción.

La construcción de estos discursos vulnera el derecho a la información de los ciudadanos (Requeijo-Rey, 2006) puesto que los receptores creen disponer de toda la información, cuando en realidad reciben información mediada, distorsionada y sesgada (García-Noblejas, 2000), porque unos pocos actores con cierta legitimidad deciden qué informar y qué no (Welp y Soto, 2019).

Una "cortina de humo" es una táctica de desinformación que busca distraer la atención pública de un tema importante hacia otro tema menos relevante. La clave radica en que el ciclo de noticiabilidad de la "cortina de humo" neutraliza el ciclo de atención de un tema que se pretende ocultar o minimizar, generando un nuevo ciclo de interés que lo reemplace.

Para tener éxito, una "cortina de humo" debe convertir el asunto que se desea ocultar en un "tema víctima", menos atractivo y mediático que el "tema asesino" que busca promover.

Las "cortinas de humo" a menudo se presentan como escándalos, lo que les permite captar la atención pública. A partir del caso analizado, parece que la polarización de la esfera pública puede ser un factor que alimente su presencia.

El estudio académico de las cortinas de humo presenta una serie de desafíos significativos:

- En primer lugar, se parte de una intuición de que el histrionismo mediático sobre un tema puede ser avivado para ocultar otro; sin embargo, no siempre se cuenta con la evidencia concreta que revele cuál es el relato que se pretende minimizar. Esta falta de información tangible dificulta el análisis preciso de estas estrategias de distracción.
- En segundo lugar, para comprender el propósito detrás de una cortina de humo, se requeriría llevar a cabo estudios exhaustivos de las estrategias de los *spin doctors* o asesores de comunicación, quienes suelen ser los maestros detrás de estas tácticas.
- En tercer lugar, cabe analizar la relación entre las cortinas de humo y su retroalimentación, con especial atención a factores como el papel de la valencia de los relatos (positivos o negativos) en ella y a la polarización.

- Finalmente, una de las cuestiones relevantes es la determinación y la cuantificación de las "olas" de interés que se generan. No obstante, en la sociedad de la información, donde todo es efímero y los cambios de opinión ocurren rápidamente, recopilar información sólida para analizar los efectos de las cortinas de humo puede resultar un desafío, ya que los eventos y la atención pública evolucionan constantemente.

Estos factores hacen que el estudio de estas estrategias sea una empresa compleja que requiere tanto habilidad analítica como acceso a datos pertinentes y actualizados.

Para concluir, nos parece necesario seguir profundizando en la teorización de ciertas cuestiones de las cortinas de humo. A saber:

- las implicaciones del uso de estas estrategias sobre en la libertad de información y el derecho a la información veraz en las democracias;
- el papel de medios y plataformas en la difusión de la noticia de distracción ("tema asesino") que oculta el "tema víctima";
- el impacto de las desviaciones de atención sobre asuntos relevantes en la ciudadanía, desde perspectivas como la agenda setting o la espiral del silencio; y
- las posibles implicaciones de este tipo de mediatización política para el desarrollo de sistemas democráticos.

Todos estos asuntos son el germen de propuestas para abordar en un futuro.

Bibliografía

Aleixandre-Benavent, R., Castelló-Cogollos, L., y Valderrama-Zurián, J. C. (2020). Información y comunicación durante los primeros meses de Covid-19. Infodemia, desinformación y papel de los profesionales de la información. *Profesional de la Información, 29*(4), e290408. https://doi.org/10.3145/epi.2020.jul.08

Allcott, H. y Gentzkow, M. (2017). Social media and fake news in the 2016 election. *Journal of Economic Perspectives, 31*(2), 211-236. https://doi.org/10.1257/jep.31.2.211

Allport, G.W. y Postman, L. (1947). *The psychology of rumor.* Nueva York: Henry Holt.

Amazeen, M. y Bucy, E. (2019). Conferring resistance to digital disinformation: the inoculating influence of procedural news knowledge. *Journal of Broadcasting & Electronic Media, 63*(3), 415-432. https://doi.org/10.1080/08838151.2019.1653101

Benkler, Y., Faris, R. y Roberts, H. (2018). *Network propaganda: Manipulation, disinformation, and radicalization in American politics.* Nueva York: Oxford University Press. https://doi.org/10.1093/oso/9780190923624.001.0001

Blumler, J.G. (2015). Core theories of political communication: Foundational and freshly minted. *Communication Theory, 25*(4), 426-438. https://doi.org/10.1111/comt.12077

Brosius, H.B. y Kepplinger, H.M. (1990). The agenda-setting function of television news: Static and dynamic views. *Communication research, 17*(2), 183-211.

Carreras Espallardo, J.A., López Espallardo, J.M. y Serrano Gómez, M.P. https://carris.files.wordpress.com/2009/06/la-cortina-de-humo.pdf

Chomsky, N. (2011). Diez estrategias de manipulación mediática. Archipiélago. *Revista Cultural de Nuestra América, 19*(73). https://www.revistas.unam.mx/index.php/archipielago/article/view/55996

Comisión Europea (2018a). *A multi-dimensional approach to disinformation: report of the independent high-level group (HLEG) on fake news and online disinformation.* Publications Office of the European Union. https://op.europa.eu/en/publication-detail/-/publication/6ef4df8b-4cea-11e8-be1d-01aa75ed71a1/language-en

Comisión Europea (2018b). *Tackling Online Disinformation: a european approach.* https://digital-strategy.ec.europa.eu/es/node/3060/printable/pdf

Durandin, G. (1983). *La mentira en la propaganda política y en la publicidad.* Barcelona: Paidós.

El País (29 de julio de 2022). Pedro Sánchez se quita la corbata para ahorrar energía y dar ejemplo. *El País.* https://elpais.com/espana/2022-07-29/pedro-sanchez-se-quita-la-corbata-para-ahorrar-energia-y-dar-ejemplo.html

García-Noblejas, J.J. (2000). *Comunicación borrosa. Sentido práctico del periodismo y de la ficción cinematográfica.* Pamplona: Eunsa.

González-Harbour, B. (2020). Coronavirus: Cinco fallos y cuatro aciertos del Gobierno en la comunicación de esta crisis. *El País.* https://elpais.com/sociedad/2020-04-30/cincofallos-y-cuatro-aciertos-del-gobierno-en-la-comunicacion-de-esta-crisis.html

Hans-Bernd, B. y Mathias Hans, K. (1995). Killer and Victim Issues: Issue Competition in the Agenda-Setting Process of German Television. *International Journal of Public Opinion Research*, 7, 211-231.

Johnson, B. (4 de marzo de 2013). This cap on bankers' bonuses is like a dead cat – pure distraction. *The Telegraph.* https://www.telegraph.co.uk/news/worldnews/europe/eu/9906445/This-cap-on-bankers-bonuses-is-like-a-dead-cat-pure-distraction.html

Kapantai, E., Christopoulou, A., Berberidis, C. y Peristeras, V. (2021). A systematic literature review on disinformation: Toward a unified taxonomical framework. *New Media & Society, 23*(5), 1301-1326. https://doi.org/10.1177/1461444820959

Lazer, D., Baum, M., Benkler, Y., Berinsky, A., Greenhill, K., Menczer, F., Metzger. M., Nyhan, N., Pennycook, G., Rothschild, D., Schudson, M., Sloman, S., Sunstein, C., Thorson, E., Watts, D. y Zittrain, J. (2018) The science of fake news. *Science, 359*(6380), 1094-1096. 10.1126/science.aao2998

Lifeder (24 de julio de 2023). Cortina de humo. *Lifeder.* https://www.lifeder.com/cortina-de-humo/

Martín-Llaguno, M. (2002). *La» función de recuerdo» de los medios de difusión: ¿qué pasa cuando en los medios" parece no pasar nada sobre un tema?* Alicante: Universidad de Alicante.

Martín-Llaguno, M., Ballestar, M., Cuerdo-Mir, M. y Sainz, J. (2022). From Ignorance to Distrust: The Public "Discovery" of COVID-19 Around International Women's Day in Spain. *International Journal of Communication*, 16, 409-436. https://ijoc.org/index.php/ijoc/article/view/18340

Martín-Llaguno, M. y Berganza-Conde, M.R. (2001). Votantes y medios de comunicación en las elecciones nacionales españolas de 1996: ¿exposición selectiva o influencia mediática? *Communication & society, 14*(1), 51-70.

M.E. (29 de julio de 2022). Sánchez se quita la corbata para ahorrar energía. *Ara.* https://es.ara.cat/politica/moncloa/sanchez-quita-corbata-ahorrar-energia_1_4449291.html

Meyer, R. y Höllerer, M. (2016). Laying a smoke screen: Ambiguity and neutralization as strategic responses to intra-institutional complexity. *Strategic Organization, 14*(4), 373-406. https://doi.org/10.1177/1476127016633335

Niklewicz, K. (2017). Weeding out fake news: an approach to social media regulation. *European View, 16*(2), 335-335. https://doi.org/10.1007/s12290-017-0468-0

Requeijo-Rey, P. (2006). Dios, el beneficio económico y la creación del enemigo en la cortina de humo de Barry Levinson. *Revista de la SEECI, 9*(13), 30-38. https://doi.org/10.15198/seeci.2006.13.34-51

Renda, A. (2018). *The legal framework to address "fake news": possible policy actions at the EU level.* Bruselas: Policy Department for Economic, Scientific and Quality of Life Policies. Parlamento Europeo. https://www.europarl.europa.eu/RegData/etudes/IDAN/2018/619013/IPOL_IDA(2018)619013_EN.pdf

Rojecki, A. y Meraz, S. (2016). Rumors and factitious informational blends: the role of the web in speculative politics. *New Media & Society, 18*(1), 25-43. https://doi.org/10.1177/1461444814535

Romero, A. (8 de diciembre de 2020). "Cortina de humo": Una locución con una historia militar. *Periergeia.* https://periergeia.org/cortina-de-humo-una-locucion-con-una-historia-militar/

Seo, H. y Faris, R. (2021). Comparative approaches to mis/disinformation. *International Journal of Communication,* 15, 1165-1172. https://ijoc.org/index.php/ijoc/article/view/14799

Shao, C., Ciampaglia, G., Varol, O., Cheng Yang, K., Flammini, A. y Menczer, F. (2018). The spread of low-credibility content by social bots. *Nature Communications,* 9, 4787. https://doi.org/10.1038/s41467-018-06930-7

Sputniknews.com. (17 de enero de 2018). *¿Cómo funciona la ‹cortina de humo› de la defensa rusa?* Sputnik News. https://sputniknews.lat/20180117/cortina-humo-defensa-rusia-1075483389.html

Sputniknews.com. (24 de septiembre de 2019). El origen militar de la expresión 'cortina de humo'. *History Latinoamérica.* https://www.historylatam.com/guerras/el-origen-militar-de-la-expresion-cortina-de-humo

Stothard, R. (4 de marzo de 2019). Rusia desenmascara el 'truco del gato muerto' de los británicos. *Sputniknews.* https://sputniknews.lat/20190304/ministerio-exteriores-rusia-caso-skripal-reino-unido-gato-muerto-1085869525.html

Tandoc, E.C., Lim, Z.W. y Ling, R. (2018). "Defining 'fake news'". *Digital journalism, 6*(2), 137-153. https://doi.org/10.1080/21670811.2017.1360143

Taylor, J. (9 de diciembre de 2021). Boris Johnson apuesta por la estrategia del 'gato muerto' para quitarse de problemas. *Expansion.com.* https://www.expansion.com/economia/financial-times/2021/12/09/61b1f667468aebf13d8b4680.html

Vosoughi, S., Roy, D. y Aral, S. (2018). The spread of true and false news online. *Science, 359*(6380), 1146-1151. 10.1126/science.aap95

Wardle, C. y Derekshan, H. (2017). *Information disorder: toward an interdisciplinary framework for research and policy making.* Council of Europe report DGI 09, 31 October. Brussels: Council of Europe. https://edoc.coe.int/en/media/7495-information-disorder-toward-an-interdisciplinary-framework-for-research-and-policy-making.html

Welp, Y. y Soto, F. (2019). Más allá de modas y cortinas de humo: la deliberación ciudadana en cambios constitucionales. *Revista Española de Ciencia Política,* 50, 13-41. https://doi.org/10.21308/recp.50.01

Wendling, M. (22 de enero de 2018). The (almost) complete history of "fake news." *BBC.* https://www.bbc. com/news/blogs-trending-42724320

World Economic Forum (2013). *Global Risks Report* (8th ed.). http://www3.weforum.org/docs/WEF_GlobalRisks_Report_2013.pdf

World Economic Forum (2018). *Global Risks Report.* 13th ed. Geneva, pp. 48-50. Available at: http://www3.weforum.org/docs/WEF_GRR18_Report.pdf

Yocampesino (27 de diciembre de 2021). Un gato muerto sobre la mesa. *Yocampesino.com.* https://www.yocampesino.com/editorial-un-gato-muerto-sobre-la-mesa/

Cuando la hipérbole se convierte en desinformación

LAURA TERUEL RODRÍGUEZ
Dpto de Periodismo. Universidad de Málaga
ANA MARÍA ZAFRA ARROYO
Dpto de Periodismo. Universidad de Málaga

1. INTRODUCCIÓN

La política española está caracterizada por la polarización que, cíclicamente, alcanza periodos de máxima intensidad. No es un fenómeno nuevo en el país (Balfour, 2005; Castromil, 2012; Teruel, 2016) pero hay momentos en los que se incrementa.

La XIV legislatura, entre diciembre de 2019 y mayo de 2023, —la primera que contó con un Ejecutivo de coalición, formado por PSOE y Unidas Podemos— se convirtió en un periodo de especial crispación pues la acción política giró en torno a intensos debates, reproducidos en la agenda mediática y en las redes sociales, como, entre otros, el indulto a los condenados del *procés* de Cataluña, la aprobación de la reforma laboral, las elecciones adelantadas en la Comunidad de Madrid y, de manera destacada, la gestión del COVID-19. A escala internacional, se vivió el inicio de la guerra en Ucrania y la victoria de Joe Biden frente a Donald Trump en unos intensos comicios a finales de 2020. Este tipo de acontecimientos generaron una gran división en el debate político español y la aparente desaparición de las posiciones intermedias (que coloquialmente se denominaron 'equidistantes').

Una concepción ampliamente extendida de la polarización es la que la entiende como la creciente distancia ideológica entre los partidos o grupos políticos, los cuales adoptan posturas más extremas en sus perspectivas y muestran una menor disposición para comprometerse o colaborar entre sí (Sides & Hopkins, 2015). Esta acepción del término hace referencia a la distancia ideológica o programática que existe entre estas entidades y sus seguidores en comparación con otros grupos, dando lugar a un entorno político más fragmentado y conflictivo (Osmundsen et al, 2021). Se trata, sin embargo, de un concepto polisémico y complejo por lo que resulta necesario aludir a la definición académica que afirma que la polarización política no es sólo una distancia ideológica sino un conflicto intenso; es una situación extrema que amenaza las prácticas democráticas y las instituciones de resolución de conflictos e impulsa la normal competición democrática al límite de una espiral de ira y enfrentamiento (Carothers y O'Donohue, 2019).

Para lograr esa polarización, se utilizan múltiples estrategias por parte de los actores políticos o, dado el caso, mediáticos. Para aumentar la potencialidad polarizadora de los contenidos y captar a la audiencia se recurre a técnicas como la mezcla de información y opinión, el sesgo interpretativo, la espectacularización del mensaje o a la prevalencia de los valores de noticiabilidad vinculados al conflicto o la crispación, entre otros.

Thompson (2000) alude al discurso infamante, que sublima la crispación, el ruido y el enfrentamiento frente al diálogo. Se refiere a elevar el tono de los discursos y, en el caso del tratamiento mediático, seleccionar aquellos elementos que creen más confrontación, omitiendo los episodios de diálogo y moderación. Esta estrategia está estrechamente relacionada con el uso de la hipérbole como recurso para construir los relatos políticos. La hipérbole —figura retórica que consiste en exagerar de manera deliberada una idea, situación o característica para enfatizarla o intensificarla— se utiliza para crear un efecto dramático, persuadir, llamar la atención o transmitir una idea de manera más impactante. Es consustancial a la retórica política, se exagera para provocar una respuesta emocional en el receptor.

En política, la hipérbole se emplea con múltiples finalidades: simplifica la realidad al exagerar situaciones de manera que la audiencia adopte posiciones rotundas sin considerar matices; crea enemigos al retratar al oponente como amenaza grave y exagerada; refuerza los prejuicios al maximizar los ya existentes para solidificar identidades grupales… Los medios, por su parte, tienden a amplificar los discursos hiperbólicos porque generan más interés en la audiencia —se viralizan mejor—. Lo cual acaba funcionando como un círculo virtuoso para la polarización. Es, por todo ello, una figura muy común de la oratoria política que, actualmente, puede ser el instrumento de uno de los fenómenos más representativos —y preocupantes— del panorama comunicativo: la desinformación. Las exageraciones pueden distorsionar la realidad hasta el punto de convertirse en un mensaje incierto.

La Comisión Europea define la desinformación como "la información verificablemente falsa o engañosa que se crea, presenta y divulga con fines lucrativos o para inducir a error deliberadamente a la población, y que puede causar un perjuicio público" (European Commission; 2018; 3). No se manifiesta de forma estándar o única sino que existen numerosos procedimientos para crear contenido falso y hacerlo pasar por verdadero. Wardle (2020) se refería a este fenómeno con el término amplio de desórdenes informativos, que describe la multitud de procesos extensos por los que se realiza y difunden los contenidos falsos en todas sus variedades.

En este sentido, la hipérbole es un recurso narrativo que, mediante la exageración, puede alimentar la polarización porque cae en la desinformación. Es en estas coordenadas donde se sitúa esta investigación exploratoria. Nos proponemos estudiar cómo, en un contexto de polarización política como la España de la XIV legislatura, el uso de la hipérbole en los discursos de los representantes, los partidos y los medios puede conllevar elementos de desinformación que persigan expresamente adulterar el debate público para alimentar esa crispación o polarización política (imagen I).

Imagen I. Relación polarización, desinformación e hipérbole

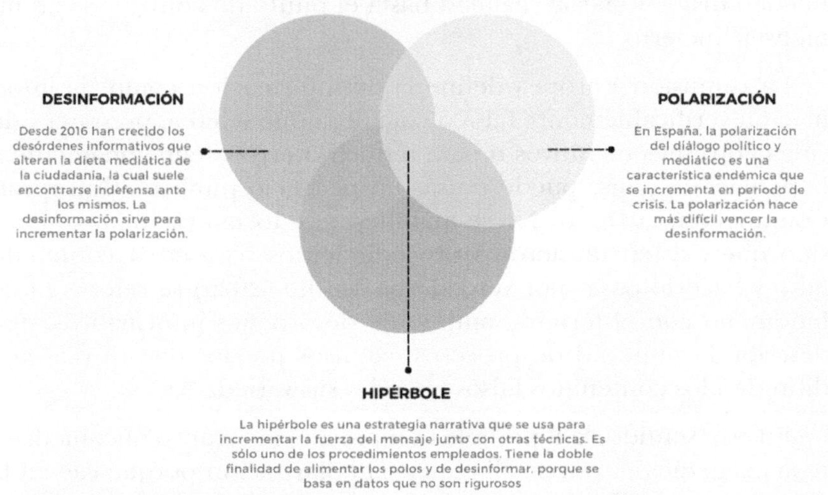

Fuente: Elaboración propia

2. OBJETIVOS

El objetivo específico de este artículo es analizar el uso del lenguaje hiperbólico en el discurso de la prensa española sobre iniciativas políticas que han sido objeto de desinformación y, por lo tanto, de verificaciones. Se pretende identificar qué actores recurren con mayor frecuencia a este tipo de discurso y sobre qué temas lo hacen. Este análisis permitirá observar cómo la desinformación basada en exageraciones se utiliza como herramienta argumentativa para aumentar la polarización en un contexto ya de por sí tenso, como el caso de España durante la legislatura 2019-2023.

3. HIPÓTESIS

Esta investigación exploratoria persigue verificar las siguientes hipótesis:

H1. Existen diferencias en el contenido desinformativo de los medios convencionales y los portales informativos de menor trayectoria.

H2. La hipérbole es una estrategia narrativa recurrente en las piezas informativas que tienen rasgos de desinformación.

H3. Las redes sociales inciden en la agenda mediática como alimento para las *echo chambers.*

4. METODOLOGÍA

4.1. Selección de la muestra

Se han escogido dos casos de estudio para esta investigación exploratoria. Ambos tuvieron lugar en el año 2022; han sido seleccionados porque se dan las características necesarias para alcanzar los objetivos trazados para este trabajo exploratorio.

En primer lugar, el 27 de abril de 2022, el consejo Interterritorial del Sistema Nacional de Salud aprobó una nueva Estrategia en Salud Cardiovascular del Sistema Nacional de Salud (ESCAV)[1] en la que se hacían numerosas alusiones a los factores de riesgo asociados a conductas como el sedentarismo, el tabaquismo o el consumo de alcohol, entre otras. Al respecto del consumo de alcohol, según la colaboración "con establecimientos de restauración para promover la dieta mediterránea como modelo de alimentación cardiosaludable, sin incluir en ella el consumo de alcohol". Es un organismo en el que el Ministerio de Sanidad promueve acciones junto a las Consejerías de sanidad autonómicas. Se genera entonces un debate sobre la recomendación de moderar el consumo de bebidas alcohólicas y la

---

1 Véase en: https://www.sanidad.gob.es/areas/calidadAsistencial/estrategias/saludCardiovascular/docs/Estrategia_de_salud_cardiovascular_SNS.pdf

posible posterior prohibición de tomar vino en bares y restaurantes en los menús de medio día.

Tras la publicación de los titulares "Sin cerveza ni vino en los menús de los bares: el plan de Sanidad para cuidar el corazón de los españoles" (El Español)[2] y "Sanidad promoverá el fin de alcohol en el menú de los bares" (La Razón)[3], numerosos personajes políticos del espacio de la derecha criticaron la medida aludiendo a esta supuesta prohibición. El mensaje más viralizado fue el de la cuenta de Twitter de Isabel Díaz Ayuso, presidenta de la Comunidad de Madrid, en la fotografía de una copa de vino acompañad de la frase "Un buen vino como el que los señores del Gobierno nos quieren prohibir".

A raíz de este tuit, se extendió la idea entre usuarios de redes de que el vino iba a ser prohibido en bares y restaurantes pese a que el ESCAV no prohibía este consumo. De hecho, el Ministerio de Sanidad tuvo que emitir un comunicado para aclarar la falsedad de la información difundida y, finalmente, dada la magnitud de la controversia, el Ministerio de Sanidad acabó modificando el texto de original de la ESCAV sin esa mención explícita al consumo de alcohol en la colaboración "con establecimientos de restauración" para establecer una dieta cardiosaludable.

En segundo lugar, el 8 de marzo de 2022, el Gobierno de España, a través de la ministra de Igualdad, Irene Montero, anunció el inicio del Plan Estratégico para la Igualdad Efectiva entre Mujeres y Hombres (PEIEMH) 2022-2025. Tras esta comunicación oficial, se originó una polémica en redes sociales, medios de comunicación y en el escenario político español al extenderse entre usuarios de redes la confusión de que el Gobierno iba a destinar 20.000 millones de euros "en charlas feministas" según publicó *Maldita.es*. Sin embargo, esta dotación no iba destinada únicamente hacia el Ministerio de Igualdad, sino que el presupuesto total se divide entre varios departamentos, como Universidades, Trabajo y Economía Social o Educación y Formación Profesional.

---

2 Véase en: https://www.elespanol.com/espana/20220427/sin-cerveza-menus-sanidad-cuidar-corazon-espanoles/668183271_0.html

3 Véase en: https://www.larazon.es/sociedad/20220427/xsbupwxnvzaado3inyfx-hypqrq.html

De todos ellos, es el Ministerio de Inclusión, Seguridad Social y Migraciones el que recibe una mayor cuantía: más de 11.800 millones de euros de los 20.318.545.545 totales. Pese a que las opiniones contrarias al plan sostenían argumentos como que se iban a dedicar 20 mil millones de euros a fines partidistas, en él, se aprueban medidas como el "aumento de oferta de plazas de Educación Infantil de 0 a 3 años", el "subsidio de cuidado de menores afectados por cáncer u otra enfermedad grave, destinada a los progenitores, adoptantes o acogedores que reducen su jornada de trabajo" o "seguir impulsando los permisos de paternidad y maternidad iguales e intransferibles".

Los casos de estudio elegidos poseen características que los hacen convenientes para abordar los objetivos de esta investigación: su temática política; comparten una controversia entre noticias y opiniones; muchas de esas informaciones presentan descontextualización u omisión de datos importantes; generan debates en redes sociales y división de ideas. Esta última condición, a juicio de las investigadoras, era requisito necesario con el fin de que estas verificaciones se convirtiesen en referenciales para determinar imprecisiones, opiniones, exageraciones, descontextualizaciones y, en última instancia, las desinformaciones halladas en los medios analizados.

4.2. Diseño metodológico

Para estudiar estos dos casos, en los que se dio un debate fuertemente polarizado y se observó un flujo de desinformación que lo hizo objeto de numerosas verificaciones por parte de agencias especializadas, se plantea una metodología combinada. En primer lugar, una perspectiva cuantitativa. Según Krippendorf (1990) el análisis de contenido es una técnica de investigación destinada a formular, a partir de ciertos datos, inferencias reproductivas y válidas que puedan aplicarse a su contexto. Piñuel (2002) establece que los análisis de contenido incluyen necesariamente los siguientes pasos: a) selección de la comunicación que será estudiada; b) selección de las categorías que se utilizarán; c) selección de las unidades de análisis, y d) selección del sistema de recuento o de medida. En este capítulo de libro, la comunicación estudiada, la muestra, será el relato mediático de las iniciativas políticas seleccionadas.

Este abordaje formal se complementa con el análisis cualitativo del discurso. Se estudiaron medios nacionales durante una semana a partir de las fechas en las que se inició la discusión mediática (27/04 y 08/03). Las unidades de análisis de este estudio fueron todos los textos publicados sobre los casos analizados tanto en opinión como en información. Para localizar esas piezas, se recurrió a la herramienta hemerográfica *Mynews* y se buscaron las siguientes palabras clave: vino/prohibición —para el primer tema—, y feministas/igualdad/presupuesto —para el segundo—. Se recopilaron las unidades de análisis en una búsqueda filtrada por fechas y palabras.

En total, se hallaron 106 resultados en la polémica de las partidas destinadas a igualdad y 63 en las relacionadas con las bebidas alcohólicas. Si bien cabe señalar que, en el análisis, este número se redujo debido a repetición de noticias de agencia. Los medios analizados fueron *El País, El Mundo, ABC, El Español, Europa Press, Eldiario.es, La Razón* y *La Vanguardia, 20 Minutos, La Información, Antena 3, El Debate, El Plural, Público, Ok Diario, El Periódico de España, Libertad Digital, Acta Sanitaria, Consalud.es, Voz Pópuli, Onda Cero, Periodista Digital, Legal Today e Hispanidad.Com.*

Para alcanzar los objetivos trazados en esta investigación, se diseñó una ficha de análisis de contenido. En ella se incorporaron aportaciones de investigaciones previas y, al mismo tiempo, se han contemplado variables específicas creadas para este trabajo exploratorio. Esto es, se incluyeron una serie de variables al respecto del lenguaje para señalar su existencia, como las basadas en la clasificación de sus formas de acuerdo a Bravo Araujo et al. (2021). Estos autores clasificaron los modos y recursos con los que se presenta la exageración en los textos informativos: adverbios antepuestos, intensificadora, signos de exclamación, puntos suspensivos y juegos de palabras. También se incluyó una categoría sobre la presencia de titular *clickbait* (Bravo Araujo, Serrano-Puche, Novoa Jaso, 2021).

Centrado en la desinformación, se introdujo un apartado para comprobar si existían rasgos de este fenómeno —tomando como referente las verificaciones realizadas por las agencias especializadas sobre cada uno de los casos—. Se aplicó la tipología de Wardle y Derakhshan (2017) que los definía como: fuera de contexto, error no intencionado, sátira/parodia, construcción de noticia y manipulación de contenido. Esta clasificación se combinó con la elaborada por Salaverría (2020), que partía del elemento de sátira/broma, pero también la amplía introduciendo como novedad la exageración y engaño. Se trata de una propuesta clasificatoria que completa la anterior en tanto concluye que la propuesta de Wardle y Derakhshan es "útil" pero aprecia que "para investigar el fenómeno de los contenidos desinformativos divulgados en plataformas de comunicación pública es preciso concentrarse en aquellos contenidos que, adoptando una apariencia verdadera, tienen la finalidad deliberada de engañar" (Salaverría et al. 2020, p.13). En este sentido, la exageración y el engaño se ajustan a esta apreciación.

También se contemplaron variables para determinar quién desinformaba, a qué partido pertenecía y sobre quién vertía información falsa. La finalidad de estas variables era apreciar si existían o no diferencias entre las opciones políticas a la hora de emplear los recursos de exageración y/o desinformación. Finalmente, se añadieron dos apartados de 'argumentos para desinformar' y 'argumentos para polarizar' de selección cerrada con el fin de hacer más objetivo el posterior análisis. Para ello, se realizó un pretest de 10 piezas aleatorias por parte de cada una de las investigadoras cuyos resultados consensuados pasaron a formar parte del libro de códigos (tabla I).

Tabla I. Libro de códigos

Variables identificativas	• Tema (vino, cerveza) • Medio (*El País, El Mundo, ABC, El Español, Europa Press, Eldiario.es, La Razón, La Vanguardia*, otro) • Fecha • Titular • Autoría (periodista, columnista, editorial, agencia, experto) • Nombre del autor • Género (noticia, reportaje, editorial, columna, entrevista, breve, otro) • Tema principal de la pieza • Alude al debate en redes (sí, no)
Variables de hipérbole	• Existe hipérbole (sí, no) • Titular clickbait(sí, no) • Fórmulas de exageración 1 (neologismos, adverbios y adjetivación, citas directas, exclamación, creación de términos, descalificaciones, cifras manipuladas, emotividad, comparaciones, ironías) • Fórmulas de exageración 2 (ídem).

Variables de desinformación	• Contenido desinformativo (no hay, aparece para desmontarla, hay rasgos parciales, abundante) • Tipo de desinformación (error no intencionado, descontextualización, manipulación de la imagen, sátira broma/, exageración, engaño, otro) • Quién desinforma (política, redes sociales, empresa, influencer, periodista, otro) • Nombre (sujeto que desinforma) • Partido • Sobre quién se desinforma (política, ley, periodista, ciudadanía, datos) • Partido • Argumentos para desinformar (solo lo gestiona Igualdad, presupuesto es para 1 año, omite información de ayudas a la educación y conciliación, se prohíbe poner vino y cerveza en los menús, se ha decidido unilateralmente por el Gobierno/Ministerio, se impondrán sanciones, otros datos sobre la prohibición del alcohol en los menús, cifras erróneas, el alcohol no es perjudicial para la salud, otro).
Variables de polarización	• Argumentos para polarizar (valores morales propios superiores, valores morales ajenos inferiores, incapacidad técnica del Gobierno, descalificación personal, opinión pública/redes sociales contra el Gobierno, Gobierno ilegítimo, atentado contra la libertad, feminazis/hombre desprotegido (ley hembrista), Gobierno socialcomunista, Gobierno con Bildu «ETA», crisis económica «no mejora economía», Gobierno dividido, Sánchez incapaz, atenta contra la familia tradicional).

5. RESULTADOS

La muestra quedó compuesta finalmente por 56 registros útiles que se reparten de la siguiente manera entre los dos casos analizados:

Tabla II. Medios analizados

Medio	Feminismo	Vino	Total
ABC	3	3	6
El Español	2		2
El Independiente	1	1	2
Eldiario.es	3		3
El País	2	1	3
Europa Press	3	2	5
La Razón		1	1
Tele5		1	1
Otros	12	16	28
Total	26	25	51

Tabla IIa. Medios del apartado 'Otros'

Medio	Feminismo	Vino	Total
20 minutos		3	3
La Información		1	1
Antena 3		1	1
El Debate	1	1	2
El Plural	1	4	5
Público	1	2	3
Ok Diario	1	1	2
El Periódico de España	1		1
Libertad Digital		1	1
Acta sanitaria		1	1
Consalud.es		1	1
Voz Pópuli	2		2
Onda Cero	1		1
Periodista Digital	2		2
Legal Today	1		1
Informacion.com	1		1
Total	12	16	28

En las unidades de análisis sobre temática feminista, se detectan 8 casos de hipérbole frente a 15 en los que no. Mientras que en la temática sobre vino y cerveza se han registrado 5 piezas con hipérbole frente a 19 que no. La presencia de titular clickbait es escasa aunque, de nuevo en esta variable, el caso de estudio sobre el presupuesto destinado a igualdad gana a la otra temática (3 frente a 2).

El 41% de las piezas analizadas contienen uno o varios argumentos para polarizar. Por orden, los más repetidos en las piezas analizadas son: Opinión pública y redes sociales; incapacidad técnica del Gobierno; la medida del vino y la cerveza supone un "atentado contra la libertad", así como descalificaciones dirigidas a Pedro Sánchez y a Irene Montero. Como ejemplos encontramos los siguientes titulares: "El enfado de hosteleros y clientes por la recomendación de Sanidad: «El vino y la cerveza son nuestra seña de identidad»" (28.04.2022, *Tele5*); "La hostelería rechaza suprimir el alcohol de los menús: «Que se centren en los botellones»" (27.04.2022, *El Independiente*) o "Magistral troleo de Almeida a Irene Montero por el despilfarro del ministerio de Igualdad" (08.03.2022, *Periodista Digital*).

En cuanto a las fórmulas destacan la cita directa —reproducción de declaraciones políticas textuales con cierta intencionalidad de la imagen o políticas del contrario— así como la comparación. Por ejemplo, en esta columna de *La Razón* firmada el 14 de marzo en la que el subtítulo es: "Frente a la 'feminista caviar' Montero, Ayuso pide que ese dineral sirva para rebajar el precio de la luz y el gas. También se da un caso de comparación negativa con el fin de polarizar en el cuerpo denoticia de *El Español*: "El II Plan Estratégico de Igualdad de Oportunidades 2014-16, que fue aprobado por el Gobierno del Partido Popular, contó con un presupuesto de 3.126 millones de euros. No llega a una sexta parte de la cantidad de la que ahora dispondrá la ministra Irene Montero para "impulsar la agenda feminista" (9 marzo 2022). (Tabla III).

Tabla III. Fórmulas de polarización localizadas

Ironía	1
Insulto	1
Exclamación	1
Emotividad	3
Descalificación	3
Comparación negativa	6
Cita directa	5
Cifra manipulada	2
Adverbios y adjetivación	3
Feminazi/hombre desprotegido	1

De las 51 piezas analizadas, 16 contenían uno o más rasgos de desinformación. 12 de las noticias poseían rasgos parciales de desinformación, mientras que en 4 de ellas, el contenido era abundante. Las formas de desinformación más abundantes más son la exageración (6), la descontextualización (5) y el engaño (4), por lo que se aprecia claramente una relación entre contenido hiperbólico y desinformación al ser la exageración el tipo de desinformación más registrado. En cuanto a los argumentos utilizados para desinformar, los más frecuentes son que lo gestiona Igualdad, y que vino y cerveza se prohibirán en los bares y restaurantes, con titulares como "Irene Montero anuncia una inversión de 20.000 millones para políticas feministas", (08.03.2022, Onda Cero); "Irene Montero aprueba un gasto de 20.319 millones para un Plan Estratégico de Igualdad" (08.03.2022, El Independiente), o el titular de El Español: "Pedro Sánchez multiplica un 650% el gasto en su Plan de Igualdad con respecto al de Mariano Rajoy" (09.03.2022) en el que se habla de un presupuesto de "Rajoy" que era para tres años, mientras que el de Sánchez es para cuatro.

Tabla IV. Argumentos para desinformar y tipología

Cifras erróneas	1
Alcohol no es perjudicial	2
Omisión de ayudas educativas y de conciliación	1
Prohibición de alcohol en los menús	5
Solo gestiona 20 mil millones Igualdad	4
Presupuesto para solo un año	1
Otros datos sobre prohibición de alcohol en los menús	1
Otros	1
Total desinformaciones • Descontextualización(5) • Engaño(4) • Exageración(6)	16

Las piezas en las que se ha detectado desinformación, reproducían contenidos hiperbólicos. La conclusión generada en cuanto a esta relación es que desde el ámbito de la política se hace declaraciones exageradas a los medios. En muchas ocasiones en los titulares.

Imagen III. Cuerpo de la noticia de *El Español* 09/03/2022

Las reacciones al mensaje publicado en Twitter por Igualdad, sin embargo, evidencian que la medida no ha sido recibida de buen grado por todos los ciudadanos. Los más de 12.000 tuits citados deslizan comentarios como: "Cada vez más pobres y despilfarrando en chorradas"; "Es una aberración y una barbarie"; "20.000 millones que te sacan de tus impuestos diciéndote que hay que pagar la Educación, la Sanidad y las pensiones"... etc.

Y es que la cifra destinada por Igualdad a las "políticas feministas" en cuatro años duplica el presupuesto anual de Defensa y supone el doble del presupuesto de los ministerios de Sanidad y Educación juntos. También es más de lo que gastan en un año Extremadura (1.658 millones), Castilla-La Mancha (12.273) y Asturias (4.754) juntas. Y casi el presupuesto de la Comunidad de Madrid (23.033 millones).

Ejemplo de polarización (Opinión pública y redes sociales contra el Gobierno) y de desinformación (descontextualización).

Imagen IV. Titular *El Independiente* 27/04/2022

Economía | Empresas

La hostelería rechaza suprimir el alcohol de los menús: "Que se centren en los botellones"

El presidente de la patronal Hostelería de España critica que se ponga el foco sobre bares y restaurantes y defiende que el consumo de una copa de vino o cerveza con la comida "no supone ningún problema para la salud"

DIEGO MOLPECERES

27/04/22 - 17: 48

Ejemplos de polarización (opinión pública contra el Gobierno) y de desinformación (engaño).

En el análisis cualitativo, uno de los hallazgos más interesantes es que Twitter consagra su importancia como fuente informativa para la prensa y los políticos consiguen fácilmente imponer su relato en los medios (imágenes III y IV). Pese a no ser cierta la prohibición del vino y la cerveza en bares y restaurantes, el tuit Ayuso al respecto dio lugar a más del 50% de las publicaciones posteriores sobre esta polémica.

Por otra parte, Irene Montero se convirtió en TT (*Trending topic* o tema tendencia) en Twitter tras el anuncio de esta partida económica. Esta repercusión de redes se traslada también a los medios y en un 28% de las informaciones analizadas sobre la polémica del Plan de Igualdad aparecen capturas de Twitter, reacciones de la opinión pública y respuestas por parte de otros personajes políticos. Los titulares de la siguientes piezas ejemplifican las importancia de en la agenda mediática: "El irónico mensaje de Jorge Javier a Ayuso por su bulo del vino: «Gracias por evitar que acabe como Las Grecas»" (29.04.2022, *El Plural*); "Hugo Silva responde con tres palabras a Ayuso y la polémica del vino" (28.04.2022, *El Plural*), La interesante lectura de Bob Pop del bulo de Ayuso sobre la prohibición del vino: «Y así todo. Todo el rato»" (28.04.2022, *Público*).

Finalmente, en la muestra analizada se han detectado prácticas periodísticas cuestionadas porque empeoran la calidad de la información, dificultan la comprensión del mensaje o, en ciertos casos, trasladan contenidos falsos. Es el caso de titulares no acordes al cuerpo de la noticia como en la de *Europa Press* publicada el 29.04.2022 con titular "Ayuso mantiene que el Gobierno quiere prohibir el vino". También se dan casos de medios "minoritarios" con grandes tintes ideológicos que son concebidos como espacios en los que se relajan las exigencias de veracidad y dan cabida a incorrecciones por parte, en ocasiones, de propios periodistas.

En ellos encontramos titulares como "El Gobierno destinará 20.000 millones de euros (el equivalente a 130 hospitales o 1.200 colegios) a propaganda y a financiar organizaciones feministas" (09.03.2022, *Hispanidad*); "El Gobierno gastará 20.000 millones en «políticas feministas», más que en Justicia o política energética" (08.03.2022, *El Debate*) o "Magistral troleo de Almeida a Irene Montero por el despilfarro del ministerio de Igualdad" (08.03.2022, *Periodista Digital*).

6. DISCUSIÓN

El objetivo principal de esta investigación era plantear un estudio exploratorio sobre la intersección entre polarización y desinformación en los medios de comunicación españoles atendiendo a los recursos narrativos utilizados. Con la creación de una metodología *ad hoc* para este trabajo en la que se combinaban clasificaciones de diferentes autores, se ha intentado ampliar la identificación de las manifestaciones en las que la desinformación llega hasta la ciudadanía. Estas no se dan solamente a través de canales sociales o informales, sino de los propios medios de comunicación que, a través de un lenguaje de exageración, transitan los límites de la desinformación. El cruce de polarización, hipérbole y desinformación en el libro de códigos ha permitido establecer relaciones entre los fenómenos tal y como otros autores ya habían detectado antes (Rausser, Simon & Zhao, 2020).

El uso del lenguaje hiperbólico en contextos políticos y mediáticos es perjudicial en tanto que la exageración "a pesar de tener cierto vínculo con la verdad, traspasa los límites de lo verdadero y entra en el terreno de la falsedad" (Salaverría et al., 2020; 10). El hecho de que los personajes políticos en sus declaraciones, bien para exaltar los méritos propios o bien para maximizar los fracasos ajenos utilicen un lenguaje exagerado llevan a la difusión de desinformación o información deliberadamente falsa, difundida por ideología u otros motivos (Wardle & Derakhshan, 2017).

Este trabajo, así como otros (de Roca, 2020; Bermúdez, e Hidalgo, 2005), evidencia el rol de los medios informativos que en ocasiones reproducen declaraciones de personajes políticos sin poner en cuestión el contenido de las mismas, simplemente, atendiendo a la relevancia del emisor pero no a la veracidad y rigor de su mensaje. Se plantea el debate sobre las labores de selección (*agenda setting*) y enfoque (*framing*) que desarrollan la prensa y del poder de la esfera política sobre ellas. Por otra parte, aunque el objetivo principal de este estudio no era el de abordar la interrelación entre la agenda mediática y digital, sí que se ha concluido que existe un número elevados de piezas informativas y opinativas de los medios de comunicación cuyo origen está en redes sociales, especialmente en Twitter (Broersma & Graham, 2013).

Estudios como los realizados por Díez-Gracia et al. (2023) concluyen que la integración de redes, políticos y agenda conforman el proceso de percepción de relevancia y formación de opinión pública con la construcción de una agenda polarizada y emocional, mientras que, sobre todo a partir de la pandemia, también se observa una considerable difusión de contenidos falseados en esas redes (Salaverría et al., 2020). A esto se le suma la dificultad de los públicos para diferenciar la desinformación por la apariencia de veracidad de la mentira. La desinformación se manifiesta de diferentes formas, algunas más sutiles, que calan mejor y, por tanto, son más nocivas aunque la mentira sea "de menor magnitud".

La polarización es una característica endémica del discurso político y mediático español que se incrementa en momentos de crisis (Teruel, 2016). El clima de crispación constante y su correspondiente discurso hiperbólico antes solo se manifestaba en épocas electorales o periodos señalados; sin embargo, en la actualidad, se ha convertido en la cotidianeidad lo que produce cansancio, desconfianza en la clase política, radicalización de ideas y fomenta la difusión de bulos dada la poca predisposición para contrastar ideas que contradigan pensamientos propios.

La principal limitación de este estudio es el número de casos, en tanto se trata de un estudio exploratorio, pero se ha validado la metodología propuesta y ello permitirá aplicarlo a una muestra mayor en el futuro.

7. REFERENCIAS BIBLIOGRÁFICAS

Balfour, S. (2005). *The politics of contemporary Spain.* Routledge.

Bermúdez, M.A. y Hidalgo, L. A. (2005). *Periodismo de declaraciones: El pseudo-acontecimiento como base de la producción de la noticia: Los Casos de El País, El Mundo Y ABC* (tesis doctoral). Universidad de Sevilla, Facultad de Comunicación, Sevilla.

Bravo Araujo, A., Serrano-Puche, J. y Novoa Jaso, M.F. (2021). Uso del *clickbait* en los medios nativos digitales españoles. Un análisis de El Confidencial, El Español, eldiario.es y OK Diario. *Revista Dígitos, 1*(7) 185-210. https://doi.org/10.7203/rd.v1i7.184

Broersma, M., y Graham, T. (2013). Twitter as news source. *Journalism Practice, 7*(4), 446-464. https://doi.org/10.1080/17512786.2013.802481

Castromil, A. (2012). Negativismo mediático y campaña electoral en las Elecciones Generales de 2008. *Revista Española de Investigaciones Sociológicas (REIS), 139*(1), 163-174. https://doi.org/10.5477/cis/reis.139.163

Diez-Gracia, A., Sánchez-García, P., y Martín-Román, J. (2023). Polarización y discurso emocional de la agenda política en redes sociales: desintermediación y engagement en campaña electoral. *La Revista Icono 14, 21*(1). https://doi.org/10.7195/ri14.v21i1.1922

Carothers, T., & O'Donohue, A. (Eds.). (2019). Democracies divided: The global challenge of political polarization. Brookings Institution Press.

Comisión Europea, Dirección General de Redes de Comunicación, Contenido y Tecnologías, (2018). *A multi-dimensional approach to disinformation: report of the independent High level Group on fake news and online disinformation*, Publications Office. https://data.europa.eu/doi/10.2759/739290

Instituto de las Mujeres. (2022). Plan Estratégico para la Igualdad Efectiva entre Hombres y Mujeres. Ministerio de Igualdad. https://www.inmujeres.gob.es/areasTematicas/AreaPlanificacionEvaluacion/docs/PlanesEstrategicos/Memoria_economica_2022_2025.pdf

Krippendorff, K. (1990). *Metodología de análisis de contenido: teoría y práctica.* Grupo Planeta (GBS).

Molpeceres, D. (2022, 27 de abril). La hostelería rechaza suprimir el alcohol de los menús: «Que se centren en los botellones». *El Independiente.* https://www.elindependiente.com/economia/2022/04/27/la-hosteleria-rechaza-suprimir-el-alcohol-de-los-menus-que-pongan-el-foco-en-los-botellones/

Ondarra, M. (2022, 9 de marzo). Pedro Sánchez multiplica un 650% el gasto en su plan de igualdad con respecto al de Mariano Rajoy. *El Español.* https://www.elespanol.com/espana/politica/20220309/pedro-sanchez-multiplica-plan-igualdad-mariano-rajoy/655684853_0.html

Osmundsen, M., Bor, A., Vahlstrup, P. B., Bechmann, A. y Petersen, M. B. (2021). «Partisan Polarization Is the Primary Psychological Motivation behind Political Fake News Sharing on Twitter». *American Political Science Review, 115*, (3). *https://doi.org/10.1017/S0003055421000290*

Peláez Moya, S. (2022). *Estrategia en Salud Cardiovascular del Sistema Nacional de Salud (ESCAV).* Centro de distribuciones del Ministerio de Sanidad. https://www.sanidad.gob.es/organizacion/sns/planCalidadSNS/pdf/Estrategia_de_salud_cardiovascular_SNS.pdf

Piñuel, J.L. (2002). Epistemología, metodología y técnicas del análisis de contenido. *Estudios de Sociolingüística, 3* (1) 1-42. https://www.ucm.es/data/cont/docs/268-2013-07-29-Pinuel_Raigada_AnalisisContenido_2002_EstudiosSociolinguisticaUVigo.pdf

Puglisi, J. A. (2022, 9 de marzo). Magistral troleo de Almeida a Irene Montero por el despilfarro del Ministerio de Igualdad. *Periodista Digital.* https://www.periodistadigital.com/politica/autonomias/20220308/

magistral-troleo-almeida-irene-montero-despilfarro-ministerio-igualdad-noticia-689404617640/

Quintana, A.R. (2022, 28 abril). El enfado de hosteleros y clientes por la recomendación de Sanidad: "El vino y la cerveza son nuestra seña de identidad". *Telecinco.* https://www.telecinco.es/elprogramadeanarosa/secciones/sociedad/enfado-hosteleros-clientes-recomendacion-sanidad-vino-cerveza_18_3321420641.html

Rausser, G. C., Simon, L. K., y Zhao, J. (2020). Polarization, hyperbole and the Battle for control over the narrative. *SSRN Electronic Journal.* http://dx.doi.org/10.2139/ssrn.3683160

Redacción (2022, 27 de abril). ¿Va a prohibir el Gobierno el vino y la cerveza en los menús? El Ministerio de Sanidad lo niega y dice que la nueva 'Estrategia en Salud Cardiovascular' incluirá recomendaciones. *Maldita.es.* https://maldita.es/malditateexplica/20220427/gobierno-prohibir-vino-cerveza-sanidad/

Redacción (2022, 28 de abril). Hugo Silva responde con tres palabras a Ayuso y la polémica del vino. *El Plural.* https://www.elplural.com/fuera-de-foco/hugo-silva-responde-tres-palabras-ayuso-polemica-vino_288772102

Redacción. (2022, 29 abril). Ayuso mantiene que el Gobierno quiere prohibir el vino. *Europa Press.* https://www.europapress.es/asturias/noticia-ayuso-mantiene-gobierno-quiere-prohibir-vino-20220429131654.html

Redacción (2023, 23 de febrero). El irónico mensaje de Jorge Javier a Ayuso por su bulo del vino: "Gracias por evitar que acabe como las grecas". *El Plural.* https://www.elplural.com/fuera-de-foco/ironico-mensaje-jorge-javier-vazquez-ayuso-por-su-bulo-vino-gracias-por-evitar-acabe-como-grecas_288877102

Redacción. (2022, 17 de marzo). El bulo de que el presupuesto de más de 20.000 millones de euros del plan estratégico de Igualdad se destinará a «charlas feministas». *Maldita.es.* https://maldita.es/feminismo/20220317/charlas-feministas-presupuesto-20000-millones-igualdad/

Redacción. (2022, 8 de marzo). El Gobierno gastará 20.000 millones en «políticas feministas», más que en justicia o política energética. *El Debate.* https://www.eldebate.com/economia/20220308/gobierno-gastara-casi-mismo-feminismo-educacion-entre-anos-2022-2025.html

Redacción. (2022, 8 de marzo). Irene Montero anuncia una inversión de 20.000 millones para políticas feministas. *OndaCero.* https://www.ondacero.es/noticias/sociedad/irene-montero-anuncia-inversion-20000-millones-politicas-feministas_2022030862275b12e2af800001e483d7.html

Redacción. (2022, 9 de marzo). El Gobierno destinará 20.000 millones de euros (el equivalente a 130 hospitales o 1.200 colegios) a Propaga. *His-*

panidad. https://www.hispanidad.com/politica/espana/gobierno-destinara-20000-millones-euros-el-equivalente-130-hospitales-1200-colegios-propaganda-financiar-organizaciones-feministas_12032359_102.html

Redacción. (2022, 9 de marzo). Irene Montero aprueba un gasto de 20.319 millones para igualdad. *El Independiente.* https://www.elindependiente.com/espana/2022/03/08/irene-montero-aprueba-un-gasto-de-20-319-millones-para-un-plan-estrategico-de-igualdad/

de Roca, R. R. (2020). *El periodismo de declaraciones como fuente de polarización en la información política.* X Congreso Universitario Internacional sobre Contenidos, Investigación, Innovación y Docencia. Madrid, España

Salaverría, R., Buslón, N., López-Pan, F., León, B., López-Goñi, I. y Erviti, M.C. (2020). Desinformación en tiempos de pandemia: tipología de los bulos sobre la Covid-19. *El profesional de la información, 29,* (3). https://doi.org/10.3145/epi.2020.may.15

Sebastián, I. (2022, 15 marzo). Veinte mil millones obscenos. *Diario ABC.* https://www.abc.es/opinion/abci-isabel-san-sebastian-veinte-millones-obscenos-202203142243_noticia.html

Sides, J., Hopkins, D. J. eds. (2015) *Political polarization in American politics.* Bloomsbury Publishing USA.

Teruel Rodríguez, L. (2016). El impacto de la crisis política y económica sobre la polarización de los medios españoles. *Historia y Comunicación Social, 21* (1). https://doi.org/10.5209/rev_HICS.2016.v21.n1.52692

Thompson, J. (2000). *Political scandal: Power and visibility in the media age.* Cambridge, UK.

Tremending (2022). La interesante lectura de Bob Pop del bulo de Ayuso sobre la prohibición del vino: «Y así todo. todo el rato». *Público.* https://www.publico.es/tremending/2022/04/28/la-interesante-lectura-de-bob-pop-del-bulo-de-ayuso-sobre-la-prohibicion-del-vino-y-asi-todo-todo-el-rato/

Wardle, C., y Derakhshan, H. (2017). *Information disorder: Toward an interdisciplinary framework for research and policy making.* Council of Europe. https://edoc.coe.int/en/media/7495-information-disorder-toward-an-interdisciplinary-framework-for-research-and-policy-making.html

Wardle, C. (2020). *Understanding Information Disorder: Essential Guides.* First Draft.

https://firstdraftnews.org/long-form-article/understanding-information-disorder/

Fake news en la política española: análisis de la atribución del término en formaciones y líderes políticos

LETICIA RODRÍGUEZ FERNÁNDEZ
Universidad de Cádiz

El término *fake news* ha ganado una notable popularidad en España y su uso se ha generalizado como un mal sinónimo de la desinformación. Este extranjerismo se ha incorporado también al discurso político, contribuyendo a establecer nuevos marcos en la interpretación de su significado.

Donald Trump fue el primer político en emplear este concepto como una acusación contra las críticas de los medios de comunicación, convirtiéndolo en una seña de identidad. Otros políticos han seguido sus pasos, entre ellos los españoles que han incorporado en sus discursos las *fake news* como elemento de debate. Se propone en este trabajo conocer si en los primeros contenidos indexados en internet se establecen atribuciones distintas para las principales formaciones y líderes políticos.

1. NO ES LO MISMO *FAKE NEWS* QUE DESINFORMACIÓN

Para abordar este capítulo debemos comenzar definiendo las mal llamadas *fake news*. En España el término comienza a emplearse como un sinónimo de desinformación para definir los contenidos falsos en forma de noticias normalmente empleados para desprestigiar y afectar al adversario en campaña electoral (Rodríguez-Fernández; 2020).

Resulta llamativo que el fenómeno de las *fake news* se haya disparado tan abruptamente en los últimos años. Ubicar el nacimiento del concepto es tarea compleja. Althuir y Haiden (2018) señalan que, aunque la propagación de noticias falsas ha sido un desafío en crecimiento desde la invención de la imprenta en 1439, el término es relativamente nuevo en la lengua inglesa. Procedente de Estados Unidos, se gesta a finales del siglo XIX, ya que anteriormente este tipo de mentiras impresas se denominaban simple y llanamente "false", es decir falsas. Terminológicamente, la palabra inglesa fake evidencia que algo no es real, pero busca imitar o copiar aquello que sí lo es, mientras que "false" incide únicamente en falta de honestidad, en la mentira en sí misma.

Al realizar una búsqueda del término en Google Trends se observa que su popularidad se disparó durante la semana del 13 al 19 de noviembre de 2016. Estas fechas coinciden con la victoria de las elecciones presidenciales de Donald Trump el 8 de noviembre del mismo año. Una semana después, los medios de comunicación relacionan su victoria con una campaña de desinformación con intervención rusa.

2. LA DESCONFIANZA EN LA CLASE POLÍTICA: BASE DE LA PROPAGANDA DIGITAL

Las campañas orquestadas de desinformación presentan una tendencia al alza, cada vez más profesionalizadas y con fórmulas refinadas. En 2020, el Instituto de Propaganda Computacional de Oxford detectó el uso de propaganda computacional en 81 países, y en 48 se observaba la mediación de una firma especializada. Estos datos se han incrementado progresivamente, pasando de estar presente en 28 países en 2017 a 48, casi el doble, en 2018, y 70 en 2019 (Bradshaw et al., 2021). Como consecuencia, se configuran sociedades cada vez más polarizadas, frágiles democráticamente hablando y más proclives a la manipulación emocional de las apelaciones ideológicas.

Erosionar la confianza en los políticos y las instituciones es uno de los grandes objetivos de la propaganda digital, pues facilita el descrédito de la autoridad y aumenta la perspicacia de la ciudadanía. Según datos del Eurobarómetro de 2021, el 85% considera que la desinformación es un problema para la democracia (Palomo, 2021). En este sentido, los ciudadanos (76%) perciben a los partidos políticos como los principales emisores de bulos en medios de comunicación y redes sociales (n=2000) (Oxfam Intermón y Maldita.es, 2021). España es el país más polarizado de Europa (Gidron et al., 2018) con una alta polarización ideológica, pero baja polarización afectiva (Garrido et al., 2021) y el 68% de los ciudadanos considera que los partidos tradicionales y los políticos no se preocupan de personas como ellos (Ipsos, 2021).

En España, el 95,8% de los españoles considera que la desinformación es un problema en la sociedad actual y el 91% que es un peligro para la democracia y la estabilidad de un país. Por otra parte, el 72,1% admite haber creído alguna vez un mensaje que resultó ser falso (UTECA&UNAM; 2022). Trabajos anteriores recogen que los consultores de comunicación política contextualizan este fenómeno en «la crisis de confianza y la deslegitimación de las instituciones, los partidos políticos y los medios de comunicación; la falta de conciencia crítica de los ciudadanos y las nuevas estructuras orquestadas que ofrecen mayor viralidad y difusión a los contenidos falsos» (Rodríguez-Fernández, 2019).

Según Digital News Report, en un estudio aplicado a 40 países, un 40% de los ciudadanos responsabiliza a los políticos como fuente de información falsa o engañosa en internet, dejando en segundo plano a la gente corriente, medios, actores políticos extranjeros y activistas (40 países) (Digital News Report, 2020). Esta nueva etiqueta también afecta a los medios de comunicación. Investigaciones realizadas en EE.UU. observaron que los conservadores son especialmente propensos a asociar los principales medios de comunicación con el término *fake news,* como consecuencia de su adhesión ideológica a Donald Trump (Van der Linden, Panagopoulos y Roozenbeek, 2020).

La desconfianza hacia los políticos en España es un sentimiento permanente que se recoge desde el barómetro CIS de 1996 (Rodríguez-Fernández; 2016). El 90% de españoles desconfía de las formaciones políticas y el 75% del Ejecutivo y del Congreso (Eurobarómetro, 2021)

3. EL TÉRMINO *FAKE NEWS* EN LA COMUNICACIÓN POLÍTICA ESPAÑOLA: CASOS MEDIÁTICOS

El uso del término *fake news* registra también usos particulares en la comunicación política española. En 2019, el PSOE anunciaba en el arranque de la campaña electoral, el lanzamiento de una herramienta de verificación para hacer frente a las supuestas mentiras que sus adversarios políticos pudiera verter sobre el partido. Alojada en su web, 'Fact check: Democracia sin mentiras', ya no está disponible para consulta pública e iniciaba su actividad con varios desmentidos sobre afirmaciones de Pablo Casado y Albert Rivera. En el primero se hacía alusión a unas declaraciones de Pablo Casado que aseguraban que las primeras alcaldesas de grandes ciudades en España como Valencia habían sido del PP; en el segundo y también sobre declaraciones del mismo líder se desmentía que siempre se hubieran producido debates cara a cara en la democracia española. Un tercero contradecía unas declaraciones de Albert Rivera en las que afirmaba que en el PSOE estaban prohibidas las primarias y en el cuarto y último, sobre declaraciones de Casado, se contrataban los supuestos 6800 empleos diarios que destruía el gobierno de Sánchez con los datos del Encuesta de Población Activa (El Correo; 2019).

Imagen 1. Captura de pantalla de la herramienta de verificación lanzada por el PSOE en campaña electoral

Fuente: psoe.es

La herramienta del PSOE no duró mucho tiempo activa aunque hubiera sido realmente útil para desmentir la campaña de desprestigio a la que fue sometido poco tiempo después. Bajo la justificación de realizar un "experimento social", el agitador Luis Pérez, conocido como Alvise, compartía un vídeo en redes sociales en el que recogía la reacción de varios ciudadanos frente a una marquesina en la que aparecía una campaña publicitaria con la imagen del presidente de Gobierno, Pedro Sánchez y el mensaje: "Confía en tu Gobierno. Un buen ciudadano obedece". Otras imágenes, también compartidas en marquesinas reales, recogían mensajes similares como "No es censura, es protección", "Te observamos para protegerte".

El vídeo, que además de contar con gran difusión e impacto en redes sociales, acaparó también la atención de los medios de comunicación, finalizaba varias afirmaciones falsas: "Ha encerrado a millones de españoles sanos en sus casas por su incapacidad para hacernos test", "Ha amordazado a toda la oposición de este país y eliminado los plazos del control del Parlamento español", "Ha sobornado a los grandes medios de comunicación" y "Nos amenazan con leyes de hasta cinco años de prisión para los que intentemos opinar en libertad" (ElDiario.es, 2020).

Imagen 2. Alvise junto con una de las marquesinas de la campaña de desprestigio

Fuente: ElDiario.es

Esta acción de desprestigio, centrada en el uso de información falsa, se ha repetido recientemente y ha tenido también como objetivo a Pedro Sánchez. En mayo de 2023, se recogía una nueva campaña publicitaria, esta vez en las marquesinas de la estación de metro de Sol de Madrid. En la misma podría observarse una caricatura de

Pedro Sánchez, con gafas de sol, con mensajes como "Se llamaba Cercanías hasta que se encargó Sánchez", "Yo en mi Falcon, tú en mi Cercanías", "Mi Falcon tiene más frecuencia que tu Cercanías". Mensajes que coincidían con algunas de las críticas habituales de PP y Vox sobre la gestión de Renfe realizada por el gobierno. La autoría de esta campaña nunca ha sido revelada.

4. OBJETIVOS Y METODOLOGÍA

Este trabajo tiene como objetivo principal observar la relación en contenidos indexados en Google del término *fake news* con las principales formaciones y líderes políticos españoles. Se pretende identificar cuáles son los partidos y personalidades más vinculados a este término y analizar qué tipo de atribuciones se generan.

La primera fase de trabajo ha sido de corte cuantitativo. Se realizaron varias cadenas de búsqueda en Google, entre el 5 y el 12 de septiembre de 2022, acompañando el término *fake news* con los nombres de las cinco formaciones con mayor representatividad política (Partido Socialista Obrero Español (PSOE), Partido Popular (PP), Ciudadanos, Unidas Podemos y Vox) así como de sus líderes (Pedro Sánchez, Alberto Núñez Feijóo, Inés Arrimadas, Ione Belarra y Santiago Abascal). En casa una de estas búsquedas se recogieron los 10 primeros resultados, obteniendo un total de 100 contenidos: 50 para las formaciones políticas y otras 50 para sus líderes. Las búsquedas se limitaron al buscador Google por ser el más empleado en España con una cuota de mercado del 95,27% (Statista, 2023).

Posteriormente, y sobre los resultados obtenidos (n=100) se procedió a realizar un análisis de contenido que permitiera la identificación y clasificación de los roles vinculados a dichas informaciones. Se determinaron 5 posibles roles que podían ser asignados tanto las formaciones o los políticos en las informaciones analizadas: (1) emisor, cuando este es señalado como emisor de desinformación (2) acusador, cuando este emite declaraciones o acusaciones contra otra formación o político por emitir desinformación (3) víctima, cuando el sujeto es el objetivo de una campaña de desinformación y (4) solventor, cuando el protagonista ofrece soluciones o se muestra como posible solucionador al problema de las *fake news* y (5) otros, para roles distintos a los presentados anteriormente. Este análisis de contenido se realizó manualmente, atendiendo a la lectura completa de las informaciones. La relación de enlaces con los contenidos se ha depositado en el repositorio Zenodo y puede ser consultada con el nombre "Enlaces partidos y formaciones políticas".

5. RESULTADOS

5.1. Resultados de los contenidos sobre fake news asociados a las formaciones políticas españolas

En los resultados cuantitativos recogidos durante el mes de septiembre de 2022 se observa que el PP es el partido político que presenta mayor volumen de contenidos relacionados con las *fake news,* con un total de 35.200.000 resultados con las palabras clave de búsqueda "PP + fake news". A continuación, le seguirían Ciudadanos con 1.060.000 resultados, Vox con 8.890.000 resultados y Unidas Podemos con 8.668.000. En último lugar y casi con la mitad de resultados encontramos al PSOE, con 491.000.

Tabla 1. Resultados de la búsqueda del partido político junto al término *fake news*

	Nombre partido + fake news
PSOE	491.000 resultados
PP	35.200.000 resultados
CIUDADANOS (búsqueda realizada con "ciudadanos partido")	1.060.000 resultados
UNIDAS PODEMOS (búsqueda realizada con "Podemos"	8.668.000 resultados
VOX	8.890.000 resultados

Fuente: elaboración propia

Partido Popular

De los 50 contenidos recogidos para las formaciones políticas, el 72% corresponderían a noticias de medios de comunicación, seguidos de medios propios, es decir redes sociales como Twitter, YouTube, Facebook o páginas web (14%) y en menos medida tendríamos investigaciones indexadas en la red (7%) y contenidos de verificadores (7%).

En relación al rol que cada formación jugaría en dichas informaciones se observa, siguiendo el mismo orden anterior, que el PP tendría un rol hegemónico de emisor de *fake news* en 5 de los 10 casos recogidos. Nueve de los diez contenidos recogidos proceden de medios de comunicación: dos noticias del diario Público, dos de La tribuna de Toledo y el resto de Europa Press, El Plural, El Periódico Mediterráneo, El Periódico de España y el Confidencial Digital. El contenido restante es un tuit de la propia formación política.

Se trataría de varias informaciones relacionadas con la difusión en redes sociales de una noticia manipulada y atribuida a 'Europa Press' sobre la suspensión del impuesto del agua parte de varios dirigentes del PP de Castilla-La Mancha. También se recoge la réplica de la ministra de Hacienda y Función Pública, María Jesús Montero, al PP por difundir un bulo que le culpa de poner en riesgo 5.000 millones de euros de los Fondos de Cohesión al no haber firmado unos acuerdos ni enviar documentación a las autoridades europeas.

En tres de las informaciones el partido trata de posicionarse como posible solucionador al problema de la desinformación. Concretamente se alude a sus actuaciones como oposición para frenar las medidas del gobierno en su plan de lucha contra la desinformación. Tales actuaciones pasaron por recurrir el mismo ante la Audiencia Nacional, acompañando dicha acción con una campaña en redes sociales bajo el hashtag #MinisterioDeLaVerdad en el que se comparaba al Gobierno con Venezuela y se les acusaba de atacar a la libertad de prensa y querer reducir las opiniones contrarias.

En una de las informaciones el PP acusa al Gobierno de emitir desinformación. Es la única recogida con estas características para esta formación.

En "otros" tendríamos un tuit del PP de la comunidad de Madrid, compartido el 22 de abril de 2021, en el que se realiza un desmentido con el siguiente texto: "Desmentimos la *fake news* que está corriendo por Whatsapp, afirmando que están llegando papeletas nulas de @ populares. ☞ La papeleta que está llegando es la única impresa por la Junta Electoral. !! #StopBulos !!".

Ciudadanos

En el caso de Ciudadanos, los diez contenidos recogidos proceden de medios de comunicación. Dos son noticias de El Plural y el resto proceden de El Periódico, El Independiente, El Español, El País, Público, El Correo, Diario Sur y La Vanguardia. El rol hegemónico de la formación es también el de emisor con siete contenidos que corresponden a informaciones sobre la estrategia de comunicación digital de la formación centrada en difundir desinformación sobre otras formaciones. Esta circunstancia se hizo pública en septiembre de 2018 y evidenciaba cómo la formación empleaba la desinformación como táctica habitual. En concreto se alude a un grupo autodenominado como "Comando Prim" que participaba como supuestos activistas en contra de sus adversarios. De esta manera, animaban a afiliados y simpatizantes a seguirlos sin que se realizase una conexión directa entre la actividad de los supuestos activistas y la formación. También se recogen informaciones sobre los bulos compartidos por los dirigentes del partido.

En dos contenidos la formación figura como solucionador. Al igual que el PP, se trata de propuestas realizadas por Ciudadanos para luchar contra la desinformación en contraposición a las acciones desarrolladas por el Gobierno.

Un último contenido recoge una investigación realizada por El País en el que analiza la conversación de las formaciones políticas en grupos cerrados de Facebook.

Imagen 3. Resumen de la atribución de los contenidos vinculados a las formaciones conforme a la búsqueda realizada.

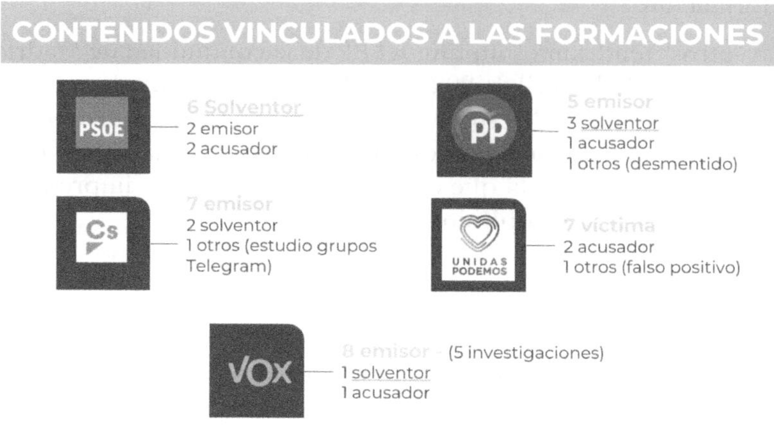

Fuente: elaboración propia

Vox

Los contenidos en torno a Vox son posiblemente los más heterogéneos de todos los analizados. Cuatro de ellos corresponden a noticias de medios de comunicación de El Plural, Público, La Voz de Almería y El Diario; otros cuatro a resultados de investigaciones académicas;y uno a la etiqueta con el mismo nombre que recoge todas las verificaciones en torno al partido realizadas por Newtral y el otro es un tuit de la propia formación.

Vox es el partido que presenta mayores resultados como emisor de desinformación. Los medios de comunicación hacen alusión a una investigación realizada conjuntamente por las universidades de Valladolid y Valencia en la que se evidenciaba el uso de encuestas falsas, vídeos manipulados y bulos en el entorno de Vox en las últimas elecciones generales. Igualmente, se menciona el informe publicado por la Fundación Rosa Luxemburgo en el que se detectaron una veintena de webs dedicadas a difundir desinformación xenófoba. También se alude a unas declaraciones realizadas por el cabeza de lista de Vox al Parlamento de Andalucía por la provincia de Almería, Rodrigo Alonso, al final de la campaña de las andaluzas del 19-J, en las que aseguraba que no se vendía carne de cerdo en El Ejido por la abundante presencia de marroquíes.

En cuanto a los trabajos académicos figuran el paper "Partidos emergentes de la ultraderecha *¿fake news, fake outsiders?* Vox y la web Caso Aislado en las elecciones andaluzas de 2018" publicado en la revista Teknokultura: Revista de Cultura Digital y Movimientos Sociales; el Trabajo de Fin de Máster (TFM): "*Fake News* y posverdad: análisis de las noticias falsas de Vox en las elecciones autonómicas andaluzas de 2018" que aparece en dos repositorios distintos, ofreciendo por tanto dos resultados diferentes en búsquedas y el TFM "Comunicación política y posverdad: en torno al caso de Vox, sus portales afines y las *fake news*".

Con todo, se observa que 5 de las 8 alusiones al papel de Vox como agente emisor de desinformación se asientan en investigaciones bien realizadas por académicos o estudiantes o por organizaciones.

En un contenido Vox se posiciona como solventor al problema de la desinformación, en un contenido similar a los ya citados en las formaciones políticas anteriores. Por otra parte, la figura de acusador se recoge en un tuit, compartido en la cuenta del partido el 30 de octubre de 2019, en el que la formación asegura que el diario El País difundió informaciones falsas sobre Rocío Monasterio.

Unidas Podemos

En el caso de Unidas Podemos cabe destacar que la mayoría de contenidos recogidos proceden de medios de comunicación latinoamericanos. Así, encontramos varias noticias publicadas en Milenio, Telesur, Página 12, La Red 21, Swissinfo.ch y un extracto en YouTube del informativo de la Televisión Pública Argentina. Se añade una noticia en el diario Público, una publicación de Facebook de la propia formación y un falso positivo, descartado para el análisis: un artículo en The Conversation titulado: "¿Podemos detectar las noticias falsas? ¿En quién confiamos?"

En siete de estos contenidos, Unidas Podemos figura como víctima de una campaña articulada contra Pablo Iglesias ante de las elecciones del 26-J que acusaba Pablo Iglesias de tener una supuesta cuenta de en Islas Granadinas donde se habría ingresado dinero procedente de Venezuela. La fuente de la información falsa fue OK Diario.

Dos contenidos responden a las lógicas del rol de acusador. La primera es un post de Facebook de la cuenta del partido, publicada el 23 de julio de 2020 en el que recoge una captura de un tuit de Pablo Echenique acusando al periódico El Mundo de publicar información falsa. Tono similar empleado por Pablo Iglesias en un fragmento de una intervención en el Congreso, recogido en la página web de la formación política, en la que se acusa a Vox de la difusión de desinformación.

PSOE

En el caso del PSOE la mayoría de contenidos resultan también heterogéneos con una alta presencia de medios propios. Se registran noticias de El Plural, La Tribuna de Toledo, El Diario.es, El Español, El Confidencial Digital, RTVE y La Sexta. Se añaden dos resultados de su página web y un tuit de su cuenta de Twitter institucional.

En siete de ellos, la formación política aparece como posible solucionador al problema. Este volumen tan elevado se recoge por la combinación de dos noticias: la organización del 40 Congreso del PSOE en el que se promete debatir en torno a las soluciones para combatir la desinformación y el intento de un pacto de Estado con el mismo objetivo. Se añaden tres contenidos relacionados con las jornadas sobre desinformación organizadas por el grupo parlamentario en el congreso: el cartel de las mismas, la información relacionada en su página web y un fragmento de una de las intervenciones compartida en la cuenta de Twitter del partido el día de su desarrollo, del 23 de febrero de 2022.

Bajo el rol de acusador se recoge la solicitud de dimisiones en el PP después de que sus representantes en Castilla La Mancha compartieran informaciones manipuladas en redes sociales y las críticas del partido hacia Irene Montero por no aclarar la *fake news* en torno al presupuesto del III Plan Estratégico para la Igualdad Efectiva de Mujeres y Hombres 2022-2025 valorado en 20.000 millones.

En el rol de emisor, se recoge una información en la que se asegura que el PSOE de Salamanca ha compartido información falsa sobre la accesibilidad en calles de la ciudad y un fragmento del programa "El Objetivo" en el que analizan los bulos compartidos por los políticos españoles.

5.2. Resultados de los contenidos sobre fake news asociados a los políticos españoles

Los políticos españoles presentan lógicamente resultados inferiores en búsquedas que las formaciones políticas en términos cuantitativos. Al unir el nombre de los distintos líderes con el término *fake news* observamos que Pedro Sánchez es el representante con mayor cantidad de resultados. Lógicamente esto tiene mayor relación con su papel de Presidente que con su desempeño en el partido, pues como se indicaba en el epígrafe anterior el PSOE es el partido con menor número de resultados en búsquedas por formación.

A este le seguiría Inés Arrimadas con 126.000 resultados, Santiago Abascal con 116.000 y casi con la mitad de resultados Alberto Núñez Feijóo que alcanza los 55.400 resultados. En este último caso cabe resaltar que, en la fecha de realización de este trabajo, Feijóo llevaba tan solo 6 meses al frente del partido. Circunstancia muy similar a la de Ione Belarra que presenta un perfil muy bajo, registrándose tan solo 13.900 resultados a pesar de suceder a Pablo Iglesias en julio de 2021.

Tabla 2. Resultados de la búsqueda del líder de cada formación junto al término *fake news*

	Nombre líder + fake news
Pedro Sánchez	1.700.000 resultados
Alberto Núñez Feijoo	55.400 resultados
Inés Arrimadas	126.000 resultados
Ione Belarra	13.900 resultados
Santiago Abascal	116.000 resultados

Fuente: elaboración propia

Cuatro de los cinco políticos analizados presentan mayoritariamente rol de emisor de desinformación. Esta circunstancia resulta llamativa pues no aplica de igual a las formaciones políticas. Parece por tanto que los políticos tienen mayor exposición a ser acusados de emitir o compartir información falsa.

Pedro Sánchez

Siguiendo el orden de los resultados cuantitativos, los diez primeros resultados de búsqueda de Pedro Sánchez corresponden a medios de comunicación y uno a un tuit de su cuenta personal.

Los contenidos lo posicionan mayoritariamente como emisor de desinformación durante su Gobierno aunque cabe destacar que tales contenidos proceden de medios tradicionalmente contrarios a su gestión como Ok Diario o Voz Populi. También sus propuestas para luchar contra la desinformación son planteadas como un potencial mecanismo de censura. Contrasta con aquellos contenidos que lo posicionan como un posible solucionador, una de ellas de su propia cuenta de Twitter.

Por otro lado, en dos informaciones aparece como víctima de una suplantación de identidad en Twitter y un uso falso de su imagen en una estafa de *bitcoins* en la que se empleaba la identidad de distintos personajes famosos.

Santiago Abascal

Los contenidos recogidos sobre Santiago Abascal son bastante heterogéneos: siete proceden de medios de comunicación (dos noticias del diario Público, La Sexta, El Plural, El Mundo, El País, El Salto Diario), dos son trabajos académicos y uno es un tuit de su propia cuenta.

En siete de los diez contenidos, el líder aparece como emisor de desinformación. Entre ellas se recoge que Facebook desmintió una publicación de Abascal sobre la investidura, se señala que Vox es el partido que más desinformación difunde, se le compara con Bolsonaro y se analiza a sus socios latinoamericanos.

En dos contenidos, Abascal aparece como acusador. Uno es un tuit de su cuenta personal en el que acusa a Sánchez de "blanquear el golpismo", el otro es una noticia en la que la se indica que "Vox anima a sortear las trabas que frenan la difusión de bulos en las redes sociales".

Un último contenido queda fuera de esta categorización al tratarse de un trabajo académico sobre la descortesía política en Twitter.

Alberto Núñez Feijóo

En el caso de Alberto Núñez Feijóo, los diez contenidos recogidos corresponden a medios de comunicación. Se identifican noticias de Voz Populi, El Plural, Valencia Plaza, La Razón, Newtral, El Periódico, El País, Infolibre y El Diario de Pontevedra.

En siete de ellos figura como emisor de desinformación, haciéndose referencia a las informaciones falsas emitidas por el líder en torno a temas económicos, así como al uso de *fake news* en la campaña electoral en Galicia de 2009. En este último caso varios medios, Huffington Post y El Periódico, señalan que fue una de las campañas más sucias que se recuerdan. Se recoge también una declaración falsa cuyo objetivo habría sido desacreditar la postura del Gobierno valenciano.

En tres casos, el líder del PP figura como víctima de informaciones falsas. Se trata de un fotomontaje en el que aparece con mascarilla dándose la mano con Otegui, un *deepfake* en la Festa do Albariño de Cambados en la que parece realizar unas declaraciones en estado de embriaguez y una noticia del diario La Razón en la que se señala que Moncloa lanza bulos en torno al apoyo de los populares a medidas políticas de valor.

Imagen 4. Resumen de la atribución de los contenidos vinculados a los líderes políticos conforme a la búsqueda realizada.

Fuente: elaboración propia

Inés Arrimadas

Los diez contenidos recogidos para Inés Arrimadas proceden en su mayoría de medios de comunicación, a excepción de una intervención en el Parlament de Catalunya recogida en YouTube. Se trata de noticias en los diarios digitales Público, El País, El Economista, El Correo, La Vanguardia o El Diario de Almería, entre otros.

El rol mayoritario es "otros" pues se recogen algunos contenidos difíciles de clasificar como un "careo" en Parlament de Catalunya entre Arrimadas y Torra, un editorial o informaciones sobre su victoria como líder del partido.

En tres informaciones figura como víctima de un bulo en el que se mostraba la imagen de una niña con el brazo alzado indicando que la política tenía inclinaciones de extrema derecha desde su infancia.

En una noticia se le asigna el rol de emisor tras compartir información de una página web dedicada a la difusión de este tipo de contenidos.

Ione Belarra

Todos los contenidos recogidos para Ione Belarra proceden de medios de comunicación como La Información, Público, El Mundo, Europa Press, Infolibre y Ok Diario a excepción de una información de Newtral y de un post en Facebook.

Siete de los contenidos no presenta una clasificación clara pues o bien mencionan a la política, pero no son contenidos que aluden a la desinformación, o se trata de indexaciones derivadas de las etiquetas internas de los medios de comunicación sin ofrecer un contenido concreto.

En tres de los contenidos, Ione Belarra figura como víctima como el bulo en el que se aseguraba, mintiendo sobre los datos de la web del Congreso, que 12 políticos de Unidas Podemos e Izquierda Unida "no habían trabajado nunca".

Solo en uno de los contenidos se le vincula con soluciones, cuando la política en un acto público, menciona el periodismo y expone la necesidad de mejorar las condiciones del gremio.

5.3. Roles hegemónicos del conjunto formación-partido

A través del sumatorio de los roles extraídos para los contenidos de las formaciones y los líderes podemos establecer roles hegemónicos por partido político.

Así, el PSOE presenta un empate entre la potencial percepción como solucionador y emisor del problema con la desinformación. En ambos casos se alcanzan 8 contenidos relacionados. En el caso del PP, la atribución mayoritaria sería la de emisor que llega a los 12 contenidos sobre 20; al igual que Vox que presenta 13 de los 20 contenidos con esta atribución o que Ciudadanos que alcanza los 8 de 20.

Por su parte, Unidas Podemos es presentada como una víctima de la desinformación en 9 de los 20 contenidos recogidos.

Imagen 5. Resumen del rol hegemónico atribuido a las distintas formaciones

FORMACIÓN	ROL HEGEMÓNICO
PSOE +	SOLVENTOR (8/20) + EMISOR (8/20)
PP +	EMISOR (12/20)
Cs +	EMISOR (8/20)
UNIDAS PODEMOS +	VÍCTIMA (9/20)
VOX +	EMISOR (13/20)

Fuente: elaboración propia

6. CONCLUSIONES

A lo largo de este trabajo se ha tratado de ahondar en las posibles atribuciones de los contenidos indexados en Google en torno a las formaciones y líderes políticos españoles y el fenómeno de las *fake news*.

Cabe destacar en primer lugar que la gran mayoría de contenidos analizados proceden de medios de comunicación que recogen informaciones derivadas de casos o declaraciones contextualizados en la realidad de la actualidad política.

Del análisis se desprende que las formaciones de derecha son percibidas mayormente como emisores de desinformación frente a las formaciones de izquierda que tienden a ser presentadas como víctimas o solucionadores del problema.

Vox es el partido que figura como emisor en el mayor número de contenidos. Es decir, se le asocia un papel directo con la difusión de desinformación dentro de su desempeño político. Gran parte de estas atribuciones se realizan además desde investigaciones académicas, por lo que no se trata de acusaciones ajenas de fundamento.

Es importante matizar que este estudio analiza los contenidos que cualquier usuario podría recoger en una búsqueda en internet. Por tanto y para futuros trabajos sería de interés analizar los discursos de cada formación sobre el fenómeno para completar el presente trabajo. Por otra parte, remarcar que el uso del término *fake news* sigue siendo inapropiado y poco acertado para describir una fenómeno tan amplio y complejo como la propaganda digital (Rodríguez-Fernández; 2021). Conviene por tanto evitar tal término para no entrar en los mismos juegos con los que nos manipula la clase política.

7. BIBLIOGRAFÍA

Althius, J. y Haiden, L. (2018). Fake news: a roadmap. Nato, Strategic Comunications Centre of Excellence. https://www.stratcomcoe.org/fake-news-roadmap

Bradshaw, S., Bailey, H. & Howard, P. (2021). *Industrialized Disinformation 2020 Global Inventory of Organized Social Media Manipulation.* Working Paper 2021.1. https://bit.ly/3IScLHO

El Correo (20 de marzo de 2019). El PSOE lanza una 'fact check' para desmentir los «bulos» del PP y Ciudadanos. *ElCorreo.com.* https://www.elcorreo.com/politica/psoe-lanza-fact-check-desmentir-bulos-20190320175020-ntrc.html

ElDiario.es (4 de mayo de 2020). El "experimento social" de Alvise Pérez contra Sánchez: una campaña fake en marquesinas y cinco bulos en cinco frases. *ElDiario.es.* https://www.eldiario.es/politica/experimento-alvise-perez-pedro-sanchez_1_5957138.html

Gidron, N.; Adams, J. y Horne, W. (2019). Toward a Comparative Research Agenda on Affective Polarization in Mass Publics. *APSA Comparative Politics Newsletter*, XXIX(1): 30-36.

Ipsos (2021). Sentimiento de sistema roto en 2021. Populismo, anti-elitismo y nativismo. Ipsos Global Advisor. https://www.ipsos.com/sites/default/files/ct/news/documents/2021-08/Ipsos%20Global%20Advisor%20-%20Populismo%20Anti%20Elitismo%20y%20Nativismo%20_%20Final.pdf

Oxfam Intermón & Maldita.es (2021). Barómetro sobre la desinformación. Maldita.es. https://bit.ly/3cOPQxW

Palomo, E. (2021). El 90% de los españoles desconfía de los partidos políticos. ElPaís.com. https://bit.ly/3lsXoLR

Parlamento Europeo (2021). Eurobarómetro. https://www.europarl.europa.eu/at-your-service/es/be-heard/eurobarometer/spring-2021-survey

Rodríguez-Fernández, L. (29 de diciembre de 2016). ¿Por qué no confiamos en los políticos? *The Conversation.* https://theconversation.com/por-que-no-confiamos-en-los-politicos-128966

Rodríguez-Fernández, L. (2019). Desinformación: retos profesionales para el sector de la comunicación. *Profesional de la información,* 28(3), 1-11. https://doi.org/10.3145/epi.2019.may.06

Rodríguez-Fernández, L. (2020). Junk News y "medios de desinformación" en la campaña electoral del 10-N. *Revista Mediterránea de Comunicación* 11(2), 71-83. https://www.doi.org/10.14198/MEDCOM2020.11.2.19

Rodríguez-Fernández, L. (2021). *Propaganda digital: comunicación en tiempos de desinformación.* UOC.

Ruiz Serra, J. (20 de marzo de 2019). El PSOE crea un detector para las "mentiras de Casado y Rivera". ElPeriodico.com. https://www.elperiodico.com/es/politica/20190320/psoe-detector-mentiras-casado-rivera-7364651

Statista (2023). Cuota de mercado de los principales motores de búsqueda online usados en España en 2022. https://es.statista.com/estadisticas/670092/cuota-de-mercado-de-los-motores-de-busqueda-por-buscador-espana/

UTECA & UNAM (2022). I Estudio sobre la desinformación en España. Uteca.tv. https://uteca.tv/wp-content/uploads/2022/06/INFORME-SOBRE-I-ESTUDIO-DESINFORMACION-ESPANA-DE-UTECA-Y-LA-UNIVERSIDAD-DE-NAVARRA-a.pdf

Van der Linden, S., Panagopoulos, C., & Roozenbeek, J. (2020). You are fake news: political bias in perceptions of fake news. Media, *Culture & Society,* 42(3), 460-470. https://doi.org/10.1177/0163443720906992

El impacto de Telegram y Whatsapp en la sección política de las redacciones: elecciones generales 2019

JON SEDANO
Universidad de Málaga

1. INTRODUCCIÓN

El crecimiento exponencial de la aplicación de mensajería instantánea WhatsApp en España, desde su creación y gradual llegada al país en 2009, ha dejado huella en diversos ámbitos de la sociedad. Esta tendencia no solo es visible en la comunicación cotidiana entre ciudadanos, sino que se refleja, quizás de manera más significativa, en la forma en que los medios y periodistas llevan a cabo su labor (Andueza y Pérez, 2014). Las aplicaciones de mensajería instantánea han superado en usuarios a las tradicionales redes sociales, convirtiéndose en herramientas esenciales en las rutinas diarias de las salas de redacción (Barot y Oren, 2015).

La relevancia y el uso intensivo de WhatsApp y Telegram en la comunicación de masas han impulsado una urgente necesidad de estudiar cómo estos medios han afectado las rutinas periodísticas y cómo se adaptan a las necesidades y comportamientos de sus audiencias. La era digital ha llevado a los medios de comunicación masivos a adaptarse a un escenario en constante cambio, donde el usuario exige información inmediata y personalizada (Catalina, García y Montes, 2015). Y es que, como señala Batra (2016), la audiencia ahora condiciona el contenido. Esta nueva dinámica ha llevado a un cambio drástico en la relación entre medios y audiencia, en la que los proveedores de noticias se encuentran en constante evolución para satisfacer las demandas de una audiencia cada vez más activa y participativa.

Sin embargo, a pesar de la prevalencia de estas aplicaciones en las redacciones, existe una diferencia notable en la preferencia de la audiencia. Mientras Telegram sigue siendo minoritario con un 7 % de usuarios que se informan a través de ella, WhatsApp domina con un 32 % según el Digital News Report (2022) del Reuters Institute.

Aun así, el rápido crecimiento y la adopción de estas aplicaciones no han estado exentos de desafíos. La regulación, el aumento de la desinformación, la censura de contenido y las preocupaciones sobre el anonimato han influenciado la implantación de la mensajería instantánea en las redacciones (Shrivastava y Shrivastava, 2021; Hernández, 2022; Alonso, Méndez y Román, 2021; Cook, 2018).

Dentro del ámbito de investigación, estas aplicaciones no han pasado desapercibidas. Han surgido numerosos estudios y tesis doctorales que examinan casos específicos, nuevas rutinas profesionales y el potencial de estas herramientas (Mare, 2013; Azeema y Nazuk, 2017; Dodds, 2019; Silva, López y Westlund, 2015).

En el contexto español, se ha observado un alto consumo de noticias a través de estas plataformas. No obstante, la mayoría de los estudios realizados hasta la fecha se han centrado en análisis exploratorios, alejándose de mediciones longitudinales del impacto de Telegram y WhatsApp desde una perspectiva periodística.

Este auge y dependencia de las aplicaciones de mensajería en el periodismo, sumado a la influencia ineludible de la audiencia, hacen imperativo analizar el comportamiento de los medios de comunicación en esta nueva era (Bianda, 2014). Es crucial entender cómo estos medios gestionan la interacción, cómo presentan las noticias y cómo adaptan su contenido basándose en la retroalimentación y comportamiento de la audiencia.

Es en este contexto que surge la necesidad de este estudio, que busca analizar la utilización de estas aplicaciones por parte de los medios de comunicación, especialmente en contextos políticos como las elecciones generales españolas de 2019.

2. OBJETIVO DEL ESTUDIO

El objetivo central de esta investigación es examinar el uso de estas aplicaciones de mensajería por parte de los medios de comunicación, pero con un enfoque particular en el contexto político. Este enfoque es esencial dado el papel creciente que estas plataformas están desempeñando en la comunicación política, ya sea en campañas electorales, movimientos de protesta o en la cobertura de eventos políticos significativos.

Además, para garantizar una evaluación exhaustiva y contextual de los hallazgos, se llevará a cabo un ejercicio de comparación. Se utilizará lo que se ha denominado una "semana perfecta", que implica una selección aleatoria estratificada de datos. Esta semana servirá como un estándar para establecer una comparativa de actuación, permitiendo entender mejor las dinámicas y particularidades del uso de las aplicaciones de mensajería en diferentes contextos y situaciones.

Al hacerlo, este estudio no solo busca ofrecer hallazgos empíricos, sino también proporcionar perspectivas significativas sobre las tendencias actuales y emergentes en la intersección del periodismo, la política y las tecnologías de mensajería.

3. ANTECEDENTES

El paisaje comunicativo ha evolucionado de manera radical en la última década. Uno de los factores más determinantes ha sido la proliferación de dispositivos móviles. Sorprendentemente, desde 2016, el número de móviles ha superado al de personas en el mundo. Este fenómeno ha llevado a una tendencia imparable en el consumo de noticias a través de plataformas de mensajería inmediata.

Además de la omnipresencia de los dispositivos móviles, el tiempo dedicado a ellos ha crecido exponencialmente. Los usuarios destinan en promedio 170 minutos diarios a sus dispositivos, convirtiéndolos en canales principales para la adquisición de información (Ditrendia, 2017). Sin embargo, a pesar de este aumento en el consumo de noticias digitales, solo el 13 % de los usuarios están dispuestos a pagar por noticias en línea. Esta estadística subraya la imperante necesidad de los medios de adaptarse y encontrar modelos rentables en un entorno digital.

En España, este panorama no es diferente. Según datos de Statista, el 94,6 % de los españoles utilizan teléfonos inteligentes para acceder a la red, lo que posiciona al país como uno de los líderes en adopción de tecnologías móviles en Europa.

Ante este escenario, ha habido estudios previos que han explorado cómo los medios de comunicación han adaptado sus estrategias. Por ejemplo, durante las elecciones nigerianas de 2014, la BBC realizó un seguimiento especializado sobre la influencia de WhatsApp en la cobertura y percepción del proceso electoral (Reid, 2015). Asimismo, en 2015, The Guardian centró su atención en el debate electoral, explorando cómo las dinámicas de comunicación en plataformas digitales influían en la opinión pública (Bradshaw, 2015). Un caso notable fue el de Politibot en Telegram en 2016 (Ciobanu, 2016), que sirvió como experimento sobre cómo las plataformas de mensajería pueden ser utilizadas de manera innovadora para la divulgación y discusión política.

La seguridad y privacidad en la comunicación son cuestiones críticas en la era digital. Las plataformas de mensajería, en particular Telegram y WhatsApp, han incorporado características significativas para garantizar esto. Por ejemplo, los chats secretos y la encriptación punto a punto ofrecida por estas aplicaciones han sido reconocidos por proporcionar una comunicación segura, según la Electronic Frontier Foundation (EFF, 2019). Estas características no solo atraen al público general preocupado por la privacidad, sino también a periodistas y fuentes que necesitan protección en ambientes hostiles o políticos.

Curiosamente, el Reuters Institute (2020) documentó un incremento en la utilización de estas plataformas en países con gobiernos autoritarios. Este aumento puede ser atribuido a la necesidad de los ciudadanos de encontrar medios alternativos y seguros para la comunicación, especialmente cuando la libertad de expresión está en juego o es fuertemente regulada.

Un claro ejemplo del papel crucial que estas aplicaciones pueden jugar en la documentación de eventos históricos lo vimos en la Revolución de los paraguas en Hong Kong. Corresponsales y ciudadanos usaron activamente Telegram y WhatsApp para informar y documentar en tiempo real los acontecimientos en las calles. Según Agur, Belair-Gagnon y Frischm (2016), estas plataformas de mensajería no solo sirvieron como herramientas de comunicación, sino también como herramientas de empoderamiento, permitiendo que las voces de los manifestantes fueran escuchadas a nivel global.

4. MARCO METODOLÓGICO

El enfoque cuantitativo proporciona una perspectiva "incontestable" de los fenómenos investigados, sustentada en evidencias empíricas (Krippendorff, 1990). Este método de investigación facilita el desarrollo de teorías y proposiciones basadas en los datos recopilados, requiriendo un volumen significativo de datos para formular afirmaciones concluyentes (Franklin, 2018). La meta fundamental de los estudios científicos que emplean este modelo es contribuir a la configuración de la sociedad a través de una serie de investigaciones y sus respectivas conclusiones (Gorard, 2003).

De igual manera, otra investigación realizada por Krippendorff (2004) subraya que el análisis de contenido es una estrategia sumamente versátil y adaptable que posibilita la evaluación y estudio de las comunicaciones mediáticas en diversos ámbitos. El investigador destaca que ha demostrado ser efectiva en campos variados como la comunicación política, sanitaria, consumista y en la publicidad.

En este contexto, la actual investigación aspira a interpretar la manera en que los medios españoles utilizan plataformas como Telegram y WhatsApp, siendo el análisis cuantitativo una opción metodológica recurrente. Los datos recolectados son sometidos a una fase de organización sistemática para facilitar una representación precisa y visualización de las variables pertinentes, utilizando para ello técnicas y herramientas diseñadas específicamente o adaptadas para este propósito (Adegboyega y Bahareh, 2018).

4.1. Análisis cuantitativo de Telegram y WhatsApp

Para comprender plenamente la dinámica entre los medios generalistas y las aplicaciones de mensajería instantánea, se adoptó una metodología cuantitativa de carácter exploratorio. Este enfoque garantizó una cobertura exhaustiva, abordando el universo completo de medios en consideración y ofreciendo una perspectiva amplia y objetiva.

Se centró el estudio en las dos plataformas principales en España: Telegram, que ofrece un contenido libremente accesible, y WhatsApp, que requiere un registro previo para acceder al contenido. Estas dos plataformas presentan dinámicas diferentes en términos de accesibilidad y compromiso del usuario, lo que añade una capa adicional de complejidad y relevancia al estudio. Para comprender cómo los medios de comunicación están adaptando y adoptando nuevas herramientas, se realizó un estudio previo que determinó qué medios generalistas están haciendo uso de aplicaciones de mensajería como Telegram y WhatsApp.

Tras consolidar un directorio de 123 medios, se efectuó una exploración inicial para discernir quiénes empleaban Telegram o WhatsApp y de qué forma (Fernández-Sánchez et al., 2020). Para este estudio, se escogieron medios nacionales y locales relevantes que utilizaron Telegram y WhatsApp como canales de comunicación desde septiembre de 2017.

Dado que el enfoque del estudio era sobre la comunicación emisora, se eliminaron aquellos que solo tenían un número de teléfono en WhatsApp destinado a recibir contenidos de los usuarios. Al intentar unirse a sus canales o listas, se halló que algunos ya no estaban operativos o que el número estaba vinculado a un individuo no relacionado con el medio. La lista final consistía en 17 medios nacionales que emitían contenido a través de WhatsApp o Telegram, con 4 de ellos usando ambas plataformas.

El análisis subsecuente se basó en una selección estratificada (Mazariegos, 2003) denominada "semana perfecta". También se efectuó un estudio longitudinal para analizar la evolución en la adopción de WhatsApp y Telegram por parte de los medios durante un lapso de dos años, generando así una comparación entre la semana construida y la de las elecciones, que sirvió para extraer resultados directos.

medios analizados durante las elecciones generales fueron: El País, elDiario.es, El Periódico, Público, Cuarto Poder, Diario de Mallorca, El Comercio, Faro de Vigo, La Nueva España, Las Provincias, Tremending, Verne y Diario Sur.

Es importante mencionar que, durante la semana del estudio, hubo medios que no estuvieron activos en estas plataformas, entre los que se incluyen Cambio16, El Español, Huffington Post y Levante EMV. Esta ausencia durante un período tan crucial plantea preguntas sobre la estrategia y las decisiones editoriales de estos medios.

Por lo tanto, se usó una muestra dirigida, ya que todos fueron incluidos en el estudio. Esta muestra, que representa el 14 % del total, está en línea con investigaciones previas que destacan una integración limitada con plataformas sociales (Meso et al., 2014).

Se ha recurrido a una ficha creada específicamente para esta investigación, siguiendo las directrices de Ráigala (2002). Esta ficha funciona como una herramienta de análisis exploratorio de datos y ha sido diseñada para extraer y analizar sistemáticamente las diferentes variables relevantes para el estudio. Además, se utilizó la herramienta PDF Element Pro para editar estos documentos, convirtiéndolos en formularios interactivos. Esto permitió una recopilación de datos más ágil y eficiente.

Para garantizar una comprensión detallada, se emplearon varios ítems de análisis, que incluyen: la publicación en el medio, el anuncio en la portada, la fecha de inicio del uso de la aplicación, la plataforma utilizada, el número de teléfono asociado, el propósito del uso, la forma de darse de alta en el servicio y cualquier otra observación relevante.

Una vez recopilados, los datos fueron extraídos utilizando la misma herramienta y se exportaron en formato Excel. Esta metodología sistemática aseguró la precisión y la organización en la gestión de la información. Con los datos en Excel, se creó un directorio especializado que permitió la contabilización automática a través de fórmulas. Esto no solo optimizó el proceso de análisis, sino que también redujo el margen de error al manejar grandes volúmenes de datos.

4.2. Creación del formulario de evaluación

Originalmente, el formulario fue diseñado con una serie específica de indicadores, que posteriormente facilitaron el análisis y deducción de conclusiones. Estos indicadores se alinean con la herramienta de recolección de datos y se explican detalladamente en las tablas siguientes. Para la codificación, se tomaron en cuenta las directrices propuestas por Neuendorf (2016) y Krippendorff (2004) con relación al análisis de contenido, garantizando así la coherencia, exactitud y validez de las conclusiones.

Tras definir estos indicadores, se procedió a simplificar el formulario para que permitiera una revisión efectiva de cada medio en un periodo específico, proporcionando datos relevantes para ambos tipos de análisis. Dadas las diferencias notables entre WhatsApp y Telegram, se diseñaron dos formularios distintos, uno para cada plataforma, aunque conservando ciertas secciones comunes debido a la naturaleza relacionada de ambos sistemas. Los datos cuantitativos se representaron usando medidas de tendencia central como la media y la moda, mientras que los cualitativos se expresaron en términos de proporciones.

A pesar de que los formularios estaban destinados a evaluar un solo día, incluían suficientes indicadores para analizar el uso específico dado a los mensajes y derivar varias estadísticas. Cada formulario se estructuró en tres secciones: Plataforma evaluada (indicando la aplicación en cuestión), Evaluación del perfil y Evaluación del contenido. Las dos primeras secciones conforman la introducción y generalmente se completan una sola vez, excepto por la Fecha de evaluación. Los datos de la última sección cambian según el día examinado. Esta sección corresponde al análisis de contenido, descrito como "un método de investigación usado para deducir, de ciertos datos, inferencias consistentes y válidas que se puedan referir a su contexto" (Krippendorff, 1990: 28). Al final del formulario, se incluyó una sección adicional, Observaciones, reservada para cualquier nota o comentario pertinente.

4.3. Definición de la semana perfecta

Tomando como base las orientaciones propuestas por Krippendorff en su libro 'Metodología de análisis de contenido' (1990), se decidió emplear un tipo de muestreo de probabilidad llamado estratificado para crear lo que hemos llamado en nuestra investigación "semana perfecta".

Esta técnica, abordada y empleada por distintos expertos (Webb y Wang, 2014; Song y Chang, 2012), es reconocida por ser más efectiva que el muestreo aleatorio simple o el muestreo de días seguidos (Kim, Jang, Kim y Wan, 2018). A pesar de que hay académicos que cuestionan si una única semana perfecta es suficiente para un análisis adecuado de noticias de los medios (Hester y Dougall, 2007), hay otros que sostienen lo opuesto (Riffe, Aust y Lacy, 1993).

El propósito de este método es generar una serie de grupos uniformes o estratos (días) que se seleccionarán semanalmente a lo largo de varios meses, con el objetivo de obtener una perspectiva amplia y representativa por cada medio. Según Luke, Caburnay y Cohen (2011), una semana por año es un marco adecuado para lograr resultados significativos.

Con la metodología y la técnica de muestreo determinadas, se seleccionó un intervalo en el que no hubiera ocurrido ningún acontecimiento relevante o especial en España para asegurar la normalidad de los datos recopilados. Se diseñó una semana, desde el lunes hasta el domingo, eligiendo distintos estratos consecutivamente. La muestra final inició el lunes 4 de septiembre de 2017 y se compuso de los siguientes días:

Observando la tabla, con los días destacados en azul, los estratos distribuidos diagonalmente a través del calendario garantizan que un evento específico no afecte la cantidad total de datos.

En 2017, fecha en que comenzó la recopilación de datos para esta investigación, 17 medios utilizaban ambas plataformas para comunicar. El análisis de esta "semana perfecta" del año en cuestión busca identificar tendencias en todos los mensajes enviados por estos medios durante el periodo de 7 días establecido.

Durante el proceso de recopilación de datos, se notó que OK Diario no utilizaba Telegram de manera estándar, sino que automatizaba las publicaciones de todo su contenido mediante un bot alimentado por su feed RSS. Esto distorsionaba los resultados generales al no contar con una gestión humana directa, con cifras que en ocasiones excedían los 100 mensajes al día. Por esta razón, en el caso de OK Diario, se registró el número diario de envíos, pero no se incluyeron en el análisis general para evitar distorsiones.

Los datos de la "semana perfecta" de 2017 sirvieron como base para comparaciones con otros periodos específicos, como el de las elecciones generales de abril de 2019.

5. RESULTADOS

El rechazo al presupuesto nacional propuesto para 2019 el 13 de febrero de ese mismo año llevó al presidente Pedro Sánchez (PSOE) a convocar unas elecciones generales dos meses después, en abril (Cué, 2019). Con la entrada en escena de VOX, partido al que algunos estudios tachan de "antiinmigrante o racista" y que favorece la ansiedad entre sus votantes (Castro y Mo, 2020), se prevé un aumento del volumen de noticias al respecto.

Por este motivo, se estipuló un suceso relevante para analizar desde el punto de vista mediático, con el objetivo de conocer cómo se comportaban los medios de comunicación ante la cobertura de una situación de esta envergadura. Los resultados, extraídos de la misma manera que el resto de los análisis, serían posteriormente comparados con la semana construida de 2017 para poder determinar su actuación.

Las elecciones generales de 2019 llamaron a los ciudadanos a las urnas el 28 de abril, por lo que la fecha de análisis seleccionada se determinó que comenzara el lunes 22 y concluyera el domingo 28, ambos inclusive.

De los 17 medios de comunicación estudiados en 2017, solo quedaban 13 en activo en la fecha mencionada: Cuarto Poder, Diario de Mallorca, Diario Sur, El Comercio, elDiario.es, El País, El Periódico, Faro de Vigo, La Nueva España, Las Provincias, Público, Tremending y Verne. El resto había cesado esta función o no enviaron mensajes durante las jornadas elegidas.

En el caso de esta investigación concreta, se diseñó una nube de palabras con los términos más frecuentes para los medios, empleando como máscara de imagen un sobre con una carta, símbolo de voto.

5.1. Uso de emoticonos

Durante las elecciones, fueron transmitidos un total de 640 emoticonos, lo que equivale a 91,42 emoticonos por día. Estos fueron distribuidos de la siguiente manera: 104 el lunes, 112 el martes, 111 el miércoles, 56 el jueves, 77 el viernes, 53 el sábado y 127 el domingo.

A lo largo de la semana de elecciones, el emoji más popular fue el círculo (51 veces), dividido en cuatro colores diferentes, destacando el rojo sobre el azul, blanco y negro). Le siguieron el icono de la flecha hacia la derecha para indicar el inicio de una pieza (36 veces) y la mano apuntando hacia la misma dirección (34 ocasiones). El Diario. es es el medio que más envió (149), seguido de cerca por Diario Sur (130), mientras que Cuarto Poder (4) y Las Provincias (0) los que menos. Finalmente, el domingo destacó por ser el día con más (127) y el sábado el que menos (53).

5.2. Resultados globales

En general, se enviaron mensajes todos los días de la semana de análisis, con una media de 33,5 por jornada. El lunes 22 y el miércoles 24 de abril destacaron por poseer más medios de comunicación implicados (11), mientras que el jueves 25 y el sábado 27 fueron los que menos (7). El domingo se transmitieron más notificaciones (74), frente al sábado (16). En términos de periódicos, el promedio se situó en 3,71, con un máximo el domingo (8,22) y un mínimo el sábado (2,28).

En total, se utilizaron 640 emoticonos en formato emoji, lo que equivale a 91,42 por data. El domingo contó con más (127) y el sábado con menos (53). A nivel diarios, la media de este tipo de gráficos se situó en 10, alcanzando su hito el domingo (14,1) y su mínimo el sábado (7,57).

En cuanto al contenido multimedia, se decretó un promedio de 1,71 fotografías por día, situándose el viernes 26 como el de mayor cantidad (3) y el martes, jueves y domingo los de menor (1). Esto supone un 5,1 % del total de mensajes enviados. Solo se detectó un GIF durante toda la semana, lo que equivale a 0,14 por jornada y un 0,42 % sobre el cómputo global. No se hallaron vídeos. En lo que respecta a audios, se enviaron 3 (el martes 23, miércoles 24 y viernes 25), lo que corresponde a 0,42 por fecha y un 1,27 % del total. Se detectaron 15 infografías (1 el martes 23 y 14 el domingo 28), generando 2,14 por data y un 6,38 % del global.

El porcentaje de mensajes sin enlace fue del 6,38 % (15 en total), destacando tanto el sábado 28 (8) como el viernes (1). Solo se halló un comunicado ajeno a la información (el GIF del viernes 25 de abril), lo que supone un 0,42 % del cómputo general.

El 64 % de los textos utilizaron lenguaje formal, mientras que el 36 % fue informal. En cuanto al estilo, el 63 % fue impersonal, el 28 % se dirigió a los lectores de forma coloquial y el 12 % usó el plural mayestático. Un 17 % de los contenidos incluyó abreviaturas (40 en total) y un 11,1 % (26) mostró errores ortográficos (principalmente el domingo, con un 23 %), que se subsanaron en la mayoría de los casos. El 71 % de las notificaciones contuvo más de un enlace, siempre con el objetivo de dirigir a los usuarios a la web.

La longitud media se estableció en 632 caracteres. El sábado se alzó con la cifra más extensa (890 caracteres) y el domingo con la más corta (524 caracteres). El 12 % de los avisos (41) fueron marcados como última hora, con un promedio de 17,44 por jornada, aunque hubo fechas, como el martes, donde el porcentaje fue muy inferior (3 %) y otros, como el domingo, donde se elevó (33 %), coincidiendo con la comunicación de los resultados electorales.

Ilustración 1. Nube de palabras generada a partir del total de textos enviados por los medios.

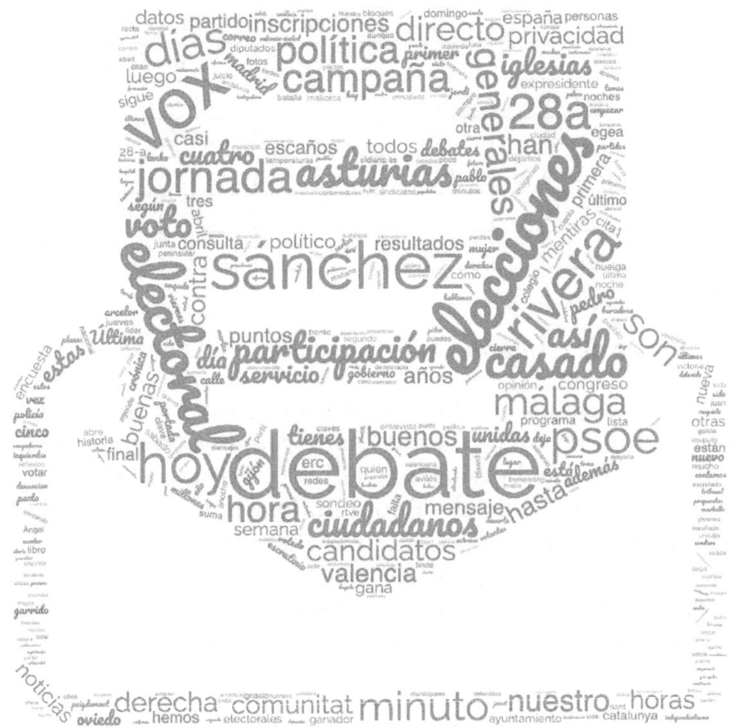

El tema predominante fue política (35,8 % del global), seguido por sociedad (16,2 %), sucesos (12,2 %), cultura (9,4 %) y deportes (8,9 %). Se trataron un total de 13 materias distintas, siendo las cuatro primeras las que tuvieron un mayor peso y el resto menos representativas: tiempo (5,3 %), salud (2,7 %), economía (2,6 %), educación (1,7 %), gastronomía (1,6 %), local (1,6 %), tecnología (1,3 %) y naturaleza (0,8 %).

De las 3.846 palabras enviadas por los medios de comunicación durante la semana, las diez más utilizadas fueron: debate (59 veces), elecciones (44 veces), VOX (44 veces), Sánchez (41 veces), electoral (38 veces), Rivera (36 veces), hoy (35 veces), Casado (33 veces), 28A (31 veces) y PSOE (30 veces).

Tabla 1. Resumen de uso general de los medios.

Día	Medios	Mensajes	Longitud	Emoticonos	Abreviaturas	Última hora
22/09	11	27	527	104	15 %	11 %
23/09	10	30	588	112	10 %	3 %
24/09	11	40	593	111	8 %	13 %
25/09	7	24	664	56	29 %	8 %
26/09	8	24	638	77	17 %	4 %
27/09	7	16	890	53	19 %	6 %
28/09	9	74	524	127	28 %	38 %

5.3. Contraste de resultados entre medios

Los periódicos que publicaron durante todos los días de la semana de análisis (7 en total) fueron Diario Sur, El Comercio, El Diario.es, El Periódico, Las Provincias y Público. Por otro lado, Verne (la sección de El País dedicada a contenidos virales) solo lo hizo una jornada. El Periódico fue el que más mensajes transmitió (75, con una media de 10,71), seguido de cerca por El Diario.es (70, con un promedio de 10). Por el contrario, Verne fue el que menos comunicó (1), junto a Cuarto Poder y Tremending, que también empataron con 1.

El alcance a través de Telegram situó a El Diario.es como el de mayor número de usuarios en promedio (13.643,08 por comunicado), mientras que Diario Sur fue el que a menos personas llegó (333,08).

La franja horaria más habitual incluye las horas de "mañana, tarde y noche" (46,16 %), seguida de "mañana y tarde" (30,76 %), "tarde" (15,38 %) y "tarde y noche" (7,7 %).

En cuanto a la cantidad de emoticonos, El Diario.es fue el periódico que más incluyó (149), seguido por Diario Sur (130 emojis). Por el contrario, Las Provincias no envió ninguno y Cuarto Poder solo 4. Verne obtuvo la media más alta por texto (13), seguido por La Nueva España (10,5). En total, 11 los destinaron a diferenciar noticias durante la totalidad de la semana, mientras que El Periódico (que solo contó con ellos el 86 % del periodo) y Las Provincias no los incluyeron a lo largo del análisis.

De las 12 fotografías detectadas, 9 fueron enviadas por El Diario.es, 2 por El Periódico y 1 por Público. Además, se halló un único GIF por parte de El Diario.es, con un enfoque de humor. En cuanto a los audios, solo se encontraron 3, todos ellos pertenecientes a El Diario.es y con el propósito de explicar la actualidad política. No se localizó ningún vídeo.

7 de las 15 infografías fueron creadas por El Periódico, 6 por El Diario.es y 1 tanto por El País como por Público. Además, se percibieron 15 mensajes sin enlace, que corresponden a los mismos medios, aunque con diferentes cantidades: El Periódico (9), El Diario.es (4), El País (1) y Público (1). También se halló un único comunicado ajeno a la información, el GIF de El Diario.es mencionado anteriormente.

En términos de lenguaje, el 60 % de los medios utilizaron el formal, mientras que el 40 % restante optó por el informal. En cuanto al estilo, el 65,4 % del contenido se escribió de manera impersonal, el 28,8 % con tuteo y el 5,8 % con plural mayestático.

El Comercio fue el medio que más abreviaturas utilizó, con un 47 %, seguido por Público con un 37 % y Diario de Mallorca y Faro de Vigo, ambos con un 33 %. Por otro lado, El País, Tremending y Verne no las aplicaron a ningún texto.

Dos medios destacaron por la cantidad de errores o faltas cometidas: El Diario.es y Público, con un 44 % y un 43 % respectivamente. Sin embargo, ambos rectificaron en la gran mayoría de los casos (26/28). Los demás tuvieron una tasa de fallos mucho más baja, con Las Provincias en el 9 %, El Comercio en el 7 % y El Periódico en el 1 %. No se detectaron más en el resto de los diarios.

De los 13 periódicos analizados, 9 incluyeron más de un enlace en sus comunicados, mientras que los 4 restantes solo mantuvieron un vínculo por mensaje (Cuarto Poder, El País, El Periódico y Verne).

Verne fue el periódico que envió los textos más largos, con una media de 1.829 caracteres, seguido por Tremending con 778,5 y La Nueva España con 738,83. Por otro lado, El Periódico fue el que contó con piezas más cortas, con un promedio de 103,68, seguido por El País con 165,22 y Cuarto Poder con 294.

En lo referente a las noticias de última hora, Faro de Vigo y La Nueva España destacaron por contener más avisos, con un 33 % del total dedicado a este tipo de información. Por otro lado, Diario de Mallorca, Tremending y Verne no lanzaron ninguna de este tipo.

En términos temáticos, Diario Sur fue el que generó más contenido de diferentes secciones durante la semana de análisis, con 9 asuntos distintos. Diario de Mallorca y Las Provincias le siguieron de cerca, con 8 cada uno. Por otro lado, El País, El Periódico y Tremending fueron medios monotemáticos y solo enviaron informaciones relacionadas con política.

Finalmente, en cuanto al volumen de palabras, El Diario.es fue el medio que más contuvo, con un total de 815. Le siguió Diario Sur con 602 términos y Público con 502. Por otro lado, Cuarto Poder fue el que menos implementó, con 73, seguido de cerca por Faro de Vigo, con 79.

Tabla 2. Resumen de uso de los medios

Medio	Días	Mensajes	Longitud	Emoticonos	Abreviaturas	Última hora
Cuarto Poder	4	4	294	4	25 %	25 %
Diario de Mallorca	3	8	409,5	40	33 %	0 %
Diario Sur	7	23	669,28	130	30 %	4 %
El Comercio	7	15	676,4	10	47 %	13 %
El Diario.es	7	34	580,2	149	3 %	26 %
El País	6	23	165,22	10	0 %	26 %
El Periódico	7	75	103,68	99	11 %	13 %
Faro de Vigo	2	3	377,33	20	33 %	33 %
La Nueva España	3	6	738,83	63	17 %	33 %
Las Provincias	7	11	406,18	0	18 %	9 %
Público	7	30	418,46	86	37 %	27 %
Tremending	2	2	778,5	16	0 %	0 %
Verne	1	1	1829	13	0 %	0 %

5.4. Comparación con la semana construida de 2017

Durante la semana de las elecciones generales de 2019, que tuvo lugar del 22 al 28 de abril, 13 diarios enviaron un total de 235 mensajes, con una media de 33,57 por día y una longitud promedio de 650 por jornada. Además, se detectaron 41 avisos de última hora, una tasa de 5,86 por data, se utilizaron un total de 640 emoticonos (91,43 emojis por fecha) y 40 abreviaturas (5,71).

Bajo el apartado multimedia, se hallaron 12 fotografías (1,71 por día), 3 audios (un promedio de 0,43), 1 GIF (0,14 de media) y 15 infografías (2,14 por jornada). Se utilizó en mayor medida un lenguaje de estilo formal (65 %) en comparación con el informal (35 %), y predominó la forma impersonal (65 %), seguida del tuteo (27 %) y, por último, el plural (8 %).

Cuando se analiza la muestra centrada en los periódicos individuales, se puede percibir que cada uno de ellos estuvo activo una media de 4,85 días, enviando un promedio de 18,1 mensajes. Los avisos de última hora se concentraron en unos 3,15 por empresa de información, así como los emoticonos, que se situaron en 49,23. También se extraen los siguientes porcentajes: utilización de abreviaturas en 3,08, así como de fotografías en 0,92, infografías en 1,15, audios en 0,23 y por último GIF en 0,08.

Durante la semana de las elecciones generales de 2019, se observó un descenso en la actividad de los medios, que pasaron de 17 a 13, siendo los lunes y miércoles los que presentaron mayor concurrencia, con 11 diarios. Además, el movimiento de estos a través de las aplicaciones de mensajería inmediata se redujo, pasando de 273 comunicados a 235, lo que representa una caída en la media de 5,43. Sin embargo, se registró un aumento en la longitud de los caracteres, de 420,69 a 650, y en los avisos de última hora, de 21 a 41 (2,86 puntos de incremento). El uso de abreviaturas y siglas también decreció, pasando de 51 a 40.

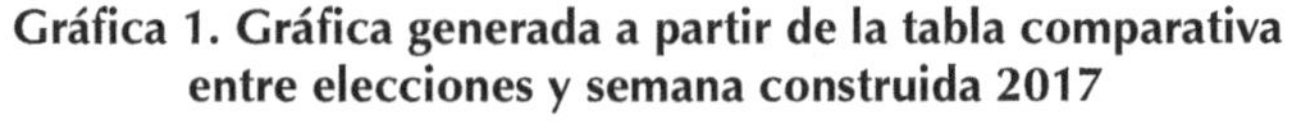

Gráfica 1. Gráfica generada a partir de la tabla comparativa entre elecciones y semana construida 2017

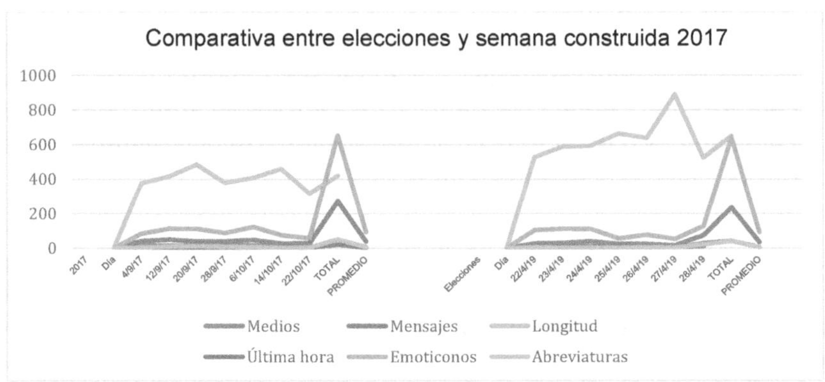

El contenido multimedia mantuvo una media similar, pero se observaron algunas variaciones puntuales. Por ejemplo, se enviaron menos fotografías, de 18 a 12, lo que representa un promedio de 1,71 por día. Sin embargo, se mandó 1 audio más, estableciendo un aumento de 0,14 puntos. Por otro lado, se detectaron menos GIF, pasando de 2 a 1, lo que los reduce en 0,15. Por último, se hallaron más infografías, que pasaron de no enviarse en 2017 a encontrar 15, sobre todo la última jornada, para explicar los resultados de las elecciones.

Se observó que el lenguaje se mantuvo muy similar al utilizado durante la semana perfecta de 2017. El uso del estilo formal disminuyó en un 5 %, mientras que el estilo informal aumentó en la misma cantidad. Esto demuestra que los medios no quisieron innovar y prefirieron mantener sus rutinas en este aspecto. La forma impersonal cayó en un 2 %, mientras que el tuteo se posicionó exactamente igual (27 %). Por otro lado, el plural mayestático se acrecentó en una cantidad igual a la reducción de la manera impersonal, llegando al 8 %.

En cuanto a los medios, durante la semana de las elecciones generales de 2019 se observó un aumento en el número de mensajes enviados por cada uno, pasando de 16,06 a 18,08. El Diario.es y El Periódico destacaron por transmitir la mayor cantidad de contenido, con 34 y 75 notificaciones respectivamente, seguidos por Público con 30. Por otro lado, Faro de Vigo y Verne se situaron como los que menos, con 3 y 1. Tremending también despuntó por realizar solo 5 comunicados durante la semana construida de 2017 y solo 1 en el estudio de dos años después.

La longitud de los textos varía significativamente entre los medios. Mientras que La Nueva España y Tremending poseen comunicaciones de más de 730 caracteres, las de El País y El Periódico son más cortas, con solo un centenar de caracteres. Sin embargo, durante este periodo electoral, hay tres diarios que no mandan avisos de última hora: Diario de Mallorca, Tremending y Verne. El Periódico y El Diario.es, por otro lado, sobresalen por contar con un número mayor: 10 y 9, respectivamente, frente a los 0 de 2017 y 3 del periodo base.

A pesar de que el número de emoticonos es menor durante las elecciones, en términos de media por diario, el total es más elevado debido a la menor población de muestra, con 49,23 emojis cada uno. Las Provincias se mantiene sin enviar ninguno, mientras que El Diario.es y Diario Sur sobresalen por poseer sus textos más de 100.

El uso de abreviaturas también continúa con un valor similar por diario, con 3,08 por medio en lugar de 3. Sin embargo, El País, Tremending y Verne no incluyen ninguna en sus textos, mientras que Público incorpora 11 mensajes con ellas.

En el aspecto multimedia, El Diario.es sobresale por su uso, con 9 fotografías, 3 audios, 1 GIF y 6 infografías. Esto sigue la tendencia establecida durante la semana construida de 2017, cuando también destacó por lo mismo. El Periódico es otro que denota, con 7 infografías.

La actividad de los medios en las aplicaciones de mensajería inmediata durante las elecciones de 2019 fue menor en comparación con la "semana perfecta" de 2017, ya que el número de diarios que publicaron disminuyó y la cantidad de comunicaciones también se redujo. Sin embargo, la longitud promedio de los textos creció y se registró un incremento en el volumen de avisos de última hora. El uso de abreviaturas decayó, al igual que las fotografías, frente a los audios e infografías, que se intensificaron. Por otro lado, el uso del lenguaje formal se potenció y la forma impersonal fue la más habitual.

Gráfica 2. Gráfica generada a partir de la tabla comparativa global entre elecciones y semana construida 2017

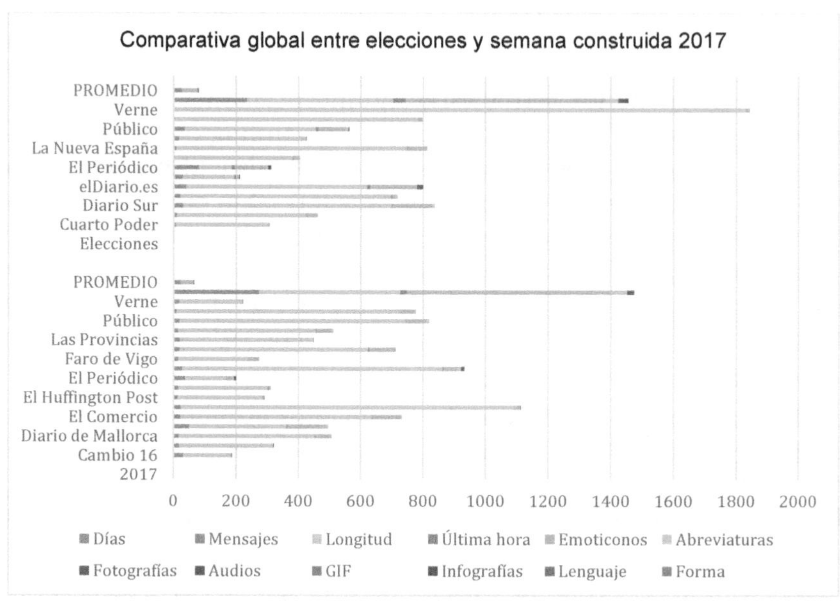

6. CONCLUSIONES

Las prácticas periodísticas españolas han adoptado WhatsApp y Telegram de manera similar a tendencias globales, utilizando estas plataformas para distintos propósitos. Su empleo varía dependiendo de las necesidades inmediatas y la naturaleza de la noticia, especialmente durante eventos políticos. Su implementación permite una entrega ágil de noticias, sobre todo en situaciones extraordinarias.

Durante dichos periodos, los medios de comunicación han intensificado el uso de estas aplicaciones para proporcionar cobertura en tiempo real. Además, se ha observado una creciente preferencia por infografías basadas en periodismo de datos para simplificar y transmitir información clave al electorado.

Aunque ha habido una disminución en el número de medios que usan activamente estas aplicaciones para comprometer a la audiencia, la naturaleza de su uso ha evolucionado en contextos políticos. Los mensajes más largos y el material visual indican un enfoque más estratégico y contextual en la cobertura política.

Se observó también una tendencia hacia un estilo de comunicación más formal y serio en las plataformas, alejándose de elementos como emoticonos y GIF. Esto indica una evolución en la percepción y uso de estas herramientas por parte de los medios de comunicación.

En cuanto a la disminución en el uso de WhatsApp y Telegram por parte de algunos medios, se atribuye a cambios en las regulaciones y a la limitada audiencia en el caso de Telegram. Esto destaca la necesidad de adaptabilidad y resiliencia por parte de los medios en el cambiante panorama digital.

Durante coberturas políticas, las aplicaciones de mensajería se utilizan intensivamente para mantenerse al día con los acontecimientos y proporcionar cobertura en tiempo real. Esto incluye localizar fuentes y obtener datos de forma rápida y conveniente, así como interactuar con la audiencia interesada en dichos temas.

El término "diplomacia digital" apunta a la naturaleza evolutiva del periodismo, donde las plataformas digitales no son solo herramientas de diseminación, sino que también fomentan relaciones bilaterales con fuentes y audiencias en un contexto político.

Se puede concluir que el panorama periodístico español ha experimentado una adaptación significativa al integrar aplicaciones de mensajería como WhatsApp y Telegram en sus rutinas diarias, particularmente en contextos políticos. Aunque su uso ha tenido altibajos debido a factores externos como regulaciones y preferencias de audiencia, es innegable el valor que aportan en la entrega rápida y efectiva de noticias.

La tendencia hacia un enfoque más serio y profesional en la comunicación refleja la maduración de estas plataformas como herramientas legítimas de periodismo. Sin embargo, como con cualquier herramienta digital, es esencial que los medios continúen adaptándose y evolucionando para satisfacer las necesidades cambiantes de su audiencia y mantener la integridad y veracidad en su cobertura.

7. LIMITACIONES Y PROPUESTAS FUTURAS

Limitar el estudio a la utilización de estas aplicaciones por medios masivos españoles puede considerarse una restricción, ya que no se toma en cuenta su uso en diferentes países o contextos culturales. Es posible ampliar la muestra analizada, considerando diferentes tipos de medios, como los listados por Salaverría y Martínez (2021).

El estudio se centró en un análisis cuantitativo, lo que podría reducir la profundidad de los resultados, por lo que sería beneficioso ampliar estos enfoques cualitativos con más entrevistas o grupos focales.

Dada la rápida evolución de la era digital, esta investigación podría quedar obsoleta en poco tiempo. De hecho, muchos medios dejaron de usar WhatsApp debido a cambios en sus políticas durante el estudio. Además, las herramientas analíticas han avanzado, lo que podría haber mejorado la precisión de los resultados.

Es importante señalar que, aunque el enfoque fue Telegram y WhatsApp, sería relevante analizar otras plataformas de mensajería como WeChat o Snapchat.

Para futuras investigaciones, se sugiere:

- Comparar el uso de Telegram y WhatsApp en medios españoles con otros medios sociales.
- Ampliar la muestra a otros países o tipos de medios, incluyendo formatos especializados, blogs y plataformas.
- Examinar cómo el público percibe y utiliza estas aplicaciones de mensajería.

Bibliografía

Adegboyega, O., & Bahareh, H. (2018). Patterns in award winning data storytelling. *Digital Journalism, 6*(6), 693-718. https://doi.org/10.1080/21670811.2017.1403291

Alonso, M., Méndez, S., & Román, A. (2021). Percepción de periodistas y ciudadanos sobre los bulos de la censura en WhatsApp por parte del Gobierno español. En *Transformación digital: Desafíos y expectativas para el periodismo: Libro de resúmenes* (pp. XXVII). Congreso Internacional de la Sociedad Española de Periodística, Sevilla, España: Universidad de Sevilla.

Andueza, M., & Pérez, R. (2014). El móvil como herramienta para el perfil del nuevo periodista. *Historia y Comunicación Social, 19*, 591-602.

Barot, T., & Oren, E. (2015). *Guide to Chat Apps.* Tow Center for Digital Journalism. http://towcenter.org/research/guide-to-chat-apps

Batra, B. (2016). News communication through WhatsApp. *International Journal of Informative & Futuristic Research, 3*(10), 3725-3733.

Belair-Gagnon, V., Agur, C., & Frisch, N. (2017). The changing physical and social environment of newsgathering: A case study of foreign correspondents using chat apps during unrest. *Social Media + Society*, 1-10.

Bianda, E. (2016). Le messaggerie istantanee un nuovo territorio dell'informazione. *Problemi dell'informazione, 46*(3), 637-639.

Bradshaw, P. (2015, May 19). Lessons on using WhatsApp for publishing – an election experience. *Online Journalism Blog.* https://onlinejournalismblog.com/2015/05/19/tips-on-using-whatsapp-for-publishing-an-election-experience/

Castro, P., & Mo, D. (2020). El issue de la inmigración en los votantes de VOX en las elecciones generales de noviembre de 2019. *RIPS: Revista de investigaciones políticas y sociológicas, 19*(1).

Catalina, B., García, A., & Montes, M. (2015). Jóvenes y consumo de noticias a través de Internet y los medios sociales. *Historia y Comunicación Social, 20*(2), 601-619.

Ciobanu, M. (2016, June 16). More than 6000 people are talking to Politibot about the upcoming elections in Spain. *Journalism.co.uk.* https://www.journalism.co.uk/news/thousands-of-people-are-talking-to-politibot-about-the-upcoming-elections/s2/a649186/

Cook, J. (2018, January 1). Theresa May will single out messaging app Telegram and call it a 'home to criminals and terrorists'. *Insider.* https://www.businessinsider.com/theresa-may-telegram-home-to-criminals-and-terrorists-2018-1

Cué, C. (2019, February 15). Pedro Sánchez convoca elecciones generales el 28 de abril. *El País.* https://elpais.com/politica/2019/02/15/actualidad/1550216540_890788.html

DataReportal. (2022). *Digital 2022: Global Overview Report.* Data Reportal. https://datareportal.com/reports/digital-2022-global-overview-report

Fernández, A., & López, I. (2021). La verificación y el desmentido en la era de las fake news. Estudio de caso: diez bulos sobre la COVID-19. En *Transformación digital: desafíos y expectativas para el periodismo. Libro de resúmenes* (pp. 315-317). XXVII Congreso Internacional de la Sociedad

Española de Periodística. Coord. por Marián Alonso González, Sandra Méndez Muros, Aranzazu Román San Miguel.

Franklin, M. (2008). Quantitative analysis. En D. Della Porta & M. Keating (Eds.), *Approaches and methodologies in the social sciences: A pluralist perspective* (pp. 240-262). Cambridge University Press.

Gorard, S. (2003). *Quantitative methods in social science research.* A&C Black.

Hernández, P. (2022). WhatsApp y la desinformación que pasa desapercibida. *adComunica. Revista de Estrategias, Tendencias e Innovación en Comunicación, 23*, 335-337.

Hester, J., & Dougall, E. (2007). The efficiency of constructed week sampling for content analysis of online news. *Journalism & Mass Communication Quarterly, 84*(4), 811-824.

Kim, H., Jang, S., Kim, S., & Wan, A. (2018). Evaluating sampling methods for content analysis of Twitter data. *Social Media + Society, 4*(2).

Krippendorff, K. (1990). *Metodología de análisis de contenido. Teoría y práctica.* Barcelona: Paidós Comunicación.

Krippendorff, K. (2004). *Content Analysis: An Introduction to Its Methodology.* Thousand Oaks, CA: Sage.

López, X., Silva, A., Vizoso, Á., Westlund, O., & Canavilhas, J. (2019). Periodismo móvil: Revisión sistemática de la producción científica. *Comunicar, 27*(59), 9-18.

Luke, D., Caburnay, C., & Cohen, E. (2011). How much is enough? New recommendations for using constructed week sampling in newspaper content analysis of health stories. *Communication Methods and Measures, 5*(1), 76-91.

Mare, A. (2013). New media technologies and internal news-room creativity in Mozambique. *Digital Journalism, 2*(1), 12-28. https://doi.org/10.1080/21670811.2013.850196

Masip, P., Díaz-Noci, J., Domingo, D., Micó-Sanz, J. L., & Salaverría-Aliaga, R. (2010). Investigación internacional sobre ciberperiodismo: hipertexto, interactividad, multimedia y convergencia. *El Profesional de la Información, 19*(6), 568-576.

Mazariegos, C. (2003). *Metodología de la investigación* (Hernández Sampieri, Ed.). Macgraw-Hill México, DF.

Meso, K., Larrondo, A., Peña, S., & Rivero, D. (2014). Audiencias activas en el ecosistema móvil. Análisis de las opciones de interacción de los usuarios en los cibermedios españoles a través de la web, los teléfonos móviles y las tabletas. *Hipertext.net, 12.*

Neuendorf, K. A. (2016). *The content analysis guidebook.* Sage Publications.

Reid, A. (2015, May 29). Covering the Nigerian election – with just SMS and WhatsApp. *Journalism.co.uk.* https://www.journalism.co.uk/news/how-citizen-journalists-covered-the-nigerian-elec-tion-on-mobile/s2/a564669/

Reuters Institute. (2022). *Digital News Report.* Reuters Institute. https://reutersinstitute.politics.ox.ac.uk/digital-news-report/2022/interactive

Riffe, D., Aust, C., & Lacy, S. (1993). The effectiveness of random consecutive day and constructed week sampling in newspaper content analysis. *Journalism Quarterly, 70*(1), 133-139.

Webb, L., & Wang, Y. (2014). Techniques for sampling online text-based data sets. En H. K. Bhargava & C. Ye (Eds.), *Big data management technologies and applications* (pp. 95-114). IGI Global.

La guerra de la desinformación entre Rusia y Ucrania: análisis de los mensajes en Twitter y verificación de información

MARÍA JESÚS FERNÁNDEZ TORRES
Dpto. Comunicación Audiovisual y Publicidad/Universidad de Málaga
SONIA BLANCO
Dpto. Comunicación Audiovisual y Publicidad/Universidad de Málaga
MARILUZ CONGOSTO
Dpto. de Ingeniería Telemática/Universidad Carlos III
ALEJANDRO G. J. PEÑA
Dpto. Psicología/Universidad Internacional de La Rioja

1. INTRODUCCIÓN

El crecimiento de las redes sociales en los últimos años ha favorecido su utilización en el contexto político, tanto por parte de las instituciones como de los ciudadanos (Grimaldi, 2019; Stieglitz y Dang-Xuan, 2013); y su uso se ha considerado especialmente relevante durante momentos puntuales como las elecciones electorales, no solo con el sentido de comunicarse con los simpatizantes, sino como método de llegar a los votantes indecisos (Bode y Dalrymple, 2016).

Bien conocido es el caso de la influencia de sitios como Facebook en la campaña presidencial estadounidense de 2016, que culminó con la victoria de Donald Trump (Blanco et al., 2023; Chatfield, Reddick y Choi, 2017; Gavra y Slutskiy, 2021; Ryabchenko y Malysheva, 2017; Teruel, 2023), o en el referéndum del Brexit (TED Talk, 2019). Pero incluso antes ya había interés por cómo se desarrollaba el debate durante una campaña política en sitios de *microblog* como Twitter (actualmente renombrado X).

Tras las elecciones suecas de 2010 Larsson y Moe afirmaban que, en términos estrictamente cuantitativos, Twitter/X contribuye a ampliar el debate público y constituye un nuevo escenario para la comunicación pública mediada (2012: p. 741), lo cual queda demostrado por el número de *tweets* que se generan en torno a ello.

El documento de Golbeck, Grimes y Rogers (2010) ofrece un análisis detallado sobre el uso de Twitter/X por parte de los congresistas estadounidenses. Según su investigación, estos representantes utilizan la plataforma principalmente para la difusión de información. En particular, destacan el uso de enlaces a noticias que los mencionan, así como a sus propias publicaciones en blogs. Además, los congresistas emplean Twitter/X para mantener a sus seguidores informados sobre sus actividades cotidianas, convirtiéndose de esta manera en una herramienta clave para la autopromoción.

Esta práctica de comunicación no solo permite a los congresistas controlar la narrativa sobre su imagen pública, sino que también les facilita un canal directo y sin intermediarios para llegar a su audiencia. Este enfoque les proporciona un mayor control sobre el contenido y el tono de la información que se comparte, fortaleciendo su presencia mediática y su relación con los electores. De esta manera, Twitter/X se consolida como una plataforma estratégica en el ámbito político, donde la autopromoción y la interacción directa con el público son fundamentales para la construcción y mantenimiento de la imagen pública de los congresistas.

La invasión de Ucrania por parte de Rusia ha desatado un conflicto bélico de dimensiones y tensiones internacionales sin precedentes en la historia reciente. Este contexto presenta una oportunidad única para llevar a cabo un análisis dual. En primer lugar, resulta crucial estudiar cómo los políticos utilizan las redes sociales, específicamente Twitter/X, durante este periodo excepcional. La forma en que los líderes políticos comunican, movilizan y responden a la crisis a través de estas plataformas puede ofrecer valiosas percepciones sobre la dinámica del poder y la influencia en tiempos de conflicto.

En segundo lugar, es fundamental examinar el papel de la desinformación en este contexto. La proliferación de información falsa o manipulada en torno al conflicto ha sido significativa, y analizar las contribuciones de verificadores de hechos como *Maldita* puede arrojar luz sobre la magnitud y el impacto de la desinformación. A través del estudio de las informaciones sobre el conflicto que han sido verificadas, se puede entender mejor cómo la desinformación afecta la percepción pública y las decisiones políticas, y cómo los esfuerzos de verificación pueden mitigar sus efectos.

En este contexto, la desinformación se define como "la información verificablemente falsa o engañosa que se crea, presenta y divulga con fines lucrativos o para inducir a error deliberadamente a la población, y que puede causar un perjuicio público" (Comisión Europea, 2018; p. 3). Es necesario recordar que la pandemia del COVID-19 vino acompañada de poderosas campañas de desinformación (Espaliú-Berdud, 2023) como lo demuestra la infodemia que se produjo en redes. En el tema que nos ocupa, el conflicto ruso-ucraniano, el fenómeno ha adquirido relevancia como una herramienta adicional para obtener ventajas políticas y mediáticas, así como para desestabilizar al oponente y socavar su credibilidad.

Como señalan Morejón-Llamas, Martín-Ramallal y Micaletto-Belda (2022), la desinformación como arma de guerra tiene además la intención de entorpecer las relaciones internacionales y debilitar la confianza de la ciudadanía en sus líderes e instituciones.

El ciberespacio se convierte en una esfera pública en donde abundan los contenidos que adolecen de rigurosidad y credibilidad. Es por ello por lo que se hace crucial comprender el impacto de los mensajes en redes sociales (concretamente en Twitter/X) que desde cuentas de mandatarios europeos se han difundido, al igual que los temas y las personas involucradas. Se investiga el origen de estas informaciones falsas, los canales utilizados para su difusión, su formato y el tono de la desinformación. A su vez, también es importante analizar las verificaciones realizadas por *Maldito Bulo* durante las primeras dos semanas del conflicto bélico para entender las temáticas predominantes en las noticias falsas, sus protagonistas, vías de transmisión y tono empleado, entre otras cuestiones.

2. METODOLOGÍA

Para el estudio de redes se han analizado siete perfiles de Twitter/X, priorizando la cuenta personal sobre la institucional cuando fue posible. Las cuentas se han seleccionado siguiendo los criterios que se detallan a continuación.

Primero, se consideraron los usuarios oficiales de los mandatarios de los países en conflicto: @ZelenskyyUa (Volodomir Zelenski) y @KremlinRussia_E (cuenta identificada como "President of Russia", ya que Vladimir Putin no tiene cuenta bajo su nombre).

Además, se incluyeron las cuentas de los mandatarios que viajaron a Rusia y Kiev en los días previos al inicio del conflicto (24 de febrero de 2022) en un intento por evitarlo: @vonderleyen (Ursula von der Leyen, Presidenta de la Comisión Europea), @EmmanuelMacron (Emmanuel Macron, Presidente de la República Francesa), @JosepBorrellF (Josep Borrell, alto representante de la Unión para Asuntos Exteriores y Política de Seguridad y vicepresidente de la Comisión Europea), y @OlafScholz (Olaf Scholz, canciller de Alemania).

Finalmente, se incorporaron las cuentas de @Potus (Joe Biden, Presidente de los Estados Unidos), debido a su liderazgo en uno de los países más influyentes de la OTAN, y @sanchezcastejon (Pedro Sánchez), como presidente de España.

En relación con la cuenta institucional del presidente ruso Vladimir Putin, se ha seleccionado estratégicamente su cuenta de Twitter/X en inglés. Esta elección responde a la necesidad de analizar un perfil orientado al público internacional, ya que el presidente ruso no ha admitido públicamente que haya una guerra en curso (Sahuquillo, 2022; Troianovski, 2022). De hecho, en los medios nacionales rusos, el uso del término "guerra" para describir la invasión está prohibido (Cuesta, 2022). Esta restricción lingüística subraya la importancia de observar cómo la narrativa oficial se adapta al público internacional a través de esta cuenta específica.

Esta decisión de Putin es significativa porque sugiere que está tratando de controlar el mensaje sobre la invasión. Al utilizar su cuenta de Twitter/X en inglés, puede llegar a una audiencia más amplia y difundir su propia versión de los acontecimientos. También puede evitar que los medios rusos publiquen información que no esté en línea con su narrativa y de algún modo sugiere que está preocupado por la reacción internacional a la invasión. Al comunicarse con el público internacional, Putin puede tratar de suavizar la imagen de Rusia y ganar apoyo para su causa. Sin embargo, también es posible que el líder ruso esté tratando de dividir al mundo y crear una narrativa a favor de la guerra.

El 2 de junio de 2022 se descargaron todos los tuits publicados desde el 1 de febrero hasta el 31 de mayo por todas las cuentas anteriormente mencionadas, resultando un total de 3.621 unidades. Para la descarga de los mensajes se ha utilizado Twarc2 en su versión académica, R para generar algunas de las gráficas aquí expuestas y Excel para el manejo integrado de todos los datos. Se ha procedido a la traducción de la inmensa mayoría de tuits. A fin de clarificar las traducciones se ha utilizado "Google Translation" y "DeepL Translate", dependiendo del idioma del tuit.

Además, en la fase inicial de análisis de contenido se han implementado tres etiquetas a todos los mensajes: la primera de ellas sería la etiqueta "pertinente/no pertinente" para determinar cuáles hablan del conflicto y cuáles no; la segunda sería "duplicado/no duplicado" para aquellos mensajes que se publicaban en más de un idioma; la tercera es "indeterminado", para aquellos mensajes que no han podido clasificarse por la ambigüedad de su contenido.

Por último, se ha llevado a cabo un análisis de sentimiento con la biblioteca de procesamiento de lenguaje natural TextBlob a través de ChatGpt4. Se ha elegido esta herramienta al permitir introducir un conjunto de textos en distintos idiomas. Los algoritmos de análisis de sentimientos más recientes son capaces de detectar la fuerza de las emociones positivas y negativas en textos breves e informales con un grado de éxito razonable (Dang-Xuan, Stieglitz, Wladarsch, y Neuberger, 2013), y aunque tienen sus limitaciones, como por ejemplo el hecho de que las herramientas no sean capaces de detectar emociones como la ironía, en términos generales, es un tipo de análisis que puede aportar datos relevantes sobre la información aportada (Baviera, 2017).

Con respecto a las *fakes news*, entendiendo el término en un sentido amplio en el que se contempla aquellas piezas informativas que se esconden bajo un barniz de legitimidad para intentar parecer noticias reales (Tandoc et al., 2018), se ha procedido a realizar análisis de contenido del verificador *Maldita*, más concretamente, *Maldito Bulo*, estudiando el total de verificaciones que tuvieron lugar durante las primeras dos semanas desde el día del inicio oficial del conflicto bélico. Así, se han analizado un total de 78 piezas desde el 24 de febrero hasta el 10 de marzo de 2022.

Para ello se ha empleado una plantilla de análisis realizada para tal fin, teniendo en cuenta la investigación de Almansa-Martínez, Fernández-Torres y Rodríguez-Fernández (2022) y contemplándose las mismas variables que empleaban estas autoras (Tabla 1), tales como el tema sobre el que tratan las noticias falsas, sus protagonistas, el origen y el tono del bulo, las vías por las que se ha transmitido, el lenguaje y el formato del mismo así como el día de la semana en el que tuvo lugar la verificación.

Tabla I. Plantilla de codificación

Concepto	Descripción
Temática sobre la que versa la *fake news*	*Phising* o estafas relacionadas con la guerra; la guerra en otros países; desabastecimiento; declaración de guerra; amenazas; supuestas declaraciones de líderes políticos o instituciones; votaciones/toma de decisiones; ayudas españolas para la guerra; supuestas medidas tomadas por países no españoles; debate político en España sobre la guerra; lanzamiento de misiles/armamento militar; cancelaciones a Rusia; Guerras Mundiales y supuesta Tercera Guerra Mundial; subtítulos y traducciones intencionadamente falsos; videojuegos/simulaciones para engañar; distorsión de la imagen de personalidades y/o líderes; publicaciones o comentarios reales distorsionados; participación en la guerra de personajes conocidos; ciudadanía rusa; ciudadanía ucraniana; ciudadanía ajena a Rusia y a Ucrania; fugas/huidas/desapariciones; crisis de Crimea; Beirut (Líbano); ataque de aviones/pilotos aéreos; explosión/bombardeo/incendio; Símbolos (banderas, escudos...); paracaidistas militares; central nuclear de Chernóbil/centrales nucleares; fallecidos a causa de la guerra; desfiles militares; soldados y ejércitos rusos o ucranianos/otros ejércitos; drones militares/tanques militares.
Protagonistas del bulo	Presidentes/líderes mundiales; países; instituciones internacionales; otras personalidades; ejército ruso; ejército ucraniano; Gobierno español; Gobiernos autonómicos españoles; ciudades; activistas; medios de comunicación; fuerzas/soldados/ejército/armas y vehículos militares; periodistas/comunicadores; famosos (personalidades de realities/ magazín/influencers...); personas no conocidas/ciudadanía mundial; migrantes; Tercer Sector; hospitales/laboratorios/otros edificios.
Origen del bulo	Medios de comunicación; periodistas; influencers; persona, organización o empresa conocida; persona u organización no reconocida socialmente; persona u organización anónima/trolls/timadores; no se especifica.
Plataforma de difusión o vía de transmisión del bulo	Medios de comunicación; WhatsApp; TikTok; Facebook; Twitter/X; Instagram; YouTube; Telegram; VK red social; redes sociales en general; no se especifica.

Concepto	Descripción
Tono del bulo	Positivo, negativo o neutro.
Lenguaje y formato del bulo	Texto; Vídeo; meme/imagen fija; audio; no se especifica.
Día de la semana de la verificación	De lunes a domingo.

Fuente: Elaboración propia a partir de la plantilla de Almansa-Martínez; Fernández-Torres y Rodríguez-Fernández (2022).

A partir de la tabla de codificación anteriormente referida, se procedió a analizar un total de 78 verificaciones que *Maldita*, en concreto la sección *Maldito Bulo*, realizó entre el 24 de febrero de 2022 hasta el 10 de marzo de 2022, ambos días inclusive. Para el análisis se emplearon en los motores de búsqueda las etiquetas #Ucrania y #Rusia.

3. RESULTADOS

3.1. Líderes mundiales en Twitter/X

Como se ha mencionado, a principios de junio de 2022 se procedió a descargar todos los tuits publicados entre el 1 de febrero y el 31 de mayo de 2022 de todas las cuentas anteriormente citadas. Este proceso dio como resultado un total de 3.621 tuits, distribuidos de la siguiente manera, como se indica en la Tabla 2.

Tabla II. Número de tuits publicados por los líderes analizados

Usuario	Tuits
@ZelenskyyUa	587
@JosepBorrellF	522
@vonderleyen	475
@OlafScholz	102
@KremlinRussia_E	116
@EmmanuelMacron	344
@sanchezcastejon	571
@POTUS	904
Total	3.621

Fuente: Elaboración propia

La distribución de tuits varía significativamente entre los diferentes líderes, lo que puede reflejar diferencias en estrategias de comunicación, prioridades de información y el grado de actividad en redes sociales: Joe Biden (@POTUS), con 904 tuits, es el líder con mayor actividad en este periodo, lo que podría indicar un enfoque proactivo en la comunicación de su administración a nivel nacional e internacional. Volodimir Zelenski (@ZelenskyyUa) y Pedro Sánchez (@sanchezcastejon) también muestran una alta actividad con 587 y 571 tuits respectivamente, subrayando su intención de mantener una presencia constante y activa en la plataforma. Josep Borrell (@JosepBorrellF) y Ursula von der Leyen (@vonderleyen), con 522 y 475 tuits respectivamente, reflejan una estrategia comunicacional considerablemente activa, probablemente enfocada en cuestiones de política exterior y seguridad europea. Emmanuel Macron (@EmmanuelMacron), con 344 tuits, y Olaf Scholz (@OlafScholz), con 102 tuits, presentan una actividad más moderada, lo que podría indicar un enfoque más selectivo o estratégico en sus comunicaciones. La cuenta institucional del Kremlin (@KremlinRussia_E) muestra una actividad relativamente baja con 116 tuits, lo cual podría estar relacionado con las restricciones internas sobre la narrativa del conflicto.

Este análisis cuantitativo permite entender mejor cómo cada líder utiliza Twitter como herramienta de comunicación y cuál es el nivel de énfasis puesto en la difusión de mensajes durante el periodo crítico del conflicto.

Como era previsible, no todos los mensajes versaban sobre el conflicto bélico. En la gráfica I podemos observar en qué proporción han publicado sobre el tema. Del total de mensajes, un 53,9% eran referentes al conflicto, en oposición a un 45,82% que no lo eran. No sorprende ver que es el líder ucraniano quien más publica sobre ello con un 96,76% de sus mensajes (568 en total), mientras que quien menos publica ha sido el presidente Biden con un 26,19% de mensajes relativos al conflicto (237). En general, cinco de los ocho líderes analizados se han referido a esta guerra en más de la mitad de sus mensajes en el período de tiempo estudiado.

Hubo un pequeño porcentaje de mensajes etiquetados como "indeterminados" (0,3%) que son aquellos en los que fue imposible establecer si había relación o no con el conflicto dada la ambigüedad del contenido.

Gráfica I.

Invasión Ucrania: implicación de los líderes

N. de tweets publicados durante febrero-mayo del 2022

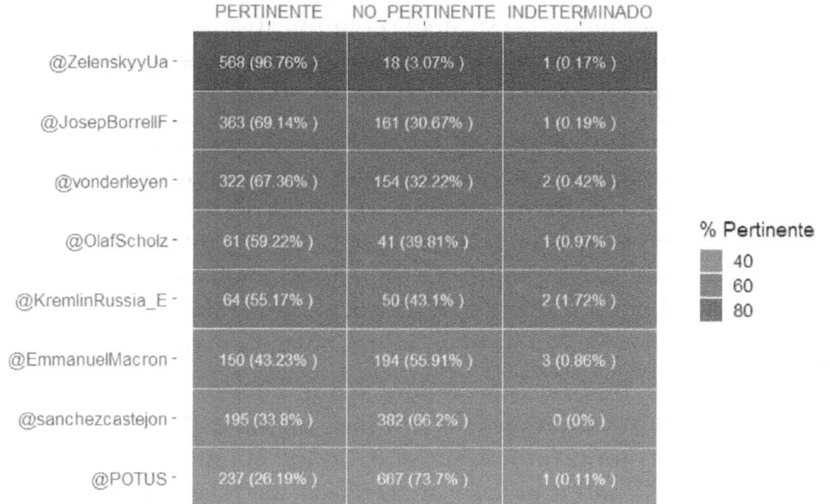

Fuente: Elaboración propia

En los primeros análisis se observó cómo el presidente Zelenski realizaba un esfuerzo significativo por comunicarse no solo en idioma ucraniano, sino también en inglés. Esto se entiende como un intento estratégico de impactar en la comunidad internacional y buscar su apoyo. Por esta razón, se decidió medir también el número de mensajes que, con el mismo contenido, se difundían en distintos idiomas.

Ampliando este análisis, es importante destacar que la utilización de múltiples idiomas en las comunicaciones oficiales no solo facilita la difusión del mensaje a un público más amplio, sino que también refleja una estrategia de diplomacia pública. Al publicar en inglés, Zelenski no solo apunta a los gobiernos y organizaciones internacionales, sino también a la opinión pública global, buscando generar una mayor empatía y comprensión sobre la situación en Ucrania. Esta práctica de multilingüismo en la comunicación puede ser vista como una táctica para fortalecer alianzas, atraer apoyo y sensibilizar a audiencias diversas sobre los desafíos y necesidades del país en conflicto.

La decisión de evaluar la difusión de mensajes en varios idiomas permite entender mejor la estrategia comunicativa del presidente Zelenski y su equipo, subrayando la importancia de una comunicación efectiva y multilingüe en la política internacional contemporánea.

En la gráfica II se observa que, en el caso del presidente ucraniano, casi el cien por cien de sus mensajes están publicados en algún otro idioma, además del ucraniano. Del total de sus mensajes, solo dos están exclusivamente en inglés y once en ucraniano sin traducción a otro idioma. En cuanto a los mensajes duplicados, casi se reparten al 50 % entre inglés y ucraniano, aunque también se encuentran algunos mensajes en francés, letón, polaco y georgiano.

En contraste, figuras como Biden, Scholz y Putin no han duplicado ninguno de sus mensajes en distintos idiomas. Este dato refleja una estrategia comunicativa diferente, donde el multilingüismo juega un papel crucial en el caso de Zelenski. La diversidad lingüística en sus mensajes subraya la intención de llegar a audiencias más amplias y variadas, lo que es esencial en un contexto internacional donde se busca apoyo y solidaridad.

Ampliando el análisis, es importante considerar que la elección de idiomas adicionales no es arbitraria. Publicar mensajes en idiomas como el francés, letón, polaco y georgiano puede estar dirigido a países y comunidades específicos que tienen una relevancia geopolítica o cultural particular para Ucrania. Este enfoque no solo maximiza el alcance del mensaje, sino que también muestra un reconocimiento de la diversidad lingüística como una herramienta diplomática.

Por tanto, la gráfica II no solo destaca las diferencias en las estrategias de comunicación multilingüe entre Zelenski y otros líderes mundiales, sino que también pone de relieve la importancia del idioma como una herramienta de influencia y diplomacia en el escenario internacional contemporáneo.

Gráfica II.

Invasión Ucrania: mensajes pertinentes duplicados en distintos idiomas
N. de tweets publicados durante febrero-mayo del 2022

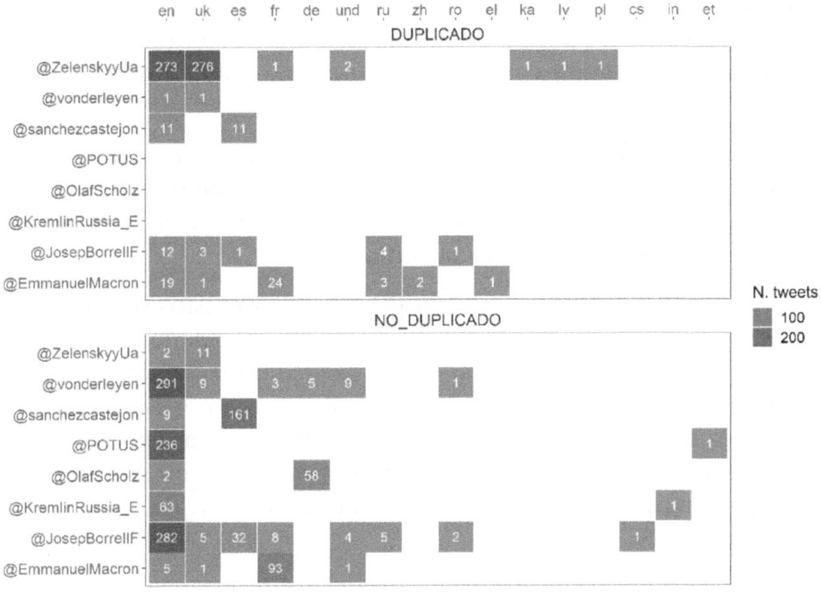

Fuente: Elaboración propia

En la gráfica III podemos observar dos aspectos principales. En primer lugar, se aprecia una mayor concentración de tuits pertinentes en la semana anterior y posterior al 24 de febrero, fecha en que se inicia el ataque ruso, seguida de un declive gradual a medida que transcurren los días. Este patrón refleja cómo los eventos críticos generan picos de actividad en redes sociales, con una disminución progresiva conforme la novedad del evento disminuye.

En segundo lugar, se destaca el impacto de dichos tuits a través de los "retuits", es decir, las veces que estos mensajes han sido compartidos por otros usuarios. La gráfica muestra claramente el alcance de estos mensajes, con un análisis del número de retuits obtenidos por cada una de las cuentas observadas.

Como era de esperar, la difusión más alta se alcanza a través del presidente Zelenski, cuyos mensajes reciben una considerable cantidad de retuits, reflejando su capacidad para movilizar a la audiencia internacional en redes sociales. El presidente Biden también logra un alto número de retuits, situándose en una posición destacada en términos de alcance y difusión. En tercer lugar, se encuentra la presidenta Von der Leyen, quien también consigue una significativa repercusión, aunque en menor medida comparada con Zelenski y Biden.

En contraste, el resto de las cuentas analizadas apenas logran difusión de sus mensajes en este contexto, lo que pone de relieve las diferencias en la capacidad de influir y generar interacciones en redes sociales entre distintos líderes mundiales.

Es pertinente considerar las implicaciones de estos datos en términos de estrategia comunicativa. La elevada cantidad de retuits obtenida por Zelenski y Biden puede atribuirse no solo a la relevancia del contenido de sus mensajes, sino también a la efectividad de sus estrategias de comunicación digital. Estos líderes parecen comprender la importancia de la inmediatez y la resonancia emocional de sus mensajes, factores clave para maximizar el impacto en plataformas como Twitter/X.

Gráfica III.

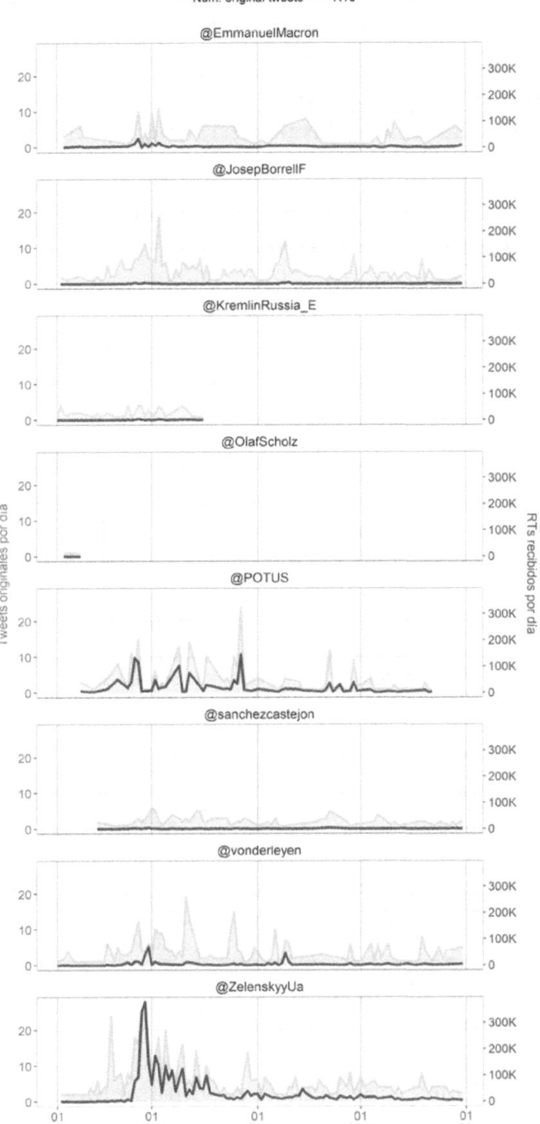

Fuente: Elaboración propia

Para concluir el análisis de Twitter/X, se ha realizado un análisis de sentimiento de los mensajes pertinentes. Esta técnica se fundamenta en la teoría de que el lenguaje es un reflejo de las emociones humanas. Las palabras y frases que utilizamos pueden revelar nuestros sentimientos, ya sean positivos, negativos o neutrales. El análisis de sentimiento emplea algoritmos avanzados para identificar estas palabras y frases, clasificándolas posteriormente en categorías de sentimiento.

Esta técnica utilizada en procesamiento de lenguaje natural (NPL) es una herramienta poderosa en el estudio de redes sociales que permite comprender no solo la frecuencia y el alcance de los mensajes, sino también el tono emocional que predomina en las conversaciones digitales. Al aplicarla, se puede determinar si los usuarios están expresando apoyo, preocupación, rechazo u otros sentimientos con relación a los eventos analizados.

La columna de "sentiment" muestra la puntuación de sentimiento para cada texto, donde los valores cercanos a 1 indican un sentimiento positivo, los valores cercanos a -1 indican un sentimiento negativo, y los valores cercanos a 0 indican neutralidad.

Tabla III. Análisis de sentimiento

Autor	Sentiment
@sanchezcastejon:	-0.012967
@EmmanuelMacron:	0.000725
@OlafScholz:	0.002976
@KremlinRussia_E:	0.020678
@ZelenskyyUa:	0.045198
@JosepBorrellF:	0.053736
@POTUS:	0.075447
@vonderleyen:	0.126280

Fuente: Elaboración propia

Estas puntuaciones representan el sentimiento medio de los textos de cada autor, teniendo en cuenta solo los textos marcados como pertinentes.

La tabla sugiere que la mayoría de los líderes mundiales tienden a comunicar mensajes con un sentimiento positivo, aunque la intensidad de este positivismo varía entre ellos. Así vemos que @vonderleyen tiene la puntuación de sentimiento más alta, lo que indica que sus mensajes tienden a tener un tono más positivo en comparación con los demás autores. Por otro lado, @sanchezcastejon tiene la puntuación de sentimiento más baja, lo que indica que sus tuits tienden a ser más neutrales o negativos.

Con respecto a las palabras más utilizadas, cabe destacar que en primer lugar se encuentra "Ukraine" (813 menciones), seguida por "Russia" (434 menciones). Es interesante resaltar que la tercera palabra más frecuente es "support" ("apoyo" en inglés), con un total de 349 apariciones. Por otro lado, la palabra "war" ("guerra" en inglés) aparece en la sexta posición, siendo utilizada 246 veces.

Entre el resto de las palabras más utilizadas se encuentran "people" (216 menciones), "against" (210 menciones), "president" (196 menciones), "security" (194 menciones), "sanctions" (190 menciones), "discussed" (170 menciones) y "aggression" (158 menciones).

Estos datos sugieren que, aunque términos como "war" y "aggression" están presentes, su frecuencia es menor en comparación con palabras que indican apoyo y solidaridad, como "support" y "people". Esto podría reflejar una estrategia comunicativa enfocada en resaltar el apoyo y la cooperación internacional, así como en humanizar el conflicto a través de la mención de "people".

Es importante considerar el contexto en el que se utilizan estas palabras. La alta frecuencia de "support" indica un énfasis en la necesidad de respaldo internacional hacia Ucrania, lo cual es consistente con los esfuerzos diplomáticos y comunicativos del presidente Zelenski y otros líderes internacionales. La palabra "security" también destaca, subrayando la preocupación por la estabilidad y la protección en la región.

En contraste, la menor frecuencia de términos más hostiles como "war" y "aggression" podría sugerir un intento deliberado de los comunicadores de minimizar el enfoque en el conflicto violento y maximizar la percepción de unidad y apoyo global. Este enfoque puede ser parte de una estrategia más amplia para movilizar la opinión pública y los recursos internacionales en favor de Ucrania.

3.2. Verificaciones de información en Maldito Bulo

Con respecto a las *fakes news* y verificaciones analizadas teniendo en cuenta la tabla de codificación empleada, se analizaron 78 unidades que *Maldito Bulo* realizó durante las dos primeras semanas del conflicto bélico. En esa horquilla temporal desde la declaración de guerra por parte de Rusia a Ucrania fechada el 24 de febrero de 2022, la desinformación detectada por Maldito Bulo se centra, sobre todo, en noticias cuyas temáticas hacen alusión a la ciudadanía ucraniana (25 verificaciones) y a los soldados y al ejército ruso y ucraniano (25 verificaciones). En tercera posición se sitúa la temática relativa a la guerra en otros países (19 verificaciones). Las declaraciones de líderes políticos o instituciones, junto con explosiones, bombardeos e incendios, también fueron temáticas sobre las que versaron las *fake news* que se verificaron en esas dos semanas (18 verificaciones de cada uno de los temas). Las temáticas que en menor medida se han encontrado versan sobre el desabastecimiento, el debate político en España sobre la guerra y noticias falsas relacionadas con la ciudadanía rusa.

Respecto a los protagonistas de las noticias falsas verificadas destacan personas anónimas y ciudadanía general, al igual que el colectivo formado por soldados, ejércitos y armamento (38 apariciones en verificaciones). Los presidentes y líderes mundiales también aparecen en un total de 11 verificaciones, siendo el mayor protagonista de las mismas Vladimir Putin. Los países también son el núcleo en 10 verificaciones, siendo Ucrania el país más protagonista. Otras personalidades, el ejército ruso y diversas ciudades son también parte importante de la estadística.

El origen del bulo no se especifica en el 80% de las verificaciones analizadas. Los medios de comunicación son creadores de los bulos que se verifican en un 8%, seguido de personas no reconocidas socialmente (5%), periodistas (3%), trolls o personas anónimas (2%) e influencers y personalidades conocidas (2%).

El tono del 86% de las verificaciones analizadas ha sido neutro puesto que se ofrecen datos, sin entrar en valoraciones y sin caer en lenguaje soez. El 13% de las 78 verificaciones analizadas cuentan con un tono negativo ya que la intención es perjudicar a alguna persona u organización, con insultos, palabras malsonantes, vulgaridades, etc. Solo el 1% de las verificaciones encontradas ha sido positivo, haciéndose referencia a consecuencias beneficiosas y actuaciones destacables de una persona; en el caso que nos ocupa, la *fake news* versaba sobre Miss Ucrania y su valentía por alistarse al ejército ucraniano.

En la primera semana del conflicto hubo mayor cantidad de verificaciones que en la segunda. Así, se verificaron 50 *fake news* del 24 de febrero al 2 de marzo y 28 en la semana del 3 al 10 de marzo (un 64% en la primera semana frente a un 36% en la segunda semana).

Los días de la semana en los que *Maldito Bulo* realizó mayor número de verificaciones fueron jueves (23) y viernes (19), coincidiendo con el día de inicio de la guerra (jueves, 24 de febrero). Los fines de semana son los días en los que se verificaron menos bulos (8 en total).

Las redes sociales son el canal por el que mayor porcentaje de bulos ha circulado, siendo Twitter/X la que más ha difundido (con 46 *fake news*). Le siguen TikTok, Facebook y, en menor medida, Instagram, YouTube y VK red social. Cabe destacar aquí la circulación de *información falsa* a través de los medios de comunicación (nueve en total). Plataformas de mensajería como WhatsApp y Telegram también fueron portadoras de bulos (con nueve y siete unidades, respectivamente).

Con relación al lenguaje del bulo cabe destacar el texto, utilizado en 73 bulos y el vídeo, utilizado en 45 ocasiones. En la mayoría de los casos, vídeo y texto van de la mano en la misma *fake.* La imagen fija o el meme se utilizó hasta en 30 ocasiones. Es destacable el hecho de que no se han encontrado audios en los bulos analizados.

4. CONCLUSIONES

Al inicio del conflicto, Twitter/X se convirtió en un potente altavoz donde los principales líderes mundiales expresaron de manera prominente sus opiniones y posicionamientos sobre la guerra. Este fenómeno fue tan notable que cinco de ellos dedicaron más de la mitad de sus mensajes a tratar este tema.

Es importante destacar cómo esta plataforma digital permitió a los líderes no solo comunicar sus posiciones oficiales, sino también influir en la opinión pública global en tiempo real. La inmediatez y el alcance de Twitter/X facilitaron la difusión rápida de mensajes de apoyo, condena y solidaridad, moldeando la narrativa internacional en torno al conflicto.

Además, la alta frecuencia de mensajes relacionados con la guerra por parte de estos líderes sugiere una estrategia comunicativa deliberada para mantener la atención internacional enfocada en la crisis. Esta táctica no solo busca movilizar apoyo diplomático y militar, sino también sensibilizar a la ciudadanía global sobre la gravedad de la situación.

En este contexto, el uso intensivo de Twitter/X por parte de los líderes mundiales también refleja una evolución en las formas de diplomacia y comunicación política. Las redes sociales han transformado la manera en que los dirigentes interactúan con el público y entre ellos, permitiendo una diplomacia digital que complementa y, en ocasiones, reemplaza las formas tradicionales de comunicación.

En conclusión, el papel de Twitter/X al inicio del conflicto subraya la importancia de las redes sociales en la política internacional contemporánea. La capacidad de los líderes mundiales para utilizar estas plataformas como herramientas de comunicación y persuasión evidencia una adaptación a las dinámicas de información y opinión pública del siglo XXI. Este enfoque no solo amplifica sus mensajes, sino que también establece un nuevo paradigma en la manera de gestionar y responder a las crisis globales.

El canciller alemán, el presidente ruso y el presidente estadounidente no se han esforzado en publicar en otro idioma. Destaca, lógicamente, el presidente ucraniano, Vladimir Zelenski, como el líder que más ha informado sobre la guerra y que más esfuerzo ha realizado por publicar en otros idiomas a fin de favorecer el alcance internacional del conflicto. Sin embargo, el presidente estadounidense Joe Biden es quien menos mensajes relativos al conflicto ha emitido a pesar de obtener un alto número de retuits y lograr alcanzar una mayor visibilidad. Se confirma, por tanto, que Zelenski emerge como actor esencial en el campo de la comunicación, participando en la lucha contra la información falsa a través de la publicación de vídeos diarios (García-Marín y Salvat-Martinrey, 2023).

El análisis de sentimiento muestra una predominancia de la neutralidad en lo que podría interpretarse como un intento diplomático de mantener el diálogo abierto con ambas partes del conflicto. De ahí que se observe también un comedido uso de términos que podrían interpretarse como hostiles y agresivos ("aggression" o "sanction") para incidir en un mayor uso de términos en apoyo al pueblo ucraniano como "support" o "people".

El análisis de las palabras más utilizadas revela no solo las prioridades temáticas en las comunicaciones, sino también las tácticas retóricas empleadas para influir en la percepción pública. La prevalencia de términos positivos y de apoyo sobre términos más conflictivos resalta una intención de enmarcar el discurso en torno a la solidaridad y la acción conjunta en lugar de centrarse exclusivamente en el aspecto bélico del conflicto.

Tras más de año y medio desde la declaración de guerra de Rusia a Ucrania, parece que el interés por el conflicto bélico ha decrecido o, al menos, se están difundiendo un menor número de bulos sobre la guerra. Con todo, los principales líderes también escriben hoy en día menos tuits relacionados con el conflicto.

Nos encontramos ante la primera guerra enmarcada en el reinado de las redes sociales en Europa, siendo éstas el canal por el que mayor porcentaje de bulos ha circulado. Twitter/X se erige como la red social que más ha difundido *fake news* sobre el conflicto ruso-ucraniano.

El mayor número de noticias falsas vinculadas al conflicto se da en las primeras semanas, como confirman García-Marín y Salvat-Martinrey (2023) y que hace referencia a que el volumen de desinformación sobre el tema se intensificó en las semanas previas al inicio del conflicto, con vídeos sobre falsos ataques ucranianos contra objetivos rusos en regiones separatistas. Al hilo de estos autores y tras esta investigación, es necesario subrayar que en la mayor parte de piezas estudiadas prevalece el vídeo durante las dos semanas de conflicto. Los memes también se convierten en un instrumento potente de los usuarios en internet para transmitir contenido sobre el conflicto entre Rusia y Ucrania, como ya confirmaban Gómez-Muñoz y Muñoz-Pico (2023).

A menudo, términos como "desinformación" y "medidas activas" son empleados como sinónimos (Colom Piella, 2020). Las "medidas activas" consistían en diversas acciones que la Unión Soviética llevaba a cabo para difuminar la realidad social y no integran únicamente desinformación, sino otras herramientas como propaganda blanca, sabotajes, espionaje, etc. Esas medidas activas hoy día, y como indica Colom Piella (2020: p. 475) "han multiplicado su alcance explotando las posibilidades que brinda internet".

Vuelve a evidenciarse la necesidad y la urgencia de luchar contra la desinformación y los bulos, fenómenos que representan una amenaza para la libertad y para los principios fundamentales de los Estados y de las sociedades democráticas.

5. REFERENCIAS

Almansa-Martínez, A., Fernández-Torres, M.J. y Rodríguez-Fernández, L. (2022). Desinformación en España un año después de la COVID-19. Análisis de las verificaciones de Newtral y Maldita. *Revista Latina de Comunicación Social,* 80, 183-200. https://doi.org/10.4185/RLCS-2022-1538

Baviera, T. (2017). Técnicas para el análisis del sentimiento en Twitter: Aprendizaje Automático Supervisado y SentiStrength.

Blanco, S., Martín-Martín, F. M., y Sedano, J. (2023). La visibilidad mediática de la desinformación en los programas informativos: El caso de La 1 de RTVE. *Estudios sobre el Mensaje Periodístico,* 29(4), Article 4. doi.org/10.5209/esmp.88595

Bode, L., y Dalrymple, K. E. (2016). Politics in 140 Characters or Less: Campaign Communication, Network Interaction, and Political Participation on Twitter. *Journal of Political Marketing, 15*(4), 311-332. https://doi.org/10.1080/15377857.2014.959686

Chatfield, A. T., Reddick, C. G., y Choi, K. P. (2017). Online Media Use of False News to Frame the 2016 Trump Presidential Campaign. En C. C. Hinnant y A. Ojo (Eds.), Dg.o 2017: The Proceedings of the 18th Annual International Conference on Digital Government Research: Innovations and Transformations in Government (pp. 213-222). Assoc Computing Machinery. https://doi.org/10.1145/3085228.3085295

Colom-Piella, G. (2020). Anatomía de la desinformación rusa. Historia y comunicación Social 25 (2), 473-480. https://doi.org/10.5209/hics.63373

Comisión Europea. (2018). Eurobarómetro Flash 464: Noticias falsas y desinformación en línea. *Comisión Europea.* https://data.europa.eu/data/datasets/s2183_464_eng?locale=es

Cuesta, J.G. (2022, febrero 28). Prohibido utilizar la palabra "guerra" para describir la invasión de Ucrania en los medios rusos. El País. https://elpais.com/internacional/2022-02-28/prohibido-utilizar-la-palabra-guerra-para-describir-la-invasion-de-ucrania-en-los-medios-rusos.html

Dang-Xuan, L., Stieglitz, S., Wladarsch, J., y Neuberger, C. (2013). An Investigation of Influentials and the Role of Sentiment in Political Communication on Twitter During Election Periods. *Information, Communication & Society, 16*(5), 795-825. Routledge. doi:10.1080/1369118X.2013.783608

Espaliú-Berdud, C. (2023). Use of disinformation as a weapon in contemporary international relations: accountability for Russian actions against states and international organizations. Profesional de la información, 32 (4), e320402. https://doi.org/10.3145/epi.2023.jul.02

García-Marín, D. y Salvat-Martinrey, G. (2023). Desinformación y guerra. Verificación de las imágenes falsas sobre el conflicto ruso-ucraniano. Revista ICONO 14. Revista Científica de Comunicación y Tecnologías Emergentes, 21 (1). https://doi.org/10.7195/ri14.v21i1.1943

Gavra, D., y Slutskiy, P. (2021). Trump, Mueller Investigation, and Alleged Russian Election Meddling: Russian Media Coverage in 2017-2019. American Behavioral Scientist, 65(3), 482-511. https://doi.org/10.1177/0002764220978455

Golbeck, J., Grimes, J. M., y Rogers, A. (2010). Twitter use by the U.S. Congress. *Journal of the American Society for Information Science and Technology, 61*(8), 1612-1621. https://ideas.repec.org//a/bla/jamist/v61y2010i8p1612-1621.html

Gómez-Muñoz, X. Y Muñoz-Pico, H.P. (2023). ¿Cómo se representa la guerra entre Rusia y Ucrania en Twitter? Análisis retórico de los memes más populares. Palabra Clave, 26(2), e2628. https://doi.org/10.5294/pacla.2023.26.2.8

Grimaldi, D. (2019). Can we analyse political discourse using Twitter? Evidence from Spanish 2019 presidential election. Social Network Analysis and Mining, 9(1), 49. https://doi.org/10.1007/s13278-019-0594-6

Larsson, A. O., y Moe, H. (2012). Studying political microblogging: Twitter users in the 2010 Swedish election campaign. *New Media & Society, 14*(5), 729-747. https://doi.org/10.1177/1461444811422894

Morejón-Llamas, N.; Martín-Ramallal, P. y Micaletto-Belda, J.P. (2022). Twitter content curation as an antidote to hybrid warfare during Russia's invasion of Ukraine. Profesional de la información, 31(3), e310308. https://doi.org/10.3145/epi.2022.may.08

Ryabchenko, N. A., y Malysheva, O. P. (2017). How to become a president: Election technologies in the post-truth and fake news Era. Man in India, 97(23), 507-527. https://www.scopus.com/inward/record.uri?eid=2-s2.0-85041651060&partnerID=40&md5=eb09b94362187598503848f2a72a35b5

Sahuquillo, M. R. (2022, febrero 24). Rusia lanza un ataque por tierra, mar y aire contra Ucrania y se acerca a la capital. El País. https://elpais.com/internacional/2022-02-24/putin-ordena-una-operacion-militar-en-ucrania.html

Stieglitz, S., y Dang-Xuan, L. (2013). Social media and political communication: A social media analytics framework. Social Network Analysis and Mining, 3(4), 1277-1291. https://doi.org/10.1007/s13278-012-0079-3

Tandoc, E. C., Lim, Z. W., & Ling, R. (2018). Defining "Fake News": A typology of scholarly definitions. *Digital Journalism, 6*(2), 137-153. https://doi.org/10.1080/21670811.2017.1360143

TED Talk (Director). (2019). *Carole Cadwalladr: El papel de Facebook en el Brexit y la amenaza a la democracia.* https://www.ted.com/talks/carole_cadwalladr_facebook_s_role_in_brexit_and_the_threat_to_democracy?language=es

Teruel, L. (2023). Increasing political polarization with disinformation: A comparative analysis of the European quality press. *El Profesional de la información,* e320612. doi.org/10.3145/epi.2023.nov.12

Troianovski, A. (2022, febrero 24). Putin anuncia una 'operación militar especial' en Ucrania. The New York Times. https://www.nytimes.com/es/2022/02/23/espanol/rusia-ucrania-putin.html

Desinformación y comunicación política algorítmica en América Latina: los casos de Brasil, Colombia y México[1]

DANIEL BARREDO IBÁÑEZ
Universidad de Málaga (España); Fudan University (China)
DANIEL JAVIER DE LA GARZA MONTEMAYOR
Universidad de Monterrey (México)
MICHELLE DÍAS
Universidade de São Paulo (Brasil)

Resumen. En las últimas décadas, la comunicación política, a nivel global, se ha visto influenciada por el protagonismo de la automatización y de las estrategias de desinformación en las rutinas electorales, así como en las agendas de gobierno. La comunicación política algorítmica, desde ese ángulo, parte desde el efecto cascada que se produce en los medios con el fin de orientar persuasivamente a la opinión pública contemporánea; un *trending topic* en redes sociales acaba impactando en los medios de comunicación tradicionales, y a la inversa. Por ello, el objetivo de muchos líderes políticos pasa por controlar la agenda a través de la imposición de unos temas construidos con el único objetivo de la viralización. Se trata de involucrar a los ciudadanos a que compartan o comenten, aunque también de detener los flujos informativos alrededor de ciertas realidades. En este capítulo proponemos una mirada de la desinformación y de la automatización desde dos tendencias latinoamericanas: por un lado, hemos escogido a tres países con claros vínculos culturales, económicos y contextuales; por el otro, hemos optado por examinar el influjo de los fenómenos aludidos tanto en las campañas presidenciales de Brasil y Colombia, de 2022, como de los años 2021 y 2022, en el México lopezobradorista. De este modo, estudiaremos dichos conceptos aplicados al marketing político —en los casos de Brasil y Colombia—, aunque también a la blumenthiana campaña permanente, a través del caso de México, mediante un análisis documental.

[1] Este artículo ha sido co-financiado por el proyecto de investigación "App-Andalus", con número de referencia EMC21_00240, financiado por la Secretaría General de Investigación e Innovación de la Junta de Andalucía, gracias al Programa Emergia.

1. INTRODUCCIÓN

En el siglo XX comenzó a conceptualizarse un ámbito de comunicación especializada: la comunicación política, que es aquella que se encarga de examinar la transferencia de los contenidos y narrativas políticos a unos grupos más amplios, idealmente la sociedad entera (Yanes, 2007). La comunicación política —que para Restrepo (2019) se remonta a autores clásicos como Aristóteles, que reflexionaron sobre ella, aunque no de una manera planificada o estratégica—, ayuda a dinamizar los vínculos entre las instituciones y los ciudadanos, favorece una mayor participación democrática y, así, se incrementa la posibilidad de conseguir consensos. Sin embargo, en las últimas décadas hemos asistido a la emergencia de dos fenómenos que restringen los beneficios de este campo: la automatización, desde el enfoque de las estructuras de dispersión; y la desinformación, desde el punto de las narrativas. En el primer caso, los avances tecnológicos han eclosionado con la emergencia de sistemas automatizados de comunicación (Barredo, 2021; Barredo et al., 2021), que han trastocado al propio ámbito disciplinar, hasta el punto de emerger un ámbito claramente especializado: la "comunicación política algorítmica" (Campos y García, 2018, p. 770). La dispersión automatizada se da a través de las llamadas cibertropas (Bradshaw y Howard, 2017), que son equipos interdisciplinares que forman parte de las áreas de comunicación y que gestionan la llamada propaganda computacional. Dichas cibertropas suelen establecer una batería de tácticas, que tienden a incorporarse de forma combinada:

a) La fabricación del impacto mediante la gestión de métricas y de rutinas propias de las redes sociales. Aspectos como el aumento del número de seguidores, o la réplica de los contenidos publicados por las cuentas afines, pueden ser intervenidos mediante *bots* o sistemas algorítmicos (Ferrara et al., 2016). Estos *bots* se orientan especialmente a consolidar los grupos internos gracias a la difusión de una "cascada de rumores" (Vosoughi et al., 2018, p. 1146): la circulación de un rumor puede consolidar la afinidad de los seguidores, aunque también circular y contagiar a otros usuarios. Este tipo de sistemas automatizados favorecen a las cámaras de eco, el aislamiento intelectual mediante la exposición de fuentes de determinada tendencia (Muhammed y Mathew, 2022).

b) La configuración de sistemas de respuesta automatizada ante las demandas de un ecosistema en línea de proporciones infinitas. Estos sistemas favorecen la personalización, la segmentación y la usabilidad sobre los contenidos y las páginas políticas, al permitir la implementación de contestadores automáticos (Ferrara et al., 2016), o al proponer una transparencia activa sobre los contenidos —con búsquedas más precisas—, entre otros.

c) La fabricación de perfiles *fake*, encargados de generar respuestas positivas en las redes sociales ante los contenidos propios, de perjudicar la reputación del contrario, o de responder a otros usuarios para reconducir el debate —en lo que Barredo (2021) denomina como la espiral del silencio 2.0—. Estos perfiles, hace algunos años, podían ser del 9% al 15% de las cuentas examinadas en Twitter en 2017 (Varol et al., 2017). Pero esta es apenas una estimación, porque como explican Yang et al. (2019), la localización de contenidos o interacciones originados en un algoritmo resulta una de las tareas más complejas.

d) El estudio de la opinión pública, aprovechando los indicios estructurales o narrativos que se difunden desde las redes sociales. La automatización de la narración puede orientarse a partir de un análisis preciso de los patrones individuales (Campos y García, 2018). Es decir, la IA profundiza los procesos de segmentación y de microsegmentación, que son claves para fomentar una apropiación personalizada de los contenidos políticos.

e) Y la combinación de los ejes anteriores permite la creación y la dispersión de desinformación (Zhang et al., 2023), que es aquella que imita a la información en apariencia, pero no en el fondo. Dentro de ella, destaca la promoción diluida (Barredo, 2021), concebida para involucrar a los usuarios dentro de la viralización del mensaje político. Igualmente, la mala información puede ser distribuida con la ayuda de estos actores, que es aquella que se difunde involuntariamente, sin un objetivo político concreto (Muhammed y Mathew, 2022). Pero también hay otras formas de desinformación que poseen un carácter bélico, relacionado con la propaganda, dado que se busca desposeer de legitimidad al contenedor. Un ejemplo de lo anterior sucede con los *deepfakes* (Rodrigo López, 2022), que imitan a la realidad para confundir a unos seguidores y otros, mediante la manipulación de unos actores o representantes políticos.

La comunicación política algorítmica, a partir de los ejes enunciados, parte desde el efecto cascada que se produce en los medios con el fin de orientar persuasivamente a la opinión pública contemporánea; un *trending topic* en redes sociales acaba impactando en los medios de comunicación tradicionales, y a la inversa. Por ello, el objetivo de muchos líderes políticos pasa por controlar la agenda a través de la imposición de unos temas construidos con el único objetivo de la viralización. Se trata de involucrar a los ciudadanos a que compartan o comenten, aunque también de detener los flujos informativos alrededor de ciertas realidades.

En este capítulo proponemos una mirada de la desinformación y de la automatización desde dos tendencias latinoamericanas: por un lado, hemos escogido a tres países con claros vínculos culturales, económicos y contextuales; por el otro, hemos optado por examinar el influjo de los fenómenos aludidos tanto en las campañas presidenciales de Brasil y Colombia, de 2022, como de los años 2021 y 2022, en el México lopezobradorista. De este modo, estudiaremos dichos conceptos aplicados al marketing político —en los casos de Brasil y Colombia—, aunque también a la blumenthiana campaña permanente, a través del caso de México, mediante un análisis documental.

2. DE LAS REDES, A LAS ELECCIONES: EL CASO DE BRASIL

Durante trece años, de 2003 a 2016, el Partido de los Trabajadores (PT) lideró sucesivos gobiernos en Brasil. A partir de las experiencias de administración local del partido en la década de 1990, innovadoras en ese momento, el PT entendió que bastaría extenderlas al nivel del poder federal para lograr el impulso democratizador que pretendía (Nobre, 2022, p. 127). Durante ese mismo período, algunos grupos identificados genéricamente como *nuevas derechas* y *nuevas izquierdas* (Nobre, 2022), comenzaron a organizarse y a apropiarse de las redes sociales con fines políticos.

Un ejemplo de un uso tecnopolítico se dio en 2013. Ese año iniciaron algunas protestas contra el aumento de R$ 0,20 en los billetes de autobús, tren y metro en la ciudad de São Paulo. Desde el origen local —São Paulo—, en poco tiempo se pasó a un reclamo generalizado: la mayoría de las capitales de los estados se convirtieron en escenarios de protestas. La crisis social emergió estimulada por temas como el gasto excesivo para la construcción de la infraestructura del Mundial de fútbol de 2014; los problemas persistentes en salud, educación y las condiciones del transporte público; la Propuesta de Enmienda Constitucional 37/2011[2] —rechazada por el pleno de la Cámara de Diputados, con 430 votos en contra y 9 a favor, además de dos abstenciones—, la falta de representación política y la corrupción, entre otros.

Desde la ciberesfera se posibilitó la emergencia de una articulación y organización de los movimientos sociales, que terminaría por eclosionar con la aparición de nuevos liderazgos políticos. La conjunción de estos movimientos, invisibles en la esfera pública formal, resultó una sorpresa y una amenaza para el sistema político nacional, y no sólo para los gobiernos del PT. Las nuevas izquierdas, en este contexto, aunque también formaron parte de algunas manifestaciones específicas, ocuparon menos espacio en las redes, en comparación con las nuevas derechas.

Con la crisis de la democracia iniciada por los movimientos que estallaron en junio de 2013, pasando por el *impeachment* de la presidenta Dilma Rousseff (PT), en 2016, por el gobierno de su vicepresidente, Michel Temer (PMDB), permitió la formación de una oposición *extrainstitucional* asociada a las plataformas en línea, y con un ideario antisistema (Nobre, 2022, p. 129). A pesar de que las protestas propugnaban reclamos relacionados con el transporte público, la participación social fue revelando problemas de hondo calado:

> "Insatisfacción política, descontento, indignación generalizada y crisis de representación fueron señalados por los manifestantes. Se cuestionó a los políticos, los partidos y las prácticas establecidas y no se aceptaron banderas de los partidos en las protestas. Estos hechos denotan características de las demandas: crisis en la democracia representativa y, también, en la legitimación de las instituciones" (Souza, 2023).

---

2 Esta propuesta de enmienda fue un proyecto legislativo que pretendía enmendar la Constitución brasileña para incluir a las investigaciones criminales como una actividad privativa de la policía judicial.

Subido a esta ola, Jair Bolsonaro emergió como un candidato antisistema, aprovechando el altavoz sin mediación, ni contraste que, a la postre, son las redes sociales. Fueron recurrentes las estrategias de tiroteos masivos vía WhatsApp y las campañas de desinformación vía Facebook, Twitter e Instagram. El 18 de octubre de 2018, la periodista Patrícia Campos Mello reveló en el diario Folha de São Paulo —uno de los más grandes de Brasil—, detalles sobre el funcionamiento de las empresas de mensajería automática que ofrecían servicios para movilizar a los votantes a través de WhatsApp. Detrás del motor de desinformación estaba el uso ilícito de bases de datos, probablemente vendidas por exempleados de grandes empresas.

Las empresas mencionadas, según el diario Folha de São Paulo[3], fueron Quickmobile, Yacows, Croc Services y SMS Market:

> "Por R$ 0,10 era posible enviar un mensaje desde la propia base del candidato. Si fuera una base proporcionada por la agencia, el precio subiría a R$ 0,40. En 2020, el Tribunal de Justicia de São Paulo prohibió a SallApp distribuir, promover, operar y vender servicios de mensajería masiva a través de WhatsApp. Al año siguiente, a las empresas Kiplix, Deep Marketing, Yacows y Maut se les prohibió utilizar la imagen de WhatsApp y vender paquetes de chupitos" (Zanatta et al., 2022).

En este punto, Letícia Cesarino (2022) plantea un debate sobre los efectos, en el campo de la política, a partir del ascenso de la extrema derecha en Brasil, con la elección de Bolsonaro. Más allá de los enfoques socioculturales, históricos, lingüísticos, sistémicos o psicoanalíticos, esta autora subraya la importancia de los aspectos técnicos y su relación con la comprensión de los usuarios. En concreto, los dispositivos anulan la visibilidad de las acciones y protagonistas, construyen un tipo de convivencia alrededor de lo simbólico. La invisibilidad apenas se resquebraja al tomar estos líderes posesión, gobernar, y generar nuevos tipos de desencanto (Larkin, 2013).

Desde una perspectiva cibernética, las infraestructuras conciernen no sólo a los artefactos técnicos, sino también al fenómeno humano en sí, como señala Cesarino (2022). Como todo fenómeno social tiene una dimensión técnica (Mauss, [1934] 2018), esta dimensión se

---

[3] Las reglas del juego electoral y la llanura aluvial de los datos-10/09/2022-Opinión-Folha (uol.com.br)

refiere a la forma en que los humanos y los no humanos se organizan para producir sistemas que funcionan o que se perpetúan de manera efectiva. En el caso de los medios digitales, el tecnicismo repercute tanto en los procesos de protesta masiva —como sucedió en Brasil en junio de 2013—, como en los procesos de reintermediación contradictoria observados en la propagación del populismo digital. Los propios actores han reconocido que estas fuerzas tecnopolíticas no habrían podido alcanzar tal escala si no fuera por los nuevos medios (Cesarino, 2022).

En las manifestaciones de junio de 2013 en Brasil, las pancartas mostraban frases como "dejamos Facebook por las calles". Cinco años después, en la toma de posesión del expresidente de extrema derecha Jair Bolsonaro, parte de la multitud reunida en Brasilia, sede del gobierno federal, coreó "Facebook! WhatsApp!". El año 2013, según Cesarino (2022), fue el punto de inflexión en el mercado de teléfonos inteligentes en Brasil y, en los años siguientes, Facebook y sus aplicaciones alcanzaron la hegemonía del mercado a través de acuerdos con operadores para la preinstalación y la gratuidad de los paquetes de datos (Holston, 2013).

El bolsonarismo todavía estaba sentando sus bases cuando fue golpeado por la pandemia de Covid-19. La táctica antisistema que se beneficia de que el sistema siga funcionando (Nobre, 2022), puso a prueba su incapacidad para afrontar una emergencia generalizada. Su narrativa de la incredulidad en la ciencia, en la vacuna, en el poder del virus, transformó la crisis sanitaria en una crisis de desinformación sin precedentes en la historia reciente de Brasil. Pero, incluso con fuertes intentos de reducir la crisis mediante la creación de "noticias falsas", Bolsonaro no pudo ser reelegido.

3. BOTS, TROLLS Y DESINFORMACIÓN EN EL CONTEXTO ELECTORAL COLOMBIANO

Los primeros indicios de la comunicación política algorítmica en Colombia aparecen registrados en las elecciones presidenciales de 2014. En ese año, Cerón y León (2015) sostienen que alrededor de una quinta parte de los usuarios relacionados con la mencionada elección eran *spammers* —es decir, usuarios encargados de promocionar tal o cual idea o candidato—, encargados de dispersar un 16% del total de los tuits estudiados.

Pero la participación *fake* de los *spammers* fue dejando paso a formas más organizadas de gestión, quizá debido a las mayores posibilidades sugeridas por los avances técnicos, así como a un mayor conocimiento sobre la organización de estos grupos. Así, en las elecciones presidenciales de 2018, se encontró la presencia de dos redes de usuarios organizados, la una para promover la candidatura de Germán Vargas Lleras, la otra para deslegitimar a los líderes o a los gobiernos de izquierda, como se describe en New Knowledge (2018). Autores como Chenou et al. (2018) señalan, asimismo, la existencia de cámaras de eco, en esas mismas elecciones, configuradas para consolidar el apoyo a la candidatura de Iván Duque.

A diferencia de lo sucedido en 2014 —donde imperaba un concepto de libertad total—, en 2018 las plataformas sociales empezaron a introducir medidas autorreguladoras para combatir a la desinformación imperante. Pero, a pesar de estas iniciativas, la comunicación política algorítmica fue refinándose para hallar grupos a los que acceder para extender un imaginario *fake*. Por ejemplo, se detectó una granja de bots que relacionaba a Gustavo Petro con las FARC, así como con lo sucedido en Venezuela y Nicaragua (Shaffer, 2019). También se emplearon las cadenas de WhatsApp y del Messenger de Facebook para conseguir la circulación de rumores (Cortés y Peñarredonda, 2018), dada la instantaneidad y el impacto directo que sugieren este tipo de artefactos. Ambas plataformas son las más frecuentadas por los colombianos, con registros superiores al acceso mensual del 90% de los usuarios en línea (We Are Social, 2023). La dispersión de mensajes en cadena, realizada de forma anónima, ayudó poco escrupulosamente a dañar la reputación de líderes o de partidos políticos (Dajer, 2019), convirtiendo a los propios ciudadanos en *trolls* involuntarios, al colaborar con la contaminación de la esfera pública.

Por su parte, en las elecciones de 2022 una de cada cinco cuentas de Twitter —de una forma similar a lo verificado en 2014—, se consideraron falsas (Bloomberg, 2022, 15 de marzo). Y, aunque por lo reciente de este proceso electoral no tenemos datos exactos todavía sobre la injerencia de la propaganda computacional, estos fenómenos se ven beneficiados por la falta de regulación. La Corte Constitucional de Colombia no criminaliza en ningún caso a las plataformas en caso de detectar prácticas desinformadoras. En cambio, es el usuario quien tiene que responder y retractarse, si comete algún tipo de práctica cuestionable (Rodrigo López, 2022).

En otros procesos electorales, más allá de las elecciones presidenciales, hay instituciones que han empleado tácticas tecnológicas, como la Registraduría, para controlar el censo electoral, como explica Becerra (2023). En momentos clave, como el plebiscito por la paz de 2016, se halló una interrelación entre mecanismos en línea y fuera de línea (Dajer, 2019; Worley, 2018).

Es cierto que, en Colombia, la utilización de este tipo de tácticas automatizadas está fuertemente determinada desde un punto de vista geográfico y de concentración de recursos. Su uso se da sobre todo al interior de las instituciones u organizaciones de las dos principales ciudades del país —Bogotá y Medellín—, y en los periplos electorales de mayor importancia, como las elecciones presidenciales. Aunque el programa de gobierno de Gustavo Petro mencionó expresamente la necesidad de regular a la IA y de educar a la gente sobre su uso (Bolívar et al., 2022), no es clara la forma en que el presidente colombiano pondrá en marcha una ruta estratégica en ese sentido.

4. COMUNICACIÓN POLÍTICA ALGORÍTMICA: EL CASO DE MÉXICO

La desinformación es, irónicamente, uno de los principales desafíos de la era de la información (Campos, 2019). México es un caso de estudio importante en la materia, tanto por el acceso que tienen sus ciudadanos a la tecnología, pero también por el momento histórico que vive. El crecimiento en cuanto al acceso a Internet ha ido en aumento en los últimos años, convirtiendo a México en la comunidad hispanoparlante más grande del mundo (Guarneros Olmos, 2023).

Por otra parte, la democracia mexicana ha tenido numerosos obstáculos desde la transición que se inició a finales de los años 80's, entre los que se puede incluir el clientelismo, el desdén a cumplir con las normas electorales por parte de los actores políticos, pero también por la desinformación que impera en las campañas. Las elecciones mexicanas se han vuelto, en muchos casos, una batalla por persuadir a los electores, independientemente de la veracidad de la información que les es presentada (Serra, 2016).

México vive en la actualidad no sólo un cambio sustantivo en materia de transformación digital como sucede en otros países; este proceso ha estado acompañado por cambios en el sistema político. El ascenso de Andrés Manuel López Obrador, que ganó con una mayoría contundente de votos en 2018, ha significado tanto un desafío para el sistema tradicional de medios, como el surgimiento de comunicadores en el ciberespacio que se dividen entre simpatizantes y detractores del mandatario (Madrid, 2020). Unos y otros buscan generar adhesiones a su causa con argumentos, dogmas, verdades a medias, así como información que ha resultado absolutamente apócrifa.

En este proceso de creciente polarización política y social, Monsiváis-Carrillo (2023) observa que desde el poder (Presidencia de la República) se desinforma con el fin de debilitar a las autoridades que significan un contrapeso, pero también a aquellos liderazgos que le son incómodos al Ejecutivo. Esto se traslada, de manera natural, al ciberespacio, en donde los simpatizantes del presidente amplifican el mensaje y lanzan ataques en contra de los presuntos "enemigos" de la "cuarta transformación" (De los Ríos Granja, 2023).

En el registro de las "mañaneras" que realiza la consultora Spin desde el inicio de la Presidencia de López Obrador, se han registrado afirmaciones abiertamente falsas que buscan incidir en la opinión pública. Este espacio, de acuerdo con el autor (a su vez el director del Centro de Estudios), se ha convertido en un medio de desinformación y propaganda (Estrada, 2022).

También se ha acusado al actual gobierno de organizar granjas de bots, con el fin de intimidar a sus críticos y posicionar los mensajes gubernamentales. Estas aseveraciones las han realizado principalmente actores de la oposición política y en columnas de opinión (Riva Palacio, 2020). Pero no es la primera vez que se ha acusado de la presencia de granjas de bots para ser utilizados en campañas, tanto electorales como en el caso de posicionamientos públicos. México no ha sido la excepción. La indagación de Suárez-Serrato et al. (2016) argumenta que se han utilizado bots para posicionar mensajes que buscan cimbrar a la opinión pública, muchas veces con éxito.

Los bots no sólo han sido utilizados para incidir en la política, también existen acusaciones de que los mismos han jugado un papel importante en determinar los resultados de programas de espectáculos que buscan legitimar sus decisiones con las decisiones del público. En un popular programa de televisión conocido como *La Casa de los Famosos,* una concursante no favorecida denunció la utilización de bots para influir en el resultado de la votación que la dejó. Independientemente de lo cuestionable que puede ser la veracidad de esta acusación, se sustenta en una firme idea en torno a la manipulación que se encuentra arraigada en la opinión pública mexicana (González, 2023; Pacheco, 2023).

Las instituciones en México tienen un reto importante en materia de alfabetización digital. Una investigación realizada en una universidad privada mexicana argumenta que la selección de la información por parte de los usuarios de las redes sociales debería ser la apuesta en materia de competencias digitales. Esto implica cambios sustantivos en los programas académicos, pero también en realizar campañas de difusión que generen conciencia en la población.

Esta capacidad de análisis ante la información que se presenta es conocida en diversos países como fact-checking. Esto representa un contraste por parte de los usuarios en diversas fuentes de información. En el *Reporte Global 2018 del Barómetro de Confianza Edelman,* México aparece como uno de los pocos países (de un total de 21), en el que los usuarios reportaron confiar más en los medios digitales que en los tradicionales (Portugal y Aguaded, 2020), algo que podría incidir en esta práctica.

Aunque también es importante argumentar que la confianza de los usuarios mexicanos comenzaba a regresar a los medios tradicionales (independiente de su consumo) por encima de los medios digitales en el contexto de la postpandemia (De la Garza y Barredo, 2022). Esto se puede explicar por la desinformación a la que estuvieron expuestos millones de mexicanos durante la pandemia en medios digitales, un momento en que los medios tradicionales actuaron con mayor rigor periodístico (De la Garza, 2022).

La verificación de información con carácter falso fue importante durante la pandemia, sobre todo en la etapa inicial, en la que se tenía poca información del virus. En varios países se realizaron esfuerzos (entre ellos, México) para contrarrestar información falsa de fuentes dudosas, pero también de fuentes oficiales, que en muchos casos no estuvieron a la altura de las circunstancias. Cabe destacar que los usuarios que consumían noticias falsas encontraban otras similares, derivadas del algoritmo o de la comunicación política algorítmica (Ramon-Vegas et al., 2020; Ceron et al., 2021; Zivkovic et al., 2022).

Esto se comprobó antes en un estudio realizado en México sobre la plataforma YouTube, que confirmó que el algoritmo conduce a los usuarios. En la investigación de Sued (2020), se aportó evidencia sobre cómo los usuarios mexicanos que encontraban videos de dudosa calidad obtenían sugerencias de contenido que tenía el mismo problema.

El papel que juegan las redes sociales es múltiple. Al analizar la importancia que han adquirido durante las elecciones, Hurtado Razo (2022) expone que la desinformación busca un efecto político, pero también en muchos casos una ganancia económica, al generar visitas en determinados sitios web. La información apócrifa busca conectar con las emociones de los usuarios (más que apelar a su racionalidad), y pretender lograr que incluso las notas más inverosímiles puedan ser asimiladas por una parte importante del público. En el contexto de la última elección federal que se ha celebrado en este país (2021), es posible argüir que la desinformación que prolifera en los medios sociales puede tener efectos en la opinión de los electores potenciales y, con ello, en su implicación. Un estudio realizado en este proceso por De Elias y Muñiz (2021) encontró que el consumo de medios sociales se encontraba relacionado con la percepción de estar expuesto a noticias falsas.

Desde ese enfoque, el auge de las noticias falsas se ha convertido en un factor que también ha incidido de forma negativa en el periodismo mexicano. De acuerdo con el estudio realizado por Galarza Molina (2022), la desinformación afecta tanto a la labor de los periodistas, como a la credibilidad en su trabajo. Si bien en el estudio se reconoce que existe información falaz en los medios tradicionales, la mayoría proviene de los medios digitales.

Como parte de los esfuerzos que se han realizado en México para contrarrestar la información falsa a la que fueron expuestos los usuarios en los medios digitales, se encuentra el antecedente de Verificado18, que estuvo presente en las elecciones presidenciales de 2018. Este fue un esfuerzo del periodismo de investigación para contrarrestar la información que muchas veces presentaban los algoritmos a los usuarios. En este sitio se validaba o, en su caso, se desmentía información espectacular que pretendía incidir en la contienda electoral (Noain Sánchez, 2019).

Sin embargo, en realidad se puede argumentar que aún existe un amplio camino por recorrer a nivel institucional y social en México para contrarrestar la información falsa que circula en el ciberespacio. Si bien es un tema que se encuentra dentro del debate público, el crecimiento sostenido en el acceso a Internet, y la progresiva dependencia en los medios digitales suponen un reto mayúsculo (De la Garza, 2023).

5. CONCLUSIONES

La comunicación política, como se indicaba en la introducción de este trabajo, es un ámbito esencial porque ayuda a amplificar los mensajes políticos (Yanes, 2007; Restrepo, 2019). En un principio, las redes sociales fueron plataformas que ayudaron a vehicular la participación democrática de forma extrainstitucional; sin embargo, la falta de contraste y verificación —que son los valores más reconocibles del periodismo—, fueron dando paso a la emergencia de líderes con escasos bagajes éticos.

Como se ha visto en los casos estudiados de Brasil, Colombia y México, la injerencia de la desinformación en los procesos electorales ha ido creciendo, en la medida en que se ha ido sustituyendo la participación pública por las tácticas desinformadoras de la comunicación estratégica. Las anomalías localizadas en la esfera pública —desinformación crónica, radicalización política, conspiraciones—, no indican fallas específicas, si no, más bien, cambios infraestructurales vinculados al avance desregulado de la plataformización (Gray et al., 2020; Cesarino, 2022). Las cibertropas, tal y como se expuso páginas atrás, emplean *bots* que ayudan a extender el impacto potencial de los mensajes políticos a través de las cascadas de rumores (Vosoughi et al., 2018), que se corresponden con una cohesión de los partidarios o afines a través de cámaras de eco (Muhammed y Mathew, 2022). Se trata, así, de sabotear a la opinión pública y de conseguir el triunfo electoral mediante la propagación de tácticas que, como el discurso del odio, parten de residuos simbólicos autoritarios. Y no solo el triunfo electoral, también se busca apuntalar la blumenthiana campaña permanente.

Pero la desinformación, que se aprovecha de la escasa regulación o autorregulación de las redes, afecta también a otros vectores de la convivencia, como son los propios medios de comunicación. El trabajo de los periodistas se ve afectado (Galarza Molina, 2022), por la pérdida de la confianza que deposita la gente en sus mensajes. Y, de igual modo, se perjudica a la credibilidad de las instituciones, que son las organizaciones que apuntalan a la sociedad.

Con todo, el empleo de tácticas asociadas a la comunicación política algorítmica también puede ser útil para incentivar una mayor personalización y acceso a los contenidos y las ideas, por ejemplo, con la habilitación de sistemas de respuesta individualizados y automatizados (Ferrara et al., 2016). También pueden emplearse estos espacios para fomentar discusiones y obtener soluciones (Acevedo et al., 2021), gracias a la posible interlocución entre los líderes políticos y los electores. Parafraseando la conocida frase de MacLuhan, *el uso es el mensaje:* el acceso a la tecnología, por sí solo, no explica la existencia de prácticas desinformadoras. Es más bien la manera en que se emplea la que cambia la significación de estos dispositivos. Y en este punto hemos detectado usos comunes en el caso específico de estos tres países; dichos usos, básicamente, se dan por una tendencia común de los líderes y de las instituciones de Brasil, Colombia y México, para aprovechar los vacíos regulatorios. Y, asimismo, por la organización de redes transnacionales (Worley, 2018), que buscan impactar en los contextos nacionales para posicionar a tal o cual candidato, frente a los intereses de la mayoría.

Somos conscientes de las limitaciones de este trabajo. Al ser un capítulo con un enfoque documental, y al abordar un fenómeno en constante expansión, es posible que mientras redactamos estas líneas emerjan nuevas tendencias que transformen las prácticas consolidadas hasta el momento. Además, los datos existentes son precarios y escasos, ya que muchos de los actores y de los resultados de la comunicación política algorítmica son todavía indetectables.

Referencias

Acevedo, A. A., Livingston, J., Acosta, G. L. y Maya, C. M. (2021). The appropriation of Twitter as a scenario for liquid democracy. Case: Colombian electoral campaign 2018-2022. *Journal of Positive Psychology & Wellbeing*, 5(4), 665-677. https://tinyurl.com/2xsh286w

Barredo Ibáñez, D. (2021). *Medios digitales, participación y opinión pública.* Tirant Lo Blanch.

Barredo Ibáñez, D., De la Garza, D. J., Torres, A. y López, P. C. (2021). Artificial intelligence, communication, and democracy in Latin America: a review of the cases of Colombia, Ecuador, and México. *Profesional de la información,* (30), e300616. https://doi.org/10.3145/epi.2021.nov.16

Becerra, B. X. (20 de abril de 2023). La Registraduría usará inteligencia artificial en elecciones para evitar la trashumancia. *Asuntos Legales.* https://tinyurl.com/3ar7e9ks

Bloomberg (15 de marzo de 2022). Bots en las elecciones colombianas: ¿qué tanto participaron las cuentas falsas? *Bloomberg.* https://tinyurl.com/sme9bcan

Bolívar, G., Gómez, R. H., Bermúdez, D. F., Valero, J. L., Dueñas, O., Castro, M. C. y Sastoque, A. (2022). *Pacto Histórico Plan de Tecnología para la Vida 2022-2026.* Pacto Histórico. https://bit.ly/3BkZPr4

Bradshaw, S. y Howard, P. N. (2017). *Troops, trolls and troublemakers: a global inventory of organized social media manipulation.* University of Oxford. https://bit.ly/3BiDoTr

Campos, E. y García-Orosa, B. (2018). Algorithmic communication and political parties: Automation of production and flow of message. *Profesional de la información,* 27(4), 769-777. https://doi.org/10.3145/epi.2018.jul.06

Campos, E. M. (2019). Desinformación en la sociedad de la información y el conocimiento. En Campos, E.M. (Coord). *La posverdad y las noticias falsas: el uso ético de la información* (pp. 81-109). Universidad Nacional Autónoma de México.

Cerón-Guzmán, J. A., y León, E. (2015). Detecting social spammers in Colombia 2014 presidential election. En Pichardo Lagunas, O., Herrera Alcántara, O., Arroyo Figueroa, G. (Eds.), *Advances in Artificial Intelligence and Its Applications: 14th Mexican International Conference on Artificial Intelligence, MICAI 2015, Cuernavaca, Morelos, Mexico, October 25-31, 2015, Proceedings, Part II 14* (pp. 121-141). Springer International Publishing.

Ceron, W., Gruszynski Sanseverino, G., de-Lima-Santos, M. F., y Quiles, M. G. (2021). COVID-19 fake news diffusion across Latin America. *Social Network Analysis and Mining, 11*(1), 47. https://doi.org/10.1007/s13278-021-00753-z

Cesarino, L. (2022). *O mundo do avesso – verdade e política na era digital.* Ubu Editora.

Chenou, J. M.; Cabarcas, D. y Sepúlveda, M. N. (2021). Social media and political polarization in Latin America. Analyzing online discussions during the 2018 presidential campaign in Colombia. En Ramírez-Plascencia, D., Carvalho-Gurgel, B. y Plaw, A. (Eds.), In *The Politics of Technology in Latin America (Volume 2)* (pp. 129-146). Routledge. https://doi.org/10.4324/9780429343247

Cortés, C. y Peñarredonda, J. L. (2018). Politics (on WhatsApp) is dynamic: Disinformation and the spread of political 'chains' in Colombia. *Linterna Verde.* https://tinyurl.com/mvbxbdw6

Dajer, D. (2019). The Use of Social Media in Colombian Democratic Spaces: A Double-Edged Sword. *Toda Peace Institute, Policy Brief,* 61, 1-27. https://tinyurl.com/4pnbu95d

De Elias, J. y Muñiz, C. (2022). Impacto del consumo de información en medios sociales sobre la percepción de desinformación en el contexto electoral mexicano de 2021. *Alceu: Revista de Comunicação, Cultura e Política, 22*(48), 126-144. https://doi.org/10.46391/ALCEU.v22.ed48.2022.346

De la Garza, D. (2022). Desinformación, polarización y democracia: El aceleramiento de la interacción digital durante la coyuntura del COVID-19. En De la Garza, D. y Peña-Ramos (Coords.) *Transformaciones en la vida social a raíz del aceleramiento de la interacción digital durante la coyuntura del COVID-19* (pp. 31-46). Tirant lo Blanch México.

De la Garza, D. (2023). *Interacciones en redes sociales y sus efectos en el mundo real: reflexiones sobre una década de profundos cambios sociales y tecnológicos.* Tirant lo Blanch México.

De la Garza, D. y Barredo, D. (2022). Trust in Media and Technological Communication Tools During the COVID-19 Pandemic. A Study on Mexican Youth. En López-López, P.C., Barredo, D., Torres-Toukoumidis, A., De-Santis, A. y Aviles, O. (Eds.), *Communication and Applied Technologies: Proceedings of ICOMTA 2022* (pp. 447-457). Springer Nature Singapore.

De los Ríos, J. (20 de julio de 2023). Los bots de presidencia contra Xóchitl Gálvez. *El Financiero.* https://tinyurl.com/2jsn8964

Pinheiro-Machado, R., Diniz, D., Penalva, J., y Camilo, C. (2023). *Relatório de Recomendações para o Enfrentamento ao Discurso de Ódio e ao Extremismo no Brasil.* Ministério dos Direitos Humanos e da Cidadania.

Estrada, L. (2022). *El imperio de los otros datos: tres años de falsedades y engaños desde Palacio.* Grijalbo.

Ferrara, E.; Varol, O., Davis, C., Menczer, F. y Flammini, A. (2016). The Rise of Social Bots. *Communications of the ACM,* 59(7), 96-104. https://doi.org/10.1145/2818717

Galarza Molina, R. A. (2022). El periodismo mexicano frente a la desinformación: percepciones sobre los responsables, las estrategias implementadas y las potenciales soluciones ante el problema. *Estudios sobre el Mensaje Periodistico, 28*(4), 765-776. https://doi.org/10.5209/esmp.77636

González, M. (11 de julio de 2023). ¿Qué son las 'Granjas de Bots'? Sofía Rivera Torres afirma votan en La Casa de los Famosos. *El Heraldo de México.* https://tinyurl.com/45hf7ax8

Gray, J., Bounegru, L. y Venturini, T. (2020). Fake News as Infrastructural Uncanny. *New Media & Society, 22*(2), 317-41. https://doi.org/10.1177/1461444819856912

Guadernos Olmos, F. (17 de mayo de 2023). La cantidad de usuarios de internet en México alcanza su pico máximo. *Expansión.* https://tinyurl.com/4zbbj7rx

Holston, J. (2013). *Come to the Street.* Cultural Anthropology.

Hurtado Razo, L. Á. (2022). Fake news y la construcción de la contra agenda mediática: elecciones en México 2021. En Castañeda Sabido, F. y Cordova Vianell, L. *Democracia mexicana: Retos de la participación y los derechos* (pp.131-152). Bonilla Artigas Editores.

Larkin, B. (2013). The Politics and Poetics of Infraestructure. *Annual Review of Anthropology, 2*(1), 327-43. https://doi.org/10.1146/annurev-anthro-092412-155522

Madrid, J. E. (2020). Cuarta transformación, medios de comunicación e iglesias. Argumentos. *Estudios críticos de la sociedad,* 291-327. https://www.doi.org/10.24275/uamxoc-dcsh/argumentos/202093-13

Mauss, Marcel ([1934] 2018). As técnicas do corpo, in Sociologia e Antropologia, tradução Paulo Neves. Ubu Editora.

Monsiváis-Carrillo, A. (2023). Populismo, desinformación e integridad electoral en México. *Revista Elecciones, 22*(25), 151-182. http://dx.doi.org/10.53557/elecciones.2023.v22n25.05

Muhammed T, S. y Mathew, S. K. (2022). The disaster of misinformation: a review of research in social media. *International journal of data science and analytics, 13*(4), 271-285. https://doi.org/10.1007/s41060-022-00311-6

New Knowledge (2018). 2018 Post-Election Report: México and Colombia. *New Knowledge.* https://tinyurl.com/mryjctr4

Noain Sánchez, A. (2019). Periodismo de confirmación vs. Desinformación: Verificado18 y las elecciones mexicanas de 2018. *Ámbitos. Revista Internacional de Comunicación, 43,* 95-114. https://doi.org/10.12795/Ambitos.2019.i43.05

Nobre, M. (2022). Limites da democracia: De junho de 2013 ao governo Bolsonaro. Todavia.

Pacheco, G. (11 de julio de 2023). Sofía Rivera Torres acusa fraude en La Casa de los Famosos por granjas de bots. *Excelsior.* https://tinyurl.com/z67ebpsu

Portugal, R. y Aguaded, I. (2020). Competencias mediáticas y digitales, frente a la desinformación e infoxicación. *Razón y palabra, 24*(108), 5-36. https://doi.org/10.26807/rp.v24i108.1658

Ramon-Vegas, X., Mauri-Ríos, M., y Rodríguez-Martínez, R. (2020). Redes sociales y plataformas de fact-checking contra la desinformación sobre la COVID-19. *Hipertext. net,* (21), 79-92. https://doi.org/10.31009/hipertext.net.2020.i21.07

Razo, L. Á. H. (2021). Fake news, la contra-agenda mediática durante las elecciones federales en México 2021. *El Cotidiano, 37*(229), 93-103. https://tinyurl.com/bu53pbd2

Redacción. (6 de mayo de 2020). ¿Hay más "bots" a favor de AMLO? *La Silla Rota.* https://tinyurl.com/yc6y7amx

Restrepo, N.J. (2019). La comunicación política: un estudio multidisciplinar desde las ciencias sociales. *Correspondencias & Análisis,* 10, 1-26. https://doi.org/10.24265/cian.2019.n10.09

Riva Palacio, R. (7 de mayo de 2020). Infodemia. *Informador Mx.* https://tinyurl.com/mt7da696

Rodrigo López, J. F. (2022). Tragic Realism: How to regulate Deepfakes in Colombia? *Latin American Law Review,* 08, 125-145. https://doi.org/10.29263/lar08.2022.08

Serra, G. (2016). Comprar, coaccionar y desinformar al votante. Problemas duraderos de la democracia mexicana. *Política y gobierno, 23*(2), 409-435. https://tinyurl.com/5ahf9jht

Shaffer, K. (2019). *Data versus Democracy. How Big Data Algorithms Shape Opinions and Alter the Course of History.* Apress.

Simantob, F. T., & Vainzof, R.(2023). Liberdade de expressão versus regulação? *Folha de S. Paulo.* https://tinyurl.com/3wfyu376

Souza, L. (2023). Por que junho de 2013 marcou o Brasil? *Politize!* https://tinyurl.com/2afs5288

Suárez-Serrato, P., Roberts, M. E., Davis, C., y Menczer, F. (2016). On the influence of social bots in online protests: preliminary findings of a Mexican case study. En Spiro, E., Ahn, YY. (eds), *Social Informatics: 8th International Conference, SocInfo 2016, Bellevue, WA, USA, November 11-14, 2016, Proceedings, Part II 8* (pp. 269-278). Springer International Publishing.

Sued, G. (2020). El algoritmo de YouTube y la desinformación sobre vacunas durante la pandemia de COVID-19. *Chasqui: Revista Latinoamericana de Comunicación,* (145), 163-180. https://tinyurl.com/39ex73by

Varol, O., Ferrara, E., Davis, C., Menczer, F., y Flammini, A. (2017). Online Human-Bot Interactions: Detection, Estimation, and Characterization. *Proceedings of the International AAAI Conference on Web and Social Media, 11*(1), 280-289. https://doi.org/10.1609/icwsm.v11i1.14871

Vosoughi, S., Roy, D. y Aral, S. (2018). The spread of true and false news online. *Science, 359*(6380), 1146-1151. https://doi.org/10.1126/science.aap9559

We Are Social (2023). Digital 2023. Colombia. *We Are Social.* https://tinyurl.com/hrcrwf9a

Worley, W. (2018). Misinformation Is Shaping the Colombian Election. *Centre for International Governance Innovation.* https://tinyurl.com/5ddtjmy2

Yanes, R. (2007). La comunicación política y los nuevos medios de comunicación personalizada. *Ámbitos,* 16, 355-365. http://dx.doi.org/10.12795/Ambitos.2007.i16.20

Yang, K.C., Varol, O., Davis, C. A., Ferrara, E., Flammini, A. y Menczer, F. (2019). Arming the public with artificial intelligence to counter social bots. *Human Behavior And Emerging Technologies,* 1(1), 48-61. https://doi.org/10.1002/hbe2.115

Zanatta, Rafael. A. F, Saliba, P. y Vergili, G. (2022). A regra do jogo eleitoral e a várzea dos dados: Grande teste é saber se normas inibirão uso ilegal de informações. *Folha de São Paulo.* https://tinyurl.com/ynzxawrh

Zhang, C., Zhang, D. y Shan, H. L. (2023). The softening of Chinese digital propaganda: Evidence from the People's Daily Weibo account during the pandemic. *Frontiers in Psychology,* 14, 1-10. https://doi.org/10.3389/fpsyg.2023.1049671

Zivkovic, M., Petrovic, A., Venkatachalam, K., Strumberger, I., Jassim, H. S., y Bacanin, N. (2022). Novel chaotic best firefly algorithm: Covid-19 fake news detection application. En Biswas, A., Kalayci, C.B., Mirjalili, S. (eds), *Advances in Swarm Intelligence: Variations and Adaptations for Optimization Problems* (pp. 285-305). Springer International Publishing.

Sociedad fake *y amenaza climática: dieta informativa frente a la polémica en España sobre las "macrogranjas"*

ALEJANDRO ÁLVAREZ-NOBELL
Departamento de Comunicación Audiovisual y Publicidad
Universidad de Málaga
MARÍA BELÉN BARROSO-BARRERAS
Universidad de Málaga

1. INTRODUCCIÓN: LA SOCIEDAD *FAKE* FRENTE A LA AMENAZA CLIMÁTICA

Vivimos en una era compleja y en constante metamorfosis (Beck, 2017), donde las dinámicas sociales y ambientales se entrelazan de maneras intrincadas. En este capítulo procuramos ensayar sobre la idea actual de que vivimos en una "sociedad *fake*" en la que amenaza climática, noticias falsas y dietas informativas dan cabida a sucesos cotidianos des estructurantes de los modelos de orden político, social y económico imperantes.

Para ello, tomamos un caso (de tantos) que creemos ejemplificador, como fue la polémica suscitada en España en torno a las "macrogranjas". Esta situación se originó a partir de unas declaraciones del entonces ministro de Consumo del Gobierno de España, el líder del partido comunista Alberto Garzón, en una entrevista con el periódico *The Guardian* a finales de 2021[1]. En la entrevista, el ministro criticó las industrias ganaderas con miles de animales, contra las que ya se estaban tomando medidas desde varios niveles de la Adminis-

---

1 Claves de la polémica de las macrogranjas en España...-El País. https://elpais.com/clima-y-medio-ambiente/2022-01-12/claves-de-la-polemica-de-las-macrogranjas-en-espana-cuales-son-sus-efectos-negativos-que-dijo-exactamente-garzon.html.

tración. Semanas después surgió el debate público por estas críticas realizadas en un medio extranjero, lo que desató una tormenta política y muchos interrogantes sobre el tema. La polémica se centró básicamente en los efectos negativos de estas instalaciones, como las emisiones de metano y amoniaco, y los riesgos sobre la calidad de la carne producida.

Ulrich Beck, uno de los pensadores europeos más influyentes, en su obra magistral "La sociedad del riesgo" (2019), arroja luz sobre las transformaciones que han remodelado nuestras sociedades en esta denominada "segunda modernidad". Beck plantea que nos encontramos en una fase donde las consecuencias imprevistas de nuestras acciones modernas han dado forma a lo que él denomina la sociedad del riesgo. Esta sociedad se caracteriza por enfrentarse a los resultados no deseados de la modernidad industrial y redefine la forma en que comprendemos la política, la economía y la cultura. En consonancia con esta perspectiva, el libro "La Política del Riesgo" de Riorda, Fontana y Sánchez (2002) subraya la necesidad imperante de una política de gestión del riesgo de desastres. Aunque el riesgo cero es un ideal deseable, en la realidad actual, resulta inalcanzable. La obra explora cómo abordar catástrofes, epidemias, guerras y la importancia de la comunicación en estos contextos. Se sumerge en la interacción necesaria entre organizaciones públicas y privadas para enfrentar desastres, ofreciendo una mirada exhaustiva y necesaria sobre este fenómeno contemporáneo urgente. Indefectiblemente, el cambio y el riesgo han venido para quedarse en nuestros tiempos. La vulnerabilidad holística vivida en la Pandemia ha dado cuenta de ello.

Imagen I. Los 10 principales riesgos en los próximos dos y diez años, según el Informe sobre Riesgos Globales 2024 del Foro Económico Mundial

Global Risks Report 2024

Top 10 risks

WORLD ECONOMIC FORUM

"Please estimate the likely impact (severity) of the following risks over a 2-year and 10-year period."

	2 years	10 years
1st	Misinformation and disinformation	Extreme weather events
2nd	Extreme weather events	Critical change to Earth systems
3rd	Societal polarization	Biodiversity loss and ecosystem collapse
4th	Cyber insecurity	Natural resource shortages
5th	Interstate armed conflict	Misinformation and disinformation
6th	Lack of economic opportunity	Adverse outcomes of AI technologies
7th	Inflation	Involuntary migration
8th	Involuntary migration	Cyber insecurity
9th	Economic downturn	Societal polarization
10th	Pollution	Pollution

Risk categories | Economic | Environmental | Geopolitical | Societal | Technological

Source: World Economic Forum Global Risks Perception Survey 2023-2024.

Fuente: Foro Económico Mundial

El Foro Económico Mundial, en su Informe sobre Riesgos Globales 2024[2], destaca la creciente complejidad de los desafíos que enfrenta la humanidad. Desde la ciberdelincuencia hasta los efectos adversos de la Inteligencia Artificial y los fenómenos meteorológicos extremos, la sociedad contemporánea se encuentra inmersa en riesgos que demandan respuestas inmediatas. El cambio climático se presenta como una de las fuerzas estructurales que socavan la estabilidad mundial, afectando a millones de personas con eventos climáticos extremos, desinformación generada por la IA, crisis del costo de vida, ciberataques y polarización sociopolítica. Las conse-

2 "Riesgos Globales 2024: Los riesgos aumentan, pero también nuestra…." 10 enero. 2024, https://es.weforum.org/agenda/2024/01/informe-sobre-riesgos-globales-2024-los-riesgos-aumentan-pero-tambien-nuestra-capacidad-de-respuesta/.

cuencias de estas fuerzas estructurales se manifiestan de diversas maneras, desde el clima extremo que afecta comunidades enteras hasta la desinformación que socava la confianza en las instituciones. Estamos en un momento crítico en el que nuestras acciones y decisiones individuales y colectivas tienen un impacto significativo en la resiliencia global.

En efecto, la forma en que conceptualizamos y representamos socialmente los riesgos es esencial para comprender cómo la sociedad responde a estos desafíos. El lingüista y periodista Álex Grijelmo, en un reciente artículo en El País[3], aborda la importancia de las palabras en la comunicación masiva. La evolución de términos como "calentamiento global", "cambio climático", "crisis climática" y "emergencia climática" refleja cómo la elección del lenguaje puede influir en la percepción y la acción. La propuesta de "amenaza climática" sugiere una urgencia que activa el instinto de actuar frente a un peligro inminente. Este enfoque semántico destaca la importancia de comunicar la gravedad de la situación y movilizar a la sociedad hacia acciones concretas. En este sentido, la batalla por la conciencia y la acción se libra también a través del uso preciso del lenguaje; además de la batalla que llevamos décadas librando contra la desinformación, la manipulación, el engaño, las noticias falsas.

En este sentido, la idea de "*sociedad fake*" que proponemos emerge como un fenómeno característico de nuestra época, donde la información falsa se ha vuelto tan común que se vuelve desafiante distinguir la verdad de la mentira. La proliferación de noticias falsas, la manipulación de la información y la desinformación son moneda corriente en la "*sociedad fake*"; pero está asociado con varias características distintivas que reflejan esta presencia generalizada de información falsa o engañosa en diversos aspectos de la vida social y cultural:

1) *Proliferación de noticias falsas:* la difusión masiva de información falsa o engañosa a través de diferentes medios de comunicación, plataformas digitales y redes sociales.

---

[3] "Por qué "amenaza climática" incita más a actuar que "crisis climática"." 31 diciembre. 2023, https://elpais.com/ideas/2023-12-31/por-que-amenaza-climatica-incita-mas-a-actuar-que-crisis-climatica.html.

2) *Manipulación de la información*: la presencia de prácticas intencionadas de manipulación de datos, hechos o eventos con el objetivo de distorsionar la verdad y servir a agendas específicas.

3) *Desinformación sistémica*: la presencia sistemática y generalizada de desinformación que socava la confianza en fuentes de información tradicionales y autoridades.

4) *Impacto en las agendas y la opinión pública*: una influencia significativa en la definición de las agendas, la percepción pública y las opiniones, ya que la información falsa puede moldear actitudes, creencias y comportamientos de la sociedad.

5) *Dificultad para distinguir la verdad*: la creación de un entorno en el que se vuelve desafiante distinguir entre información veraz y falsa, lo que contribuye a la confusión y la pérdida de confianza en las fuentes y la información en general.

6) *Desafío para el orden político, social y económico:* ante la posibilidad de que la información falsa afecte el proceso democrático al influir en la toma de decisiones políticas y en la formación de opiniones ciudadanas.

7) *Aprovechamiento de tendencias extremistas:* la utilización de información falsa para alimentar tendencias extremistas, los sesgos ideológicos y batallas culturales, la polarización social y movimientos radicales.

8) *Desconfianza en las instituciones:* el debilitamiento de la confianza en instituciones gubernamentales, medios de comunicación y otras entidades, lo que puede socavar la estabilidad social.

9) *Nuevos desafíos educativos, éticos y legales:* la necesidad de abordar nuevos desafíos educativos, éticos y legales relacionados con la creación y difusión y consumo de información falsa en distintos entornos, sobre todo digitales.

Estas características subrayan la complejidad y la gravedad del fenómeno de la "*sociedad fake*", que afecta la forma en que la sociedad percibe, interpreta y responde a la información en la era contemporánea. Un tema, de alta relevancia que está siendo objeto de estudio y preocupación académica, política y social. En este contexto, la noción de *"sociedad fake"* adquiere una relevancia crucial, ya que la información falsa no solo distorsiona la realidad, sino que también moldea percepciones y decisiones, especialmente en asuntos críticos como el cambio climático y sus múltiples ramificaciones. Por ello, este estudio se sitúa en medio de este panorama complejo, buscando entender cómo las dietas informativas, marcadas por la proliferación de noticias falsas, interactúan con la percepción de la amenaza climática y cómo estas dinámicas influyen en la sociedad española. La *sociedad fake* es un escenario donde la información se convierte en un terreno de disputa y manipulación, y por ello resulta imperativo explorar cómo estas dinámicas afectan la percepción pública y la acción con respecto a problemas tan apremiantes como la amenaza climática. En un mundo donde la información puede ser tanto un recurso valioso como un riesgo, la comprensión de estas interacciones se vuelve crucial para abordar los problemas que afectan nuestro entorno y nuestra sociedad.

1.1. Objetivo y diseño metodológico

El objetivo de la investigación que ha dado lugar a estas reflexiones fue analizar el caso de las polémicas desatadas por las "macrogranjas" en España en su contraste a partir de la información que ha circulado en los principales medios de prensa español y el trabajo de *fact checking* realizado por las verificadoras "Newtral"[4] y "Maldita.es"[5]. Los resultados muestran una clara fragmentación ideológica en el tratamiento de la cuestión, el argumento empleado y su asociación con la proliferación de noticias falsas.

En esta línea proponemos una primera revisión bibliográfica y de antecedentes que nos permita sistematizar estos conceptos desde un cruce interdisciplinario entre ciencia política y comunicación. El diseño de investigación fue de tipo exploratorio (Namakforoosh, 2000) empleados fue una revisión documental de antecedentes, la aplicación a un estudio de caso y análisis de contenido (Hernández Sampieri y Mendoza, 2020), sobre una muestra de 75 casos (apariciones en medios gráficos digitales) durante los meses de diciembre

---

4 https://www.newtral.es
5 https://maldita.es

2021 y enero y febrero de 2022. Los términos de búsqueda empleados fueron: "macrogranjas + Garzón" en el título y bajada de las ediciones digitales de los medios: El País, ABC, La Razón, El Mundo, Expansión, Economista y la Vanguardia.

2. MARCO CONCEPTUAL PARA EL ANÁLISIS

2.1. La preocupación social por la amenaza climática

El 26 de abril de 1986, la explosión de Chernóbil en Ucrania convirtió en menos de 48 horas a una ciudad de casi 50.000 personas en un lugar completamente inhabitable. El incidente que afectó a gran parte del continente europeo fue causado por un conjunto de fallos humanos y se consideró la mayor catástrofe medioambiental de la era moderna. Sin embargo, este fue un evento único. En el último documental de David Attenborough titulado "*A life on our planet*"[6], el famoso científico y divulgador naturalista británico afirma que *"the true tragedy of our time is still on folding across the globe, barely noticeable from day to day. I am talking about the loss of our planet's wild places. It's biodiversity (Attenborough, 2020, 2:35:00)"*.

Sus palabras decantan en el informe publicado en 2019 por la Plataforma Intergubernamental Científico-Normativa sobre Diversidad Biológica y Servicios de los Ecosistemas (IPBES)[7], auspiciada por Naciones Unidas y con más de 1.800 páginas que indican que, a pesar de que la Tierra siempre ha sufrido las consecuencias de las acciones humanas en los últimos 50 años, la crisis ambiental se ha profundizado de manera alarmante. En cifras, aproximadamente el 25% de las especies ya están en peligro de extinción en la mayoría de los grupos de animales y plantas estudiados; los ecosistemas naturales se han reducido en un 47% en promedio; la biomasa global de los mamíferos

---

6 "David Attenborough: A Life on Our Planet-Netflix." https://www.netflix.com/es-en/title/80216393.

7 "Plataforma Intergubernamental sobre Biodiversidad y Servicios de los...." 01 diciembre. 2023, https://www.miteco.gob.es/es/biodiversidad/temas/conservacion-de-la-biodiversidad/conservacion-de-la-biodiversidad-en-el-mundo/cb_mundo_plataforma_ipbes.html.

silvestres ha disminuido en un 82%; las emisiones de gases de efecto invernadero se han duplicado desde 1980 y por lo tanto las temperaturas han subido 0,7°C.

El estudio de IPBES identifica cinco de los motores directos de esta destrucción acelerada del planeta: cambios en el uso de la tierra y el mar, explotación directa de organismos, cambio climático, contaminación y especies exóticas invasoras. Se trata de cinco gatillos que emergen de una población que se ha duplicado desde 1970; una economía mundial que se ha cuadruplicado y un comercio internacional se ha multiplicado por 10. En esta misma línea, se posicionan los resultados de la reciente edición de la "*Global Risks Perception Survey*" que mencionamos anteriormente. Datos que se confirman también entre los *millennials* y *centennials* según los resultados de la "Encuesta Global de *Millennials* 2020"[8] de la consultora Deloitte. El estudio deja ver que para estas generaciones jóvenes (personas nacidas entre 1977 y 1994) que ocuparán el 75% de la fuerza laboral y de consumo para el 2025, el cambio climático y la protección del medioambiente son los temas de mayor.

En efecto, la preocupación y falta de acción de la población ante cambios y transformaciones tan relevantes, es una cuestión siempre latente en las agendas políticas y académicas. En una reciente investigación, Torres y Gallego (2022) postulan la idea de la "Preocupación despreocupada" por el cambio climático en España. El estudio se centró en la comprensión cualitativa de las fluctuaciones en la preocupación sobre el cambio climático, complementando enfoques cuantitativos de "grupos interpelativos". Se analizó el material discursivo de grupos realizados en Madrid y Valencia entre 2019 y 2020, con un énfasis en la concepción de la preocupación. La dinámica de las reuniones, con participantes de perfiles diversos, abordó la implicación actitudinal y la práctica. La metodología de agrupación para la observación se estructuró en tres partes: a) la percepción del futuro b) sobre el cambio climático y c) las medidas de lucha contra este fenómeno. Los investigadores pusieron especial énfasis en la relevancia de comprender la semántica social del cambio climático,

---

8 "Encuesta Millennial 2020 | Deloitte." https://www2.deloitte.com/do/es/pages/about-deloitte/articles/millennial-survey-2020.html.

abordándola en tres planos semánticos: el lenguaje experto, el síndrome medioambiental y la naturaleza destruida. Cada plano presentó conceptos abstractos, tópicos recurrentes y metáforas estratégicas, coexistiendo de manera interconectada en la comunicación real. Los resultados más destacados muestran la complejidad de las percepciones y actitudes hacia el cambio climático, reconociendo que estas no son homogéneas en la sociedad. Se destaca la pluralidad de (des)preocupaciones climáticas, señalando que no todos comparten la misma preocupación ni la experimentan de la misma manera. La investigación presenta un gráfico que visualiza la (des)preocupación en un espacio definido por la intersección de ejes que representan el saber (certeza/ignorancia) y el hacer (potencia/impotencia).

Imagen II. variantes de la (des)preocupación por el cambio climático

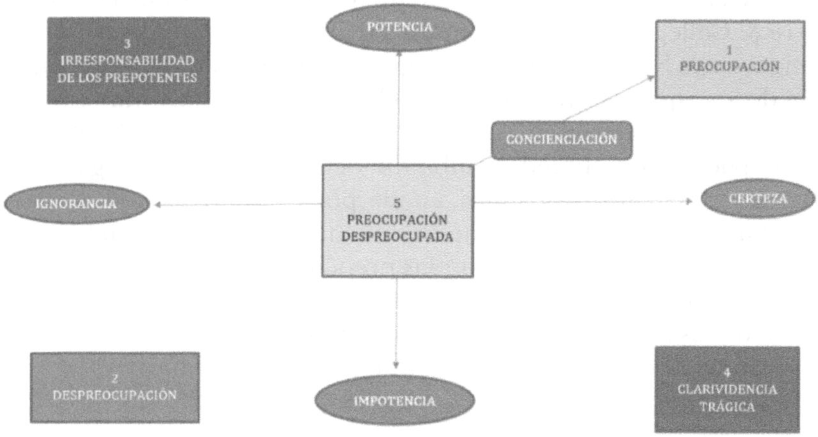

Fuente: Torre & Gallego (2022).

Este gráfico revela al menos cinco áreas, cada una con una lógica diferencial en la configuración de la (des)preocupación, desde la preocupación neta hasta la despreocupación sin matices. Se destaca el área de la "preocupación despreocupada" como el espacio hegemónico, siendo el más transitado en el análisis del material recopilado. Además, el estudio introduce un elemento dinámico mediante una flecha que conecta el área de la "preocupación despreocupada" con la "preocupación en sentido pleno". Este aspecto dinámico se denomina preferentemente "concienciación", describiendo un proceso de transformaciones en el saber y el hacer respecto al cambio climático. El análisis sugiere que este proceso de concienciación afecta tanto aspectos cognitivos como práctico-morales, abriendo un horizonte de transformaciones que podrían disolver las aporías de la paradójica "preocupación despreocupada". Sin embargo, se reconoce que estos aspectos dinámicos requieren un análisis más detallado en futuras investigaciones.

Desde el campo de la psicología social, también hay relevantes aportaciones sobre la relación entre el cambio climático y las emociones, entre los que destacan Corral-Verdugo et al (2011); Bain *et al* (2015); Clayton (2020) y Corral-Verdugo, Pato & Torres-Soto (2021) y entre otros.

La realidad es que, al igual que mencionaban en su investigación Torre & Gallego (2022), los estudios realizados por el Centro de Investigaciones Sociológicas (CIS) siguen mostrando que la preocupación de los españoles por el cambio climático aumenta últimos meses pero no significativamente. En la medición de octubre de 2023, la preocupación por el medio ambiente ocupaba el quinto lugar en la lista de principales problemas, citada por el 14,6% de los ciudadanos[9]. Sin embargo, en la encuesta de tendencias sociales del CIS de 2023 se incluyó preguntas sobre las preocupaciones de los españoles en relación con el cambio climático y los resultados muestran que un 26,5% de los españoles cree que el cambio climático será uno de los tres principales problemas del mundo dentro de 10 años[10].

2.2. La búsqueda de la sostenibilidad y la Agenda 2030

En los últimos años, el desarrollo sostenible se ha convertido en un concepto polifacético despertando inquietudes, debates, prácticas y cientos de investigaciones en todo el mundo. Pero a la luz de los resultados hasta el momento obtenidos, queda claro que los avances

---

9 La preocupación de los ciudadanos por el medio ambiente se dispara tras.... https://www.rtve.es/noticias/20220915/barometro-cis-preocupacion-medio-ambiente-se-dispara/2402278.shtml.

10 https://www.cis.es/documents/d/cis/es3424marmt_a

locales, nacionales y globales han sido insuficientes. Las últimas décadas están marcadas por desastres naturales y una intensa degradación ambiental, particularmente debido al cambio climático; la falta de acceso a recursos esenciales tales como agua limpia y el aumento de la desigualdad tanto a nivel global como en de la mayoría de los países. En definitiva, se ha hecho evidente no solo que la sostenibilidad ambiental es incompatible con el actual grado del desarrollo basado primordialmente en el crecimiento económico, sino también que estamos llevando los límites del planeta a un punto de quiebre.

Con esto queda claro que el desafío del desarrollo sostenible se concentra en lograr el bienestar a partir del impacto positivo en las tres dimensiones de la sostenibilidad: económica, social y ambiental. Ciertamente, hasta el momento, las compensaciones y sinergias entre dichas variables continúan en construcción, pero se ha conseguido definir un conjunto de prioridades expresadas en metas en la formulación de los Objetivos del Milenio (ODM) y de sus sucesores, los Objetivos del Desarrollo Sostenible (ODS).

Por ello, "saber, querer y hacer" son tres de los imprescindibles en la lucha por la amenaza climática que hace tiempo repercute en nuestro presente. La evidencia científica es contundente: queda poco más de una década para evitar que el calentamiento global supere los 1,5°C fijados como límite en el Acuerdo de París de 2015 para no caer en el peor de los escenarios (y claramente, no sólo en términos ambientales, sino también en su repercusión social, económica, y un sinfín de etcéteras). Así lo muestra el sexto informe del Panel Intergubernamental de expertos/as de la ONU (Lee et al, 2023). Además, queda claro que, si bien aún hay tiempo, la solución radica en el desarrollo resiliente al clima integrando medidas para adaptarse al cambio climático y acciones para reducir o evitar las emisiones de gases de efecto invernadero; una fórmula que requiere una acción (individual y colectiva) urgente, firme y sostenible en el tiempo. Para ello, el IPCC asegura que es necesario que el comportamiento transformador se alinee con nuestros valores, perspectivas y conocimientos (y deberíamos añadir, con el propósito vital/organizacional).

En definitiva, el propósito, entendido como "razón de ser" y enraizado en nuestros conocimientos, creencias y valores se cristaliza en comportamiento (Barroso, 2021 y 2015). Ahora bien, las grandes preguntas son: ¿en qué conocimientos se fundamentan nuestras creencias y valores? ¿cuánta verdad hay en los que nos cuentan?, ¿estamos dispuestos/as a buscar información certera? Aun sabiendo y queriendo, ¿haremos el esfuerzo que implica el cambio? y una igual de importante para el presente artículo: ¿qué rol cumplen las empresas y su comunicación en este sentido?

Nos encontramos en un tiempo de especial tensión en la relación entre la persona y la naturaleza, así como entre la sociedad y el planeta (Sacher, 2019). A pesar de que la evidencia científica no deja lugar para el "negacionismo consciente" de la crisis climática, el debate cotidiano alimenta extremismos, movilizaciones, cambios de hábitos incipientes y una moda oportunista de la que se aprovechan las *fake news* (Harari, 2018; Morín, 2021).

Según la edición 2023 del estudio de la consultora Canvas Estrategias Sostenibles "Propósito y reinvención del capitalismo", si bien cerca del 80% de la población española suspende al sistema económico actual, sólo un 30% del total representa un perfil más activo con la sostenibilidad en término de hábitos y conducta (Álvarez Nobell, et al. 2023). Uno de los problemas o desafíos que desaceleran la acción ciudadana es el exceso de *greenwashing, ODSwashing* y el resto de "*washing*" que hoy limitan el acceso a la información que permite a las personas saber para actuar. Es aquí donde el rol de la comunicación cobra mayor relevancia.

2.3. Tan viejas como las noticias, también las "falsas"

Si la noción de verdad se asociara a la idea de "pienso, luego existo…"; la de posverdad sería "creo, luego estoy en lo correcto". Lo hechos objetivos y fácticos son menos influyentes y han dado lugar a que las emociones y los pensamientos personales cobren protagonismo a la hora de crear y moldear la opinión pública. Según la definición del *Oxford English Dictionary (2023)* se hace referencia a *"circunstancias en las que hechos objetivos influyen menos en la formación de la opinión pública que lo que lo hacen los llamamientos a emociones y creencias personales"*.

En este dilema, las noticias falsas (o *fake news*) ha cobrado relevancia en los últimos años. Su importancia llega al punto de que, en 2017, la Organización de los Estados Americanos (OEA), junto con otros organismos internacionales, emitió la Declaración Conjunta sobre "Libertad de Expresión, Noticias Falsas Desinformación y Propaganda", considerándolas como una amenaza a la libertad de expresión. Se expresa preocupación por la desinformación que busca confundir a la población y afectar el derecho del público a la información, derechos respaldados por garantías legales internacionales (OEA, 2017). Al respecto, la Comisión Europea ha afrontado el problema y define la desinformación como "la información verificablemente falsa o engañosa que se crea, presenta y divulga con fines lucrativos o para inducir a error deliberadamente a la población, y que puede causar un perjuicio público" (Comisión Europea, 2018; p. 3).

La cuestión de si las noticias falsas son un fenómeno contemporáneo o si siempre han existido es relevante (Dafonte-Gómez & Míguez-González; 2023; Rodríguez-Fernández, 2019). Aunque las noticias falsas tienen una larga tradición, el término ha ganado popularidad recientemente, multiplicando sus significados (Guo & Vargo, 2018). El concepto "*fake news*" se utiliza comúnmente para describir publicaciones virales que difunden relatos ficticios presentados como noticias reales, a menudo con el propósito de desacreditar la cobertura crítica de algunas organizaciones (Tandoc et al., 2017). Son "contenido totalmente inventado y a menudo, partidista que se presenta como fáctico" (Pennycook et al., 2018, p. 1865). Tienen diversas formas de contenido, desde sátiras políticas y parodias de noticias hasta propaganda estatal y publicidad engañosa (Tandoc et al., 2017).

Este fenómeno se ve exacerbado por el uso de redes sociales y otras plataformas online para distribuir y generar noticias políticas, segmentando ideológicamente al público (Brummette et al., 2017).

Detrás de la producción de noticias falsas existen motivaciones económicas y políticas, ya que las historias falsas proporcionan clics que generan ingresos a través de la publicidad, y motivaciones ideológicas para promover ciertas ideas o personas (Tandoc et al., 2017). El engaño se aprovecha de la economía de la emoción, donde las noticias buscan generar una respuesta emocional para captar la atención del usuario, a menudo mediante estrategias de *clickbait* con titulares exagerados (Baki & Mcstay, 2018). Estas prácticas plantean riesgos para la profesión de gestión de comunicación, especialmente en un contexto en el que, a pesar de grandes inversiones en comunicación, la confianza en gobiernos, empresas e instituciones ha experimentado una drástica disminución (Mcnamara, 2018; Athaydes, Álvarez-Nobell & Sadi, 2020).

2.4. *Control social y verificación de la información: de los observatorios de medios al* **fact-checking**

La evolución del concepto de gobernanza, que abarca nociones como "rendición de cuentas" y "control de gestión" (*accountability*), refleja un intento de establecer una interrelación equilibrada entre el Estado, la sociedad civil y el mercado para lograr un desarrollo socioeconómico e institucional estable. Esta evolución destaca la importancia de superar los déficits democráticos, enfocándose en el fortalecimiento de instituciones, agencias y agentes de rendición de cuentas (O´Donnell, 2001; Peruzotti, 2006). En esta lógica, que busca innovar los procesos de representación y participación ciudadana tuvieron lugar fenómenos como los observatorios de medios o veedurías ciudadanas. Una forma, si se quiere de "controlar" a los que se supone eran el quinto poder que deberían controlar.

En esta lógica, los observatorios de medios desempeñaron un papel esencial como fiscalizadores y educadores en el contexto de la ciudadanía mediática. Inicialmente concebidos como supervisores, fueron evolucionado hacia la alfabetización informativa de una ciudadanía que a menudo desconocía sus derechos en relación con los medios y la información (Alfaro, 2005; Álvarez-Nobell, 2007). Damas & Christofoletti (2006) destaca que falta de educación en el consumo crítico de información desde la infancia agrava esta situación, convirtiendo la educación informativa en una práctica marginal relegada a entornos no escolares debido a la negligencia del sistema educativo. Ante este vacío educativo, instituciones como iglesias, ONGs y sindicatos buscaron llenar el hueco de manera efectiva. En este contexto, surgieron los observatorios de medios, para abordar la falta de educación significativa en comunicación.

El poder de los observatorios no compite con el de la ciudadanía, sino que se necesitan mutuamente. Además de fiscalizar, los observatorios deberían desempeñar un papel educativo crucial, enseñando a la población el consumo crítico de información. En última instancia, los observatorios surgen de la necesidad de supervisar a quienes vigilan, llenando un vacío ante la insuficiencia de las fórmulas tradicionales para este propósito. Y es allí donde el movimiento del *fact-checking* cobra fuerza (Dafonte-Gómez, Míguez-González, & Ramahí-García; 2022).

El movimiento del *fact-checking*, o verificación de hechos, se cristaliza en 2003 como respuesta a la creciente propagación de información errónea o desinformación en los medios de comunicación y en línea. A medida que Internet se volvió más accesible y las redes sociales ganaron popularidad, la difusión de noticias falsas y engañosas aumentó significativamente. El *fact-checking* se desarrolló como un esfuerzo para abordar este problema y proporcionar al público información precisa y verificada. El concepto de *fact-checking* no es nuevo, ya que los periodistas y organizaciones de medios han estado verificando hechos durante mucho tiempo (Rodríguez Pérez, 2020). Sin embargo, el movimiento del *fact-checking* se ha fortalecido en la era digital con la creación de organizaciones especializadas y plataformas dedicadas a la verificación de hechos (Amazeen, 2015).

Las organizaciones de *fact-checking*, tanto independientes como vinculadas a medios de comunicación, se centran en revisar declaraciones, noticias y afirmaciones para determinar su veracidad. El proceso generalmente implica los siguientes pasos: selección de declaraciones; investigación; evaluación de la veracidad; presentación de resultados; corrección y retroalimentación. En los últimos tiempos ha ganado especial importancia en la lucha contra la desinformación y se ha convertido en una herramienta valiosa para promover la transparencia y la precisión en el periodismo y la información en línea (Dafonte-Gómez, Míguez-González, & Ramahí-García; 2022). Sin embargo, es importante destacar que el éxito del *fact-checking* también depende de la participación del público en la evaluación crítica de la información que consumen.

2.5. La dieta informativa frente a los sesgos ideológicos y algorítmicos

Finalmente, la confluencia nos lleva a desarrollar un consumo de información completo y equilibrado, como mecanismo de subsistencia en la era de la posverdad. Aquí surge el concepto de sesgo. Podemos diferenciar entre "sesgos algorítmicos", que ocurren cuando un sistema informático refleja los valores de los humanos que están implicados en la codificación y recolección de datos usados para entrenar el algoritmo. Estos sesgos pueden tener un gran impacto en temas como la privacidad o agravar sesgos sociales como los existentes respecto a razas, género, sexualidad o etnias. El estudio del sesgo algorítmico está enfocado sobre todo en algoritmos que reflejan "discriminación sistemática e injusta"; y el rol de verificación de las plataformas tecnológicas es clave. Por otro lado, están los llamados "sesgos ideológicos" que son aquellos prejuicios o preferencias que se basan en una ideología política, religiosa o filosófica. Estos sesgos pueden influir en la forma en que las personas perciben la información y pueden llevar a la discriminación o a la exclusión de ciertos grupos de personas.

Ambos, los sesgos algorítmicos y los sesgos ideológicos son diferentes en su origen y en su impacto; pero se interrelacionan en el contexto de posverdad. Los sesgos algorítmicos se refieren a la discriminación que se produce en los sistemas informáticos debido a la codificación y recolección de datos, mientras que los sesgos ideológicos se refieren a la discriminación que se produce en la percepción de la información debido a las preferencias ideológicas.

En este sentido, García (2023) que también enumera y caracteriza en detalle, estos y otros sesgos, viene a sugerir la necesidad de seguir una "dieta informativa", entendida como el cómo el conjunto de fuentes de información que una persona consume regularmente. Una buena dieta informativa es importante para estar bien informado y tener una comprensión más completa del mundo que nos rodea. Para mejorar la dieta informativa, es importante buscar medios rigurosos y plurales que ofrezcan información veraz y opiniones diversas; siguiendo criterios tales como:

- Leer más allá del titular y leer el contenido completo para saber si el título es engañoso.

- Saber quién es el autor de la noticia y si es un periodista o alguna otra parte interesada.
- Verificar las fuentes de información y asegurarse de que sean plurales y relevantes.
- Comprender la naturaleza del contenido y si es periodístico o publicitario.

Es por ello por lo que, para combatir la desinformación, es importante buscar medios independientes que no estén controlados por grandes corporaciones y que ofrezcan información veraz y objetiva. Un buen periodismo requiere tiempo y recursos, y es importante apoyar a los medios que hacen un buen trabajo. En resumen, para tener una buena dieta informativa, es importante ser crítico con la información que se consume y buscar fuentes de información rigurosas y plurales.

Imagen III. perfiles de consumidores de información

Fuente: García, 2023

3. ANÁLISIS DE CASO: LA POLÉMICA POR LAS "MACROGRANJAS EN ESPAÑA"

El debate sobre las macrogranjas ha cobrado relevancia en España tras una entrevista del ministro de Consumo, Alberto Garzón, al periódico *The Guardian* a finales de 2021[11]. Garzón expresó críticas hacia estas instalaciones, desencadenando una intensa controversia política y generando preguntas sobre su impacto.

Las macrogranjas son centros de ganadería intensiva que alojan a miles de animales en una única instalación, sin un número exacto que las defina. Los efectos negativos de las macrogranjas en la población incluyen contaminación del suelo y agua, así como malos olores. La generación de purines, excrementos mezclados con agua, con altos niveles de nitratos, afecta los acuíferos y suelos agrícolas, siendo Cataluña una región particularmente afectada.

Por una parte, los críticos señalan que el ecosistema no puede manejar la gran cantidad de desechos generados por las macrogranjas, y la regulación existente se considera insuficiente para evitar la contaminación. Además, se destacan efectos indirectos como la zoonosis, la deforestación en las regiones productoras de alimentos para animales y emisiones de amoniaco. Del otro lado, los promotores argumentan que generan empleo en áreas despobladas, pero un estudio de Ecologistas en Acción[12] cuestiona este beneficio. Se observa una tendencia hacia la desaparición de explotaciones pequeñas en la Unión Europea, con el aumento de las macrogranjas.

---

11 https://www.theguardian.com/world/2021/dec/26/spanish-should-eat-less-meat-to-limit-climate-crisis-says-minister

12 https://www.ecologistasenaccion.org/temas/macrogranja/

Imagen IV. polémicas declaraciones del ministro Garzón

Fuente: Cuenta en Twitter (X) del ministro https://twitter.com/agarzon/status/1480114804660621319

Gobierno central y comunidades autónomas han tomado medidas para frenar la expansión de las macrogranjas. Se está trabajando en un decreto ley para regular el tamaño de las granjas de vacuno, limitando la capacidad máxima. Algunas regiones, como Castilla-La Mancha y Aragón, han anunciado moratorias y restricciones en el tamaño de las explotaciones ganaderas intensivas. A nivel internacional, otros países europeos también enfrentan la problemática de las macrogranjas. Alemania considera la reestructuración de la ganadería, y Holanda ha implementado medidas para cerrar granjas cercanas a zonas pobladas.

3.1. Puntos claves del conflicto sobre las macrogranjas en España según los medios analizados

Del análisis del caso a partir de las fuentes analizadas, surgen los siguientes aspectos claves:

1. *Definición de macrogranjas:* son instalaciones de ganadería intensiva que albergan a miles de cabezas de ganado en un solo lugar. Estas granjas, en su mayoría, no permiten que los animales salgan al campo y dependen en gran medida de la importación de alimentos, principalmente de Sudamérica.
2. *Diferencia entre Ganadería Intensiva y Extensiva:* en la ganadería intensiva, los animales se alimentan de piensos y viven en naves industriales, mientras que en la extensiva se alimentan de pastos y tienen acceso al campo. Las macrogranjas representan la máxima expresión de la ganadería intensiva.
3. *Impactos negativos de las macrogranjas*: contaminación del suelo y del agua, principalmente a través de la generación de purines (excrementos mezclados con agua); malos olores que afectan a las comunidades cercanas; problemas de salud pública, como la filtración de nitratos en el agua potable; efectos indirectos como la zoonosis (transmisión de enfermedades entre animales y humanos) y la deforestación en las regiones productoras de alimentos para animales.
4. *Externalización de costes:* las macrogranjas tienden a externalizar sus costos, transfiriendo la contaminación y otros impactos medioambientales a las comunidades locales. Se señala que la carne producida en estas instalaciones puede ser aparentemente barata, pero esto se logra a expensas de externalidades ambientales y sociales.
5. *Cuestionamientos sobre los beneficios económicos:* a pesar de la defensa de los empleos generados por las macrogranjas en áreas despobladas, se argumenta que no están contribuyendo significativamente a fijar población, según un estudio de Ecologistas en Acción.
6. *Medidas Gubernamentales y Autonómicas:* El gobierno central y varias comunidades autónomas en España han tomado medidas

para frenar la expansión de las macrogranjas. Se menciona un decreto ley en proceso para regular el tamaño de las granjas de vacuno y moratorias en algunas regiones para la construcción de nuevas macrogranjas.

7. Perspectivas Internacionales: la problemática de las macrogranjas se discute en otros países europeos, pero las medidas concretas para detenerlas son limitadas. Países como Alemania y Francia están considerando políticas de reestructuración de la ganadería, aunque no especifican acciones contra las macrogranjas.
8. *Entrevista del ministro de Consumo:* El ministro de Consumo, Alberto Garzón, generó controversia al declarar en The Guardian que las macrogranjas contaminan el suelo, el agua y exportan carne de mala calidad. El ministro abogó por la ganadería extensiva como más sostenible desde el punto de vista ambiental.
9. *Reacciones Políticas:* Las críticas de políticos, especialmente de regiones ganaderas, han aumentado, acusando al ministro de dañar injustamente al sector. Tanto partidos de la oposición como miembros del propio gobierno han expresado desacuerdo con las declaraciones de Garzón. Unidas Podemos se queja de la falta de respaldo al ministro y denuncia la difusión de bulos sobre sus declaraciones.

3.2. Proceso de verificación

Las dos verificadoras analizadas, realizaron un proceso siguiendo la metodología descripta en sus portales web. Las principales comprobaciones arribas señalan:

Verificación de Newtral *(sobre 18 fuentes citadas)*

1. **Declaraciones de Alberto Garzón:** El ministro de Consumo, Alberto Garzón, generó controversia al afirmar en una entrevista que las "macrogranjas" no son sostenibles, contaminan el suelo y el agua, y exportan carne de mala calidad de animales

maltratados. A pesar de la polémica, Garzón defendió que sus declaraciones eran un elogio a la ganadería extensiva, aunque se ha desencadenado una disputa política.

2. **Modelos de ganadería en España:** Existen dos modelos principales de ganadería en España: la extensiva, que se basa en el pastoreo en terrenos agrícolas, y la intensiva, que concentra el ganado en instalaciones cerradas sin acceso a tierra. Las macrogranjas, como exponente de la ganadería intensiva, han aumentado en los últimos años, mientras que el número de granjas más pequeñas ha disminuido.

3. **Impacto laboral y social:** Se debate sobre el impacto en la generación de empleo y la economía local. Mientras algunos creen que las macrogranjas podrían generar empleo en zonas despobladas, otros argumentan que la ganadería extensiva arraigada al territorio es más sostenible, generando empleo y manteniendo a la población en los pueblos.

4. **Crecimiento de la producción cárnica en España**: La producción cárnica en España ha aumentado significativamente en los últimos 60 años, registrando un incremento del 965% desde 1961. Este crecimiento se atribuye en gran medida a la ganadería intensiva, especialmente en el sector porcino, que es el principal sector de la ganadería española.

5. **Impacto ambiental de las macrogranjas:** Las macrogranjas y las actividades ganaderas en general tienen un impacto negativo en el medio ambiente, siendo responsables del 67% de las emisiones del sector en España. Se destaca la contaminación del agua por nitratos como un problema importante, y se menciona que las macrogranjas generan más gases de efecto invernadero sin ofrecer beneficios medioambientales comparables a la ganadería extensiva. La Comisión Europea llevó a España ante el Tribunal de Justicia por la deficiente aplicación de la Directiva sobre nitratos.

Imagen V. Verificación realizada por Newtral

Newtral | El debate sobre la ganadería intensiva y las macrogranjas en cinco datos

El debate sobre la ganadería intensiva y las macrogranjas en cinco datos

Desde la contaminación hasta el aumento de producción cárnica: repasamos los datos detrás de la disputa entre los presidentes autonómicos de Castilla y León y Aragón con el ministro de Consumo. ***ACTUALIZADO 9/1/2022**

Fuente: https://www.newtral.es/ganaderia-macrogranjas-carne-garzon-datos-polemica/20220105/

Verificación de Maldita.es (no especifica fuentes).

1. **Declaraciones específicas sobre la calidad de la carne:** Alberto Garzón no afirmó que "España exporta carne de mala calidad de animales maltratados" en la entrevista con *The Guardian.* En lugar de eso, se refirió a la ganadería industrial y macrogranjas como las responsables de exportar carne de "peor calidad" o "calidad pobre", sin generalizar sobre todo el sector ganadero español.

2. **Comparación entre ganadería extensiva e industrial**: Garzón realizó una comparación entre la ganadería extensiva, que describió como medioambientalmente sostenible y arraigada en ciertas regiones de España, y la ganadería industrial o macrogranjas. Destacó los problemas medioambientales asociados con estas últimas, como la contaminación del suelo y agua, así como la exportación de carne de calidad inferior.

3. **Énfasis en la sostenibilidad de la ganadería extensiva**: El ministro de Consumo resaltó la sostenibilidad de la ganadería extensiva, que según él tiene un impacto medioambiental más positivo y está arraigada en áreas específicas de España. Sin embargo, no generalizó sobre todo el sector ganadero español, sino que se enfocó en críticas hacia la ganadería intensiva.

4. **Aclaración sobre la transcripción:** Se señaló una discrepancia en la transcripción entre las palabras "peor calidad" utilizadas por Garzón en su tuit y la expresión *"poor quality meat"* en la versión publicada por The Guardian. El equipo de prensa del ministro aseguró que la transcripción compartida refleja las palabras "literales" pronunciadas en castellano durante la entrevista.

5. ***Foco en la ganadería industrial y macrogranjas:*** Las críticas y controversias generadas por las declaraciones de Garzón se centraron en su posición con respecto a la ganadería industrial y las macrogranjas, más que en una crítica generalizada a todo el sector ganadero español. El ministro argumentó que estas prácticas específicas tienen impactos negativos en el medio ambiente y la calidad de la carne.

Imagen VI. Verificación realizada por Maldita.es

Fuente: https://maldita.es/clima/20220107/alberto-garzon-carne-espanola-macrogranjas/

4. CONCLUSIONES Y REFLEXIONES FINALES

La investigación subraya la complejidad del fenómeno de la "sociedad fake" en el contexto de las polémicas relacionadas con las "macrogranjas" en España. La fragmentación ideológica, la diversidad de argumentos, la asociación con noticias falsas, el impacto en la percepción pública y los desafíos para la confianza en las fuentes de información son aspectos cruciales que demandan una atención cuidadosa y acciones concretas para abordar los riesgos asociados con la desinformación en la sociedad contemporánea. A partir del objetivo propuesto, destacamos las siguientes conclusiones:

- **Fragmentación ideológica en el tratamiento del caso:** la investigación destaca una clara fragmentación ideológica en el tratamiento de las polémicas relacionadas con las "macrogranjas" en España. Los medios de comunicación y las opiniones políticas muestran divisiones marcadas en la interpretación de los impactos de estas instalaciones, lo que refleja la polarización en la sociedad en torno a cuestiones medioambientales y económicas.

- **Diversidad de argumentos y enfoques:** los diferentes actores involucrados en el debate sobre las "macrogranjas" presentan una diversidad de argumentos. Desde la defensa de la generación de empleo en zonas despobladas hasta las preocupaciones medioambientales y de salud pública, la variedad de perspectivas resalta la complejidad del tema y la necesidad de considerar múltiples dimensiones al abordar estas controversias.
- **Asociación con la proliferación de noticias falsas:** la presencia de noticias falsas o distorsionadas en el tratamiento de las "macrogranjas" se revela como un factor significativo. La manipulación de la información ya sea intencionada o no, contribuye a la creación de narrativas sesgadas que influyen en la percepción pública. La verificación de hechos realizada por "Newtral" y "Maldita.es" es esencial para contrarrestar estas distorsiones.
- **Impacto en la percepción pública y la toma de decisiones:** la información falsa no solo distorsiona la realidad, sino que también influye en la percepción pública y, en última instancia, en la toma de decisiones. El estudio destaca cómo las opiniones sobre las "macrogranjas" pueden ser moldeadas por la información falsa, lo que resalta la importancia de un acceso informado y veraz para la formación de opiniones y políticas públicas.
- **Desafíos para la confianza en las fuentes de información:** la *"sociedad fake"* presenta desafíos significativos para la confianza en instituciones gubernamentales, medios de comunicación y otras entidades. La difusión de noticias falsas socava la credibilidad de las fuentes tradicionales de información, generando desconfianza y afectando la estabilidad social. Este fenómeno resalta la necesidad de fortalecer la integridad informativa en la sociedad.

Referencias

Alfaro, R. M. (2005). "Observatorios de medios: avances, limitaciones y retos ¿Una nueva conciencia crítica o una ruta de cambio?", en *Por una ecología de la información*, evento organizado por ACSUR y la Facultad de Ciencias de la Información de la Universidad Complutense de Madrid, Madrid, diciembre de 2005.

Álvarez Nobell, A., Barroso, M. B., Ruiz-Mora, I. M., Maqueda, M., Plazas, A., Caramuti, C., & López, I. (2023). *Propósito y reinvención del capitalismo 2023: la ciudadanía y los nuevos modelos de empresa en tiempos de transformación.* Canvas.

Álvarez-Nobell, A. A. (2008). DOC, Directorio de Observatorios de la Comunicación. *Revista Latina de Comunicación Social*-Observatorios de la Comunicación. Retirado de http://www. revistalatinacs.org/observaOBSERVATORIOS.html

Amazeen, M. A. (2015). Revisiting the epistemology of fact-checking. *Critical Review, 27*(1), 1-22.

Athaydes, A. S., Nobell, A. Á., & Sadi, G. (2020). Fake news y relaciones públicas en América Latina. *InMediaciones de la Comunicación,* 15(1), 2.

Attenborough, D. (2020). *A life on our planet: My witness statement and a vision for the future.* Random House.

Bain, P. G., Milfont, T. L., Kashima, Y., Bilewicz, M., Doron, G., Garðarsdóttir, R. B., ... Saviolidis, N. M. (2015). Co-benefits of addressing climate change can motivate action around the world. *Nature Climate Change,* 6(2), 154-157. doi:10.1038/nclimate2814

Bakir, V. & Mcstay, A. (2017). Fake News and The Economy of Emotions. *Digital Journalism.* Available on: http://dx.doi.org/10.1080/21670811.2017.1345645

Barroso, M. B. (2015). Comunicación en valores y educación ambiental. *Pangea. Revista de Red Académica Iberoamericana de Comunicación,* 6(1), 36-48.

Barroso, M. B. (2021). *Relaciones públicas en organizaciones sostenibles: el caso de las empresas de triple impacto.* Tesis Doctoral. Universidad de Málaga.

Beck, U. (2017): *La metamorfosis del mundo.* Madrid: Paidós.

Beck, U. (2019). *La sociedad del riesgo.* Barcelona: Paidós.

Brummette, J., Distaso, M., Vafeiadis, M. & Messner, M. (2018). Read All About It: The Politicization of "Fake News" on Twitter. Journalism & Mass Communication Quarterly, *95*(2), 497-517.

Clayton, S. (2020). Climate anxiety: Psychological responses to climate change. *Journal of Anxiety Disorders,* 102263. doi:10.1016/j.janxdis.2020.102263

Comisión Europea (Ed.). (2018). La lucha contra la desinformación en línea: Un enfoque europeo. https://eur-lex.europa.eu/legal-content/ES/TXT/PDF/?uri=CELEX:52018DC0236

Corral-Verdugo, V., Mireles-Acosta, J., Tapia-Fonllem, C., & Fraijo-Sing, B. (2011). Happiness as correlate of sustainable behavior: A study of pro-ecological, frugal, equitable and altruistic actions that promote subjective wellbeing. *Human Ecology Review*, 95-104. https://www.scopus.com/inward/record.uri?partnerID=HzOxMe3b&scp=84862258209&origin=inward

Corral-Verdugo, V., Pato, C., & Torres-Soto, N. (2021). Testing a tridimensional model of sustainable behavior: self-care, caring for others, and caring for the planet. Environment, *Development and Sustainability*, 23(9), 12867-12882. doi:10.1007/s10668-020-01189-9

Dafonte-Gómez, A., Míguez-González, M.-I., & Ramahí-García, D. (2022). Fact-checkers on social networks: analysis of their presence and content distribution channels. *Communication & Society*, 35(3), 73-89. https://doi.org/10.15581/003.35.3.73-89

Dafonte-Gómez, Alberto & Míguez-González, María Isabel (eds.) (2023). *El fenómeno de la desinformación: reflexiones, casos y propuestas.* Dykinson.

Damas, S. H., & Christofoletti, R. (2006). Mídia e democracia: um perfil dos observatórios de meios na América Latina. *UNIrevista*, 1(3), 1-11.

García, M. L. (2023). *Desafío Digital.* Buenos Aires: Ediciones Granica.

Guo, L. & Vargo, C. (2018). Fake News and Emerging Online Media Ecosystem: An Integrated Intermedia Agenda-Setting Analysis of the 2016 U.S. Presidential Election. *Communication Research.* DOI: 10.1177/0093650218777177

Harari, Y. N. (2018). *21 lecciones para el siglo XXI.* Debate.

Hernández-Sampieri, R., & Mendoza, C. (2020). *Metodología de la investigación: las rutas cuantitativa, cualitativa y mixta.* Mcgraw-hill.

Lee, H., Calvin, K., Dasgupta, D., Krinner, G., Mukherji, A., Thorne, P.,... & Park, Y. (2023). *IPCC, 2023: Climate Change 2023: Synthesis Report, Summary for Policymakers. Contribution of Working Groups I, II and III to the Sixth Assessment Report of the Intergovernmental Panel on Climate Change* [Core Writing Team, H. Lee and J. Romero (eds.)]. IPCC, Geneva, Switzerland.

Macnamara, J. (2018). A review of new evaluation models for strategic communication: Progress and gaps. *International Journal of Strategic Communication, 12*(2), 180-195.

Morin, E (2021): *Cambiemos de vía: Lecciones de la pandemia.* Ediciones Paidós

Namakforoosh, M. N. (2000). *Metodología de la investigación.* Editorial Limusa.

O`Donnell, G. (2001): Accountability horizontal: la institucionalización legal de la desconfianza política", en *POSTData, Revista de Reflexión y análisis político,* Nº 7, Buenos Aires, mayo, pp. 11-34

Organización de Estados Americanos (2017). *Declaración Conjunta sobre Libertad de Expresión y "Noticias Falsas", Desinformación y Propaganda, 2017.* Recuperado de: http://www.oas.org/es/cidh/expresion/showarticle.asp?artID=1056&lID=2

Oxford English Dictionary, s.v. "post-truth (adj.)," July 2023, https://doi.org/10.1093/OED/3755961867.

Pennycook, G., & Rand, D. G. (2018). Lazy, not biased: Susceptibility to partisan fake news is better explained by lack of reasoning than by motivated reasoning. *Cognition,*188, 39-50. https://doi.org/10.1016/j.cognition.2018.06.011

Peruzzotti, E. (2006) "La política de accountability social en América Latina". En Ernesto Isunza Vera & Alberto Olvera (eds.), *Rendición de Cuentas, Sociedad Civil y Democracia en América Latina.* México, Manuel Porrúa Editores, pp. 245-264.

Riorda, M.; Fontana, S. y Conrero, S. (2022). *La política del riesgo. Construcción social, liderazgo y comunicación.* Buenos Aires: La Crujia

Rodríguez Pérez, C. (2020). Una reflexión sobre la epistemología del fact-checking journalism: retos y dilemas. *Revista de comunicación,* 19(1), 243-258.

Rodríguez-Fernández, L. (2019). Desinformación: retos profesionales para el sector de la comunicación. El *Profesional de la información,* 28(3). https://doi.org/10.3145/epi.2019.may.06

Sacher, W. (2019). Naturalismo moderno y corrientes del ecologismo. *Ecología política,* (58), 10-18.

Tandoc, E. C. Jr., Lim, Z. W. & Ling, R. (2017). Defining "Fake News". *Digital Journalism, 6*(2), 137-133. https://doi.org/10.1080/21670811.2017.1360143

Torre, R. R., & Gallego, J. C. (2022). La preocupación social por el cambio climático en España: una aproximación cualitativa. *Política y sociedad,* 59(3), 9. https://revistas.ucm.es/index.php/POSO/article/view/74131

Valero, P. P., & Oliveira, L. (2018). Fake news: una revision sistemática de la literatura (Fake news: a systematic review of the literatura). *Observatorio,*12(5), 54-78.

Volver a las bases: los proyectos de verificación de datos en México como reparación del paradigma periodístico

MIREYA MÁRQUEZ-RAMÍREZ
Universidad Iberoamericana Ciudad de México

1. INTRODUCCIÓN

Ante la prevalencia de malas prácticas, noticias falsas y desinformación, especialmente en el entorno digital, se ha aludido a la necesidad de fortalecer la cultura de verificación. En ese sentido, la ya célebre obra *La estructura de las revoluciones científicas* de Thomas Kuhn provee un marco conceptual útil para entender las respuestas y resistencias del gremio periodístico a la desinformación y otras prácticas cuestionables. En específico, la literatura académica ha usado el concepto de 'reparación del paradigma' de Kuhn para explicar los 'metadiscursos' públicos de defensa de principios, valores y estándares normativos y deontológicos de la profesión (Koliska & Steiner, 2019). Estos metadiscursos han funcionado como estrategia de respuesta —y con ello de reparación del paradigma— ante el contenido maligno, las acusaciones de políticos, o los escándalos generados por errores y malas prácticas en los que han incurrido medios o periodistas que se desvían de las normas consensuadas de la profesión. Sin embargo, hasta ahora la literatura académica ha abordado la reparación del paradigma en respuesta a casos específicos de violaciones éticas a las normas del periodismo. En cambio, poco se ha problematizado sobre estrategias de defensa y reparación del paradigma periodístico en contextos donde el propio paradigma esté sujeto a tensiones y ambigüedades, o donde la reparación implique la instauración real de cánones periodísticos ante prácticas generalizadas del gremio.

Este capítulo explora el potencial de reparación de paradigma 'de segundo orden' (Carlson, 2012) en dos medios digitales de verificación de datos en México: *El Sabueso*, localizado en Ciudad de México; y *Verificado.mx*, con sede en Monterrey, Nuevo León. Se argumenta que existe potencial de reparación de paradigma en cinco aspectos: en los antecedentes y estructura del medio; en el modelo de gestión y financiamiento; en los contenidos y servicios en oferta; en las misiones y visiones del periodismo; y en las metodologías de trabajo y mecanismos de rendición de cuentas e incorporación de la audiencia.

A partir del análisis de sus portales digitales, redes sociales, materiales promocionales y ejemplos de metadiscursos de sus fundadores e integrantes, tales como manifestaciones públicas y declaraciones de principios, se muestra que las dos iniciativas de verificación de datos funcionan como mecanismos de reparación de paradigma de principios, prácticas, misiones y estructuras del periodismo que deliberadamente buscan distanciarse del sistema de medios convencional. Se argumenta que, en alguna medida, ambos proyectos han emergido con la misión última de reparar y, más precisamente, reclamar para sí el paradigma periodístico ante las falencias de los medios convencionales en materia de investigación, servicio a los ciudadanos, el rol vigilante del periodismo y la verificación como búsqueda de la verdad.

2. PARADIGMAS, RUPTURAS Y RESTAURACIONES: ATERRIZAJE CONCEPTUAL

2.1. Kuhn, las revoluciones científicas y la restauración de paradigma

La idea de la reparación del paradigma en el periodismo se inspira en los postulados de la obra fundacional de Thomas Kuhn (1971) sobre las grandes transformaciones científicas en la historia. Según este filósofo, los cambios en el desarrollo y progreso de la ciencia pueden entenderse a partir del concepto de *cambio de paradigma*, que para el autor supone una transformación profunda y definitiva en la forma en que se conciben y abordan los problemas científicos, las preguntas de investigación y la interpretación de datos en una disciplina.

En su concepción, un paradigma típicamente involucra un grupo de conocimientos, creencias, técnicas y métodos dominantes compartidos, consensuados, validados y legitimados por una comunidad, en este caso la comunidad científica. Asimismo, provee los marcos de interpretación, así como los constructos teóricos, conceptuales y metodológicos para la formulación de preguntas de investigación y las metodologías apropiadas para el análisis de los fenómenos (Kuhn, 1971). Los libros de texto y los profesores utilizan los paradigmas como base para enseñar teorías, métodos y praxis aceptados (Koliska & Steiner, 2019). Se trata, pues, de la mirada institucionalizada desde la que una comunidad experta o científica explora y aborda los problemas de su tiempo.

Aplicado al periodismo, Bennet, Gressett & Haltom (1985: 54) definieron el paradigma noticioso como un grupo de creencias ampliamente compartidas acerca de cómo obtener e interpretar información relevante a una esfera particular de actividad. De acuerdo con estos autores, las ideas básicas de Kuhn se pueden traspasar al periodismo porque, como ocurre con la ciencia, el periodismo produce, o aspira a producir, un tipo de conocimiento considerado como 'verdadero', basado en la ética y los métodos estandarizados y adquiridos mediante capacitación y entrenamiento. "Tanto los científicos como los periodistas son observadores que toman distancia del mundo, se guían por sus observaciones y [...] por una fe positivista en el empirismo, bajo la creencia de que el mundo externo puede percibirse y comprenderse con éxito" (Reese, 1990: 392-393, traducción propia).

El paradigma dominante en el periodismo sería el equivalente a la ideología profesional (Deuze, 2005), consistente en el sistema de prácticas, valores y principios que rigen la práctica del periodismo (Kovach & Rosenstiel, 2012; Reese, 1990). En sistemas mediáticos más liberales (Hallin & Mancini, 2008), el paradigma reinante del periodismo estaría anclado tanto en la objetividad —valor y ritual basado en hechos verificables y libre de sesgos y opiniones (Schudson, 2001)— como en la función social del periodismo vigilante y contrapeso del poder que sirve a los ciudadanos y contribuye a la rendición de cuentas (Christians et al., 2009).

En cierta forma, aun con sus resistencias, batallas, hibridaciones y adaptaciones en culturas profesionales con diverso grado y tipo de profesionalización periodística, este 'paradigma liberal' ha provisto de un marco normativo que da sentido de intención e identidad profesional a periodistas de todo el mundo, por lo menos respecto de los roles y funciones que consideran importantes para su labor (Hanitzsch et al., 2019). México no es la excepción: al menos en las últimas tres décadas, con todas sus contradicciones, adaptaciones, resistencias y comprensiones diversas (Reyna et al., 2020), los periodistas mexicanos también han apoyado roles relacionados con la diseminación de información factual, la función vigilante del periodismo y la visibilización de los problemas sociales (Márquez, 2012; Márquez et al., 2021; Rodelo et al., 2023). Se trata de roles y normas que, si bien no siempre se traducen a la práctica cotidiana, han logrado materializarse en las noticias de ciertas temáticas y tipos de plataformas y organizaciones mediáticas (Mellado et al., 2017). De ahí que el modelo basado en la verificación y hechos, y las funciones relativas a la vigilancia de poderes y servicio a los ciudadanos, continúen siendo el referente que, como en gran parte del mundo, guía la práctica periodística y funciona como discurso profesional y de autodisciplina para el gremio (Aldridge & Evetts, 2003).

Sin embargo, también hay razones para suponer la vulnerabilidad y fragilidad institucional de dicho paradigma. Primero, por la falta de una tradición sólida y propia de periodismo en México, dada la naturaleza facciosa y partidista que permeó gran parte del siglo XIX y XX, y que dejó una tradición inercial de periodismo institucional y orientado hacia las élites (Márquez, 2015). Eso vino de la mano de un desarrollo tardío de la industria periodística que no favoreció ni la organización gremial temprana alrededor de estándares profesionales, ni la consolidación de la autonomía periodística debido a la naturaleza instrumentalizada de los medios (Márquez, 2015). Además, todo ello está íntimamente ligado a condiciones estructurales que aún subyacen en muchos enclaves del país, como la alineación de los medios a cambio de favores, la cooptación política favorecida por la dependencia de los medios a la publicidad gubernamental, las amenazas que supone la violencia criminal, la precarización laboral y la falta de condiciones de trabajo óptimas, especialmente durante la pandemia (González, 2021; Rodelo et al., 2023; Salazar, 2018). En parte como resultado de la colusión entre élites políticas y mediáticas, y de las condiciones de clientelismo y captura en que se desarrolló el sistema mediático mexicano, la noción de 'prensa vendida' se ha vuelto el epíteto que resume la baja confianza ciudadana en los medios informativos (Reyna et al., 2020).

Estaríamos, por tanto, ante un contexto complejo en el que el paradigma periodístico liberal ha logrado asentarse en los valores y normas de la comunidad periodística tras los complejos procesos de profesionalización del gremio que siguieron tanto a los periodos de democratización política y liberalización económica (Hughes, 2006; Lawson, 2002; Márquez, 2012) como a los de modernización de los modelos de gestión y negocio de algunos medios y consorcios en México (Hernández, 2010).

Además, tal paradigma relativamente universal —pero con sus variantes situadas— coexistiría o al menos competiría con otros paradigmas. Por un lado, con el de una tradición narrativa latinoamericana propia de crónica y reportaje literario, que aunque no es generalizado, es bien ponderado por la comunidad (Puerta Molina, 2018). Por otro, con el que ha emergido entre diversos colectivos y proyectos periodísticos que no sólo empujan al trabajo colaborativo y una práctica más especializada, sino a una visión más socialmente comprometida que implica más intervención y toma de postura por los periodistas (Martínez & Ramos, 2020; Rodelo et al., 2023). En estos otros modelos de práctica 'emergente', no sólo se trasciende el paradigma del periodismo tradicional, sino las lógicas organizacionales e industriales que lo posibilitan. Pero a su vez, no hay que ignorar que en esta multiplicidad de paradigmas normativos y emergentes, también se integran modelos más inerciales e históricos de periodismo oficialista, meramente declarativo y basado en los dichos y reacciones de las fuentes, aún observable en diversos enclaves tanto temáticos como geográficos (Márquez, 2012).

De acuerdo con el enfoque kuhniano, con el paso del tiempo, los paradigmas y sus conceptos, métodos y procesos se vuelven insuficientes para explicar fenómenos emergentes, para proveer explicaciones sobre un determinado fenómeno, o para abordar la complejidad analítica que suponen los objetos de estudio, por lo que dan lugar a 'anomalías' que eventualmente se perpetúan y multiplican, y dejan al paradigma redundante e insostenible (Kuhn, 1971). De tal forma, y siguiendo siempre a Kuhn, el cambio de paradigma involucra el cambio y reemplazo de un paradigma obsoleto e ilegítimo por un nuevo paradigma anclado en un nuevo sistema de creencias, bases epistemológicas, metodologías y marcos de interpretación para entender la realidad. Como consecuencia, las revoluciones de paradigma son inevitables, pero sólo emergen cuando se cumplen al menos dos condiciones: una es la crisis, apuntalada por una pérdida de fe en la viabilidad de un paradigma que ya no se aprecia como respuesta a la amenaza existencial. La segunda consiste en que exista una alternativa viable, pues un paradigma sólo es inválido cuando otro candidato es viable para tomar su lugar (Vos, 2017: 309).

Siguiendo con esta perspectiva, ante la amenaza constante de inviabilidad y el riesgo de cambio de paradigma, los paradigmas dominantes inevitablemente intentan perpetuarse, pues habiendo invertido sus carreras en un paradigma particular, los miembros del campo profesional se resisten al cambio. Como tal, les resulta necesario defender o mantener un paradigma frente a violaciones y repararlo cuando es cuestionado (Koliesnka & Steiner, 2019: 2). Por tanto, la *reparación del paradigma* tendría como fin evitar la ruptura del paradigma actual y con ello la transformación y eventual suplantación del paradigma histórico de periodismo profesional, ya sea por otros modelos, o por la propia lógica de la desinformación o la propaganda que imitan los formatos y narrativas del periodismo; pero no sus principios, estándares y valores.

La alternativa a la ruptura sería, entonces, la restauración, legitimación y defensa del paradigma actual, es decir, el regreso al epicentro y el fortalecimiento de las bases. Cuando las prácticas que se desvían de las normas social y profesionalmente adoptadas en ese paradigma generan escándalo y críticas que ponen en entredicho la credibilidad del periodismo y la autoridad de los periodistas, la teoría de la reparación del paradigma sugiere que los periodistas deben restaurar su estatus profesional (Koliska & Steiner, 2019). La reparación del paradigma se conviertiría en la estrategia que siguen los periodistas y medios para justificar su labor en el sistema actual de práctica (Bennett et al., 1985).

2.2. Reparación del paradigma periodístico

El concepto de reparación de paradigma ha sido ampliamente adoptado para referirse a una diversidad de fenómenos donde la prensa —a nivel individual, gremial, institucional u organizacional— ha buscado proteger y defender su paradigma profesional, pero sin que necesariamente se discuta críticamente si hay una necesidad de una transformación del paradigma o las instituciones, en el sentido kuhniano. Así, se ha caracterizado como reparación del paradigma a los casos donde los periodistas reaccionaron ante los primeros malestares generados por la falta de confiabilidad en la información circulante en internet (Ruggiero, 2004); o bien, a las diversas esferas y momentos en que la ideología profesional del periodismo fue duramente cuestionada por la comisión de errores de verificación o éticos que, deliberados o no, sometieron a medios específicos al ridículo público o a admisión de culpa y obligación de rendición de cuentas a sus audiencias (Hindman, 2005; Smith & Sissons, 2019). La falta de ética, los excesos de la prensa de celebridades y paparazzis (Berkowitz, 2000) y los escándalos a raíz de malas prácticas y tácticas ilegales para obtener información cometidas por la prensa tabloide (Blach-Ørsten et al., 2018; Ogbebor, 2020) han llevado a un profundo debate y autoauscultación normativa del gremio.

En todos estos casos, las estrategias han obedecido a la necesidad de restaurar la imagen o reputación del gremio periodístico y desmarcarla de comportamientos individuales (Berkowitz, 2000), al encuadrarlos típicamente como fraude, falta de ética o 'manzanas podridas' (Cecil, 2002) que no representan al gremio. En otras instancias, no son eventos específicos sino un ambiente generalizado de desconfianza hacia los medios, lo que anima a intentos de reparación del paradigma ante casos de desinformación, estigmatización y ataques contra la credibilidad de la prensa, consistentes en la instauración de mejores prácticas periodísticas (Koliska & Assman, 2021). En su mayoría, el paradigma de periodismo defendido o contrastante de las malas prácticas es típicamente la norma de la objetividad, los principios de confiabilidad y veracidad, y la función social de escrutinio a los poderes públicos.

Sin embargo, Carlson (2012) ha identificado la necesidad de trascender los incidentes aislados que se desvían de la norma y extender la noción de la reparación del paradigma a 'un segundo orden', que involucre la identificación de 'metadiscursos periodísticos' más generales con los que se dé sentido permanente a la profesión ante los constantes cambios y desafíos amenazantes para el periodismo. Como metadiscursos, el autor entiende a los intentos públicos de los periodistas —en ceremonias gremiales, clases magistrales, participaciones públicas, páneles o manifiestos— para articular, negociar, defender su profesión y, por ende, definir los límites de su prácticas periodísticas, ubicar la importancia de su profesión dentro de la sociedad y moldear la forma en la que su trabajo debería ser recibido y apreciado (Carlson, 2012: 268).

A este tenor, la reparación del paradigma de segundo orden supone no sólo apelar a un metadiscurso que señala y condena malas prácticas como dedicar poco tiempo a verificar su información, publicar noticias apresuradas o someterse en demasía a las lógicas del mercado (Ferrucci, 2022), sino a evitar las malas prácticas de la industria y regresar a las bases del periodismo en términos de tiempo, dedicación y praxis de calidad. En otras ocasiones, la reparación del paradigma ha supuesto apostar por la colaboración —y no la individualización— para incrementar el impacto de su reporteo y construir recursos institucionales con vistas a sostener y propagar las buenas prácticas que los periodistas defienden (Graves & Konieczcna, 2015).

2.3. Reparación de paradigma y proyectos de fact-checking

Para dar cuenta de la creciente diversidad de proyectos, plataformas, contenidos y condiciones de existencia de las plataformas de *fact-checking*, los investigadores han recurrido a los estudios de caso en contextos nacionales o trasnacionales, o a la comparación entre contextos, casos, contenidos o individuos, desde diversos enfoques y énfasis. Hay estudios centrados en los aspectos estructurales que motivan el surgimiento y desarrollo de iniciativas de verificación globales, las que tienden a surgir ahí donde la gobernanza democrática está amenazada y en donde existe una mayor accesibilidad a internet (Amazeen, 2020). Otros, en cambio, se han concentrado en la dimensión mesoinstitucional para analizar los modelos de negocio y gestión de dichas plataformas (Esteban-Navarro et al., 2021) o la influencia de estructuras de financiamiento, lógicas institucionales, periodísticas o de mercado en las condiciones de posibilidad y éxito de las prácticas de verificación (Kim & Buzzelli, 2022; Lelo, 2022).

A nivel microinstitucional, las investigaciones han acudido al análisis de sitios corporativos, entrevistas, encuestas o análisis de contenido para examinar los principios, motivaciones, misiones y propósitos de estas iniciativas y sus impulsores e integrantes. Se ha encontrado que los verificadores de perfil periodístico son más propensos a adherirse a los aspectos normativos de la profesión, establecer límites claros entre la verificación y el activismo, y abogar por un ejercicio libre de partidismo (Mena, 2019) mediante valores como la transparencia y honestidad con las audiencias (López Marcos & Vicente-Fernández, 2019) y prácticas metodológicas robustas (Moreno Gil et al., 2021).

Aun cuando varias iniciativas latinoamericanas tienen recursos limitados, metodologías divergentes y áreas de oportunidad por mejorar, buscan ejercer un servicio público y formar parte del debate público (Palau-Sampio, 2018). Además, tienden a trabajar mediante redes en proyectos colaborativos para validar esas metodologías ante contextos desafiantes como la pandemia (Martínez-García & Ferrer, 2023). De cualquier forma, debido a que estructuralmennte el nacimiento de estos medios suele estar anclado a condiciones como gobernanza democrática, acceso a internet y coyunturas críticas de desequilibrio social o crisis (Amazeen, 2020), existen diversos niveles de éxito en la aplicación de los resultados de verificación en dependencia de la mayor vulnerabilidad existente en la región latinoamericana. En gran parte, el éxito está determinado por las tensiones entre la sustentabilidad financiera y la independencia editorial de las iniciativas de verificación. En Brasil, las unidades de verificación de datos de los medios generalistas tradicionales tienen desafíos distintos a los que son proyectos totalmente independientes y dedicados sólo al 'fact-checking'. Mientras los primeros tienden a tener desafíos de carácter organizacional y gerencial, los segundos batallan por su estabilidad financiera (Lelo, 2022: 1090). Asimismo, los desafíos percibidos por los periodistas de la región para el éxito de estas iniciativas incluyen las dificultades para acceder a información pública, los recursos limitados y la necesidad de alcanzar audiencias más amplias (Moreno Gil et al., 2021).

De cualquier forma, aunque pocos son los casos que han ligado la práctica de verificación de datos con la perspectiva de la restauración del paradigma (Balod & Hameleers, 2021), la literatura académica parece sugerir, de manera agregada, que estos proyectos contribuyen al afianzamiento y legitimización del imaginario profesional tradicional basado en hechos y verificación para combatir desinformación y otras malas prácticas. Es decir, la defensa del paradigma periodístico implicaría no sólo restaurar las buenas prácticas periodísticas cuyo núcleo es la veracidad y exactitud y el refrendo de roles profesionales normativos vinculados a la vigilancia y al servicio público. También supondría distanciarse de los medios convencionales a partir de prácticas de gestión innovadoras y modelos de negocio alternativos. La reparación del paradigma involucraría no sólo volver a las bases de la verificación, sino generar las condiciones estructurales para proteger la integridad del periodismo.

3. DIMENSIONES DE REPARACIÓN DE PARADIGMA: NOTA METODOLÓGICA

Esta investigación explora dos medios digitales independientes que funcionan como proyectos de verificación de datos en México: *El Sabueso*, localizado en Ciudad de México, y *Verificado.mx*, con sede en Monterrey, Nuevo León. El levantamiento de datos se hizo en tres fases. En primera instancia, se realizó un análisis tanto de los portales digitales como de las plataformas de redes sociales: Facebook, X (antes Twitter), Instagram, TikTok y YouTube, a fin de extraer información relativa a su presentación ante el público, las declaraciones de principios y manifiestos públicos, perfil y cargos de sus integrantes, secciones y tipos de contenido, esquemas de financiamiento, metodología de trabajo y veredictos en materia de verificación. En segunda instancia se buscaron y analizaron, por un lado, materiales promocionales específicos producidos por los propios medios —donde aparezcan sus integrantes y fundadores—, como por ejemplo el video de lanzamiento de *El Sabueso*, o el de la presentación metodológica de *Verificado*. Por el otro, notas periodísticas relativas al surgimiento y desarrollo del medio.

En tercera instancia, para extraer ejemplos de metadiscursos de sus fundadores e integrantes, se revisaron al menos 30 manifestaciones públicas (15 por cada medio) alojadas en diversos materiales audiovisuales de acceso público digital, correspondientes a entrevistas con medios y participaciones en paneles, mesas redondas, talleres y cursos entre 2015 y 2022 que estuvieran disponibles en plataformas de video. Se descartaron todos los materiales que no tuvieran elementos de metadiscurso, es decir, donde aunque estuvieran presentes los integrantes, no se hiciera alusión a la misión, metodología de trabajo, defensa de valores y principios del periodismo, a cualquiera de las cinco dimensiones de análisis, o a misiones más amplias respecto a la democracia, la audiencia o la ciudadanía. Como último paso, la información a detalle se concentró en una matriz de análisis dividida en dimensiones e indicadores que sirvió para el ejercicio comparativo.

Por razones de espacio, no nos detendremos en caracterizar cada aspecto o indicador de los medios en cuestión, pues comparten características con la mayoría de proyectos de la región. En cambio, se presentarán los aspectos más importantes de cada dimensión y que contribuyan a afianzar una identidad única de (intento) de reparación de paradigma periodístico. Para identificar diversos tipos y estrategias de reparación, y siguiendo algunos indicadores agregados que han propuesto otros estudios (Vizoso & Vázquez Herrero, 2019), esta investigación indaga en cinco dimensiones donde podríamos encontrar (o no) posibles elementos de reparación o desafío al paradigma periodístico.

1. *Historia, alcance y estructura.* Es el entramado institucional y humano que soporta y da forma a la existencia de un proyecto. Considera el tipo de iniciativa y su lógica institucional, el contexto y las condiciones de surgimiento del proyecto, el foco y la orientación temática del medio, la configuración del equipo de trabajo y los perfiles y trayectorias de los integrantes.

2. *Modelo de negocio y estructuras de financiación.* El modelo de negocio involucra las estrategias con las que la organización genera ingresos y sostiene sus operaciones. En esta dimensión se

observan estructuras de financiación y estrategias de monetización como modelos de suscripción, muros de pago, tipos de publicidad, contenido patrocinado, donaciones, colaboraciones, etc.

3. *Servicios, productos y contenidos.* Considera las actividades principales, servicios y tipos de contenido que se ofrecen, ya que algunas de estas plataformas están comprometidas con la alfabetización mediática y la capacitación. También se observa frecuencia de publicación, presencia en redes sociales, alianzas con otros agentes y medios, y proyectos temáticos.
4. *Metodología de trabajo.* Implica la observación de sus métodos y prácticas de verificación, sus categorizaciones, medidas y sistemas de calificación, así como sus mecanismos de transparencia y las estrategias de inclusión y participación de la audiencia.
5. *Misión, visión y función social.* Son las expectativas que buscan cristalizar los proyectos y que se manifiestan en la declaración pública de principios, los códigos de ética, los metadiscursos periodísticos, las normas y valores defendidos por sus integrantes, y su misión más amplia con la sociedad y la democracia.

4. VERIFICAR LO QUE OTROS NO: HALLAZGOS DE INVESTIGACIÓN

4.1. De la estructura a la misión: El Sabueso y Verificado en perspectiva comparada

Los hallazgos de esta investigación muestran que desde sus posibilidades y posicionamientos, ambos medios recurren a distintas formas y estrategias para reparar no sólo el paradigma de ejercicio periodístico, sino sus condiciones de funcionamiento. A partir de sus estructuras, modelos de negocio, servicios ofertados, misiones y metodologías, ambos medios buscan posicionarse como alternativas diferentes que refrenden los valores y normas fundacionales y democráticas del periodismo. Sin embargo, existen áreas de coincidencia y divergencia que se presentan a continuación.

4.1.1. Historia, alcance y estructura

Al considerar su estructura de operación, encontramos que *Verificado* y *El Sabueso* difieren fundamentalmente en su orientación institucional, ya que el primero es un medio nativo digital (*startup*) con estructura única e independiente, mientras que el segundo opera dentro de una estructura mediática más amplia. *El Sabueso* fue fundado en 2015 en la Ciudad de México como una unidad especializada en verificación de datos perteneciente al portal *Animal Político*, medio digital pionero en innovación periodística tanto en su modelo de negocio como en sus contenidos, formatos, orientación y misión. Junto a otros dos medios digitales, *Animal Político* forma parte de un grupo más amplio: Editorial Animal, que a su vez es propiedad del grupo editorial Criterio, que publica *Newsweek en español* y el diario *Criterio Hidalgo.* De tal forma, *El Sabueso* no es independiente operativamente, aunque cuenta con su propia sección en el portal de internet del medio[1]. Como fuentes de inspiración, su sitio menciona al medio estadounidense *Politifact* y al argentino *Chequeado.*

En tanto, *Verificado* es un emprendurismo digital independiente fundado en 2017 exclusivamente enfocado en la verificación de datos. Desde sus orígenes, su fundadora Daniela Mendoza asumió que en los medios periodísticos tradicionales de la región noreste del país habría sido imposible establecer unidades de verificación, por lo que apostó por la creación de un medio totalmente independiente e innovador 'startup' que llenara el vacío de la industria, al inspirarse en el ejemplo y mentoría de *Chequeado* y de *Agencia Lupa* en Brasil[2].

Respecto a su objetivo de lanzamiento, ambos medios persiguen propósitos periodísticos en común, aunque con matices. Según el director de *Animal Político,* Daniel Moreno, la intención del lanzamiento de *El Sabueso* como unidad de verificación de datos era realizar "un ejercicio de transparencia y verificación del dicurso político en México". En un contexto de declaraciones cruzadas de cifras y datos du-

---

1 El sitio es: https://www.animalpolitico.com/verificacion-de-hechos

2 Frutos, M. (30 de agosto de 2021). Verificado, el precursor mexicano contra la desinformación. *Border Center for Journalism and Bloggers.* https://www.bordercenter.net/es/blog/entrevista-con-verificado/

ros, se trataba, en sus palabras, "de verificar lo que dicen los políticos y contrastarlo con la realidad"[3]. Por su parte, en sus redes sociales, *Verificado* se define a sí mismo como un medio de comunicación especializado en la verificación de hechos, el análisis del discurso público y el combate a la desinformación[4], para agregar con ello un matiz de diferenciación a su misión (y de amenaza explícita al paradigma). En su declaración de principios, se define como un medio de comunicación basado en el periodismo de investigación y verificación de datos [...], con fundamento en la consulta de distintas fuentes estadísticas, documentales y especializadas que permiten, mediante una metodología establecida, confirmar, comprobar o desmentir dichos y afirmaciones, detectar errores, imprecisiones y mentiras, lo mismo de políticos, que de personajes públicos y medios de comunicación[5].

Acerca de su temática y alcance, *El Sabueso* y *Verificado* comparten un foco temático generalista y enfatizan en temas de género, minorías étnicas y sexuales, seguridad, justicia y derechos humanos, una agenda que típicamente defienden los medios digitales independientes en México (Martínez & Ramos, 2020). Por otro lado, las dos plataformas en cuestión son de foco nacional, pero incluyen también informaciones metropolitanas de sus respectivas regiones, y ocasionalmente participan de proyectos temáticos trasnacionales más amplios. Cuando *Verificado* arrancó, originalmente comenzó con verificaciones de declaraciones de políticos y funcionarios a nivel regional, pero se vio obligado a aumentar su alcance ante el desafío que supuso el sismo de septiembre de 2017 en la Ciudad de México y su participación en la iniciativa colectiva #Verificado19S, y luego con la verificación de la conferencia matutina diaria del presidente de la república (Frutos, 2019).

Finalmente, existen diferencias y similitudes en la configuración de los equipos y las trayectorias y orientación de sus creadores. Un elemento en común es que los dos medios en cuestión están integra-

---

3 Animal Político. (9 de febrero de 2015). *El Sabueso* [Archivo de video en YouTube]. https://www.youtube.com/watch?v=tmhn-qNIHvI&t=1s&ab_channel=AnimalPol%C3%ADtico

4 Verificado (2017) Información [Canal de Youtube]. https://www.youtube.com/@Verificado/featured

5 Verificado. (s.f.). *Nuestro equipo.* https://verificado.com.mx/staff/

dos predominantemente por periodistas, y sus fundadores son ejemplares en su gremio, poseen amplia experiencia en medios y soportes tradicionales —y en el caso de Daniel Moreno, también de dirección de medios. Ambos fundadores y directores —Daniel Moreno y Daniela Mendoza, respectivamente —gozan de gran prestigio entre sus pares, imparten charlas y conferencias, son panelistas habituales en eventos periodísticos y ejercen la docencia universitaria.

En cuanto a sus equipos, *El Sabueso* se ancla en una estructura organizativa más numerosa y variada, integrada por catorce miembros[6], que es más joven y comparativamente menos experta y autónoma que en el otro proyecto. Todos sus integrantes cuentan con experiencia previa en medios tradicionales y estudios de licenciatura predominantemente en Periodismo o Comunicación. El tipo de puestos y tareas en existencia lleva a suponer que sus encargos están orientados a la verificación y la creación de contenidos, narrativas y formatos, y ocasionalmente a las tareas de capacitación a estudiantes universitarios y otros periodistas en materia de verificación; pero no necesariamente a la toma de decisiones estratégicas[7]. Mientras tanto, en el medio regiomontano Daniela Mendoza apostó por un equipo pionero, conformado enteramente por mujeres periodistas de largas y reconocidas trayectorias en el oficio, y con valores y misiones afines, a decir: rigor, objetividad, metodología y conocimiento de divulgación y marketing[8]. Se diferencia de su contraparte capitalina en que el equipo de Verificado es más reducido, pero considerablemente más experimentado y horizontal en la toma de decisiones. Las cuatro fundadoras poseen títulos de posgrado y diversos cursos, talleres, programas, becas y diplomados en México y el extranjero. También tienen en común la docencia universitaria y la experiencia en consultoría, mentoría, formación y capacitación. Su estructura consiste en

---

6 Animal Político. (s.f.). *Directorio General/El Sabueso.* https://www.animalpolitico.com/directorio

7 Animal Político. (4 de enero de 2023). *Verificando paso a paso con el equipo de El Sabueso* [Archivo de video YouTube]. https://www.youtube.com/watch?v=MkjkrwybKcs&ab_channel=AnimalPol%C3%ADtico

8 Frutos, M. (30 de agosto de 2021). Verificado, el precursor mexicano contra la desinformación. *Border Center for Journalism and Bloggers.* https://www.border-center.net/es/blog/entrevista-con-verificado/

seis personas que trabajan de base (todas mujeres) y 18 voluntarias, y el equipo produce, investiga, redacta y verifica. Entre sus cargos sí existe alguien encargada de la gestión de proyectos.

4.1.2. Modelo de negocio, productos, servicios y estrategias de contenido

Las plataformas de verificación de datos afrontan con frecuencia desafíos de sustentabilidad financiera a largo plazo (Lelo, 2022). Algunas operan como entidades sin fines de lucro y, como en el caso de *Verificado*, dependen de donaciones, becas, subvenciones o recursos de universidades o asociaciones civiles para obtener financiación. Otras sí dependen de los ingresos por publicidad, suscripciones y modelos comerciales más típicos de los medios digitales con fines de lucro (Esteban et al., 2021), como ocurre con *El Sabueso*. Los dos medios en cuestión sí buscan ser redituables y generar ingresos, pero con una diferencia sustancial a los medios tradicionales. Según *Sembramedia*[9], ambos son medios digitales independientes por tener vocación periodística de informar y servir al interés público, por ser independientes económica y editorialmente, y por no responder a las necesidades particulares de una corporación o un solo donante.

En ese sentido, la estructura de gestión y negocio de *Animal Político* —y por ende de *El Sabueso*— es clara y explícita en su sitio. Sus ingresos provienen, según el propio medio, de capacitación, consultoría y verificación (20%), de donativos (20%), de publicidad (20%), de contenidos comerciales (25%) y de programas de suscripciones (15%)[10]. Por su parte, *Verificado* dice casi no recibir ingresos por publicidad, pero depende en gran medida de donaciones y becas[11]. Por ejemplo, en 2019 recibió el apoyo financiero de #Sembramex, un

---

9 Comunidad en línea que busca ayudar a medios digitales independientes —que cumplen con ciertos criterios de calidad, innovación y servicio público— a conectarse entre sí y desarrollar modelos de negocio sustentables y habilidades de gestión de redacciones.

10 Animal Político. (Diciembre de 2019). *Quiénes somos: Nosotros.* https://www.animalpolitico.com/quienes-somos

11 Sembramedia. (Enero de 2024). *Perfil de Verificado.* https://directorio.sembramedia.org/verificadomx-te-conviene-saber-mas-sembramedia/

programa de Border Center, SembraMedia e ICFJ Knight Fellowships para impulsar el periodismo de calidad en la frontera de México y que ayudó a pagar su nómina durate seis meses (Frutos, 2019). En Facebook, cuentan con un modelo de suscripción mensual a contenido exclusivo. También venden algunos artículos de promoción. A propósito, una campaña en redes asentaba que el medio no recibe fondos por publicidad o patrocinios, y que se sostiene a través de cursos y capacitaciones que las fundadoras imparten a estudiantes y periodistas, y con la venta de camisetas[12]. En diversos espacios se ha establecido que la principal fuente de financiamiento de *Verificado* son los servicios de capacitación periodística, los servicios de consultoría y las investigaciones especiales que realiza como parte de becas y donativos.

4.1.3. Contenidos, estrategias y alianzas

Ambos medios tienen como fin último la verificación de datos, pero lo hacen a partir de contenidos, secciones y estrategias diferentes. La sección "Lo último" de *El Sabueso* declara ofrecer verificación de contenido que circula en redes sociales a partir del contraste de datos, imágenes de archivo, estadísticas oficiales y la explicación de especialistas. La de "Factchecking" analiza frases de relevancia para la vida nacional y establece si es cierta o falsa. La sección "Desinformación" dice olfatear y rastrear las noticias falsas que circulan en redes sociales y plataformas de mensajería, para luego calificarlas y asignarles un veredicto. "Te explico" publica notas explicativas sobre temas de actualidad, por lo que las actividades no son exclusivamente la calificación de las noticias en términos de su veracidad. El micrositio ofrece además, como otro de sus servicios, "Verifichat", un servicio de mensajería instantánea para compartir ejemplos de desinformación por WhatsApp. Tal servicio se conecta con el Museo de

---

[12] Verificado. [Verificado]. (11 de julio de 2019). ¡Ponte la camiseta y apoya el Periodismo Independiente! [Actualización de estado en Facebook]. https://www.facebook.com/100044160049879/posts/625427141279524

la Mentira, una "exposición de contenido que desinforma"[13], donde participan artistas digitales y herramientas de inteligencia artificial.

En el medio regiomontano, los espacios son más específicos: "Verificado", donde se califican temas de actualidad y dichos de políticos; "Antriviral", que desmiente noticias virales; "Covid-19", con noticias específicas sobre pandemia, y "Explicado", donde se publican artículos que examinan el contexto y fondo de las noticias de actualidad. Hay una sección que presenta las columnas de periodistas cercanos sobre temas de actualidad y práctica periodística, y finalmente, otra donde alojan reportajes e investigaciones propias o que publica como resultado de alianzas y trabajo colaborativo. En su plataforma de Instagram, tienen secciones de *reels* e infografías fijas sobre diversas temáticas y especiales. Además, el propio sitio web lista otros servicios como impartición de cursos sobre *fact-checking*, periodismo con perspectiva de género, taller de ética y conferencias. Ofrece también una Caja de Herramientas sobre identidades digitales, herramientas para verificar imágenes, lugares y geolocalizaciones, y para extraer datos web y de social media.

Asimismo, del material analizado puede concluirse que ambos medios sostienen frecuente y consistentemente alianzas con medios, periodistas y colectivos nacionales e internacionales para proyectos temáticos e investigaciones. *Verificado* forma parte de *Latam Chequea* y la *International Fact Checking Network,* ha colaborado con Twitter y Google, con colectivos como Chicas Poderosas y asociaciones gremiales de Nuevo León, y se alió con Deutche Welle Academy para publicar la sección de Caja de Herramientas y para realizar reportajes con el International Women's Media Foundation y Conexión Migrante MX[14]. *Animal Político* permanentemente se asocia con la academia, otros medios, periodistas, estudiantes, colectivos y asociaciones civiles, y encabeza iniciativas de verificación colectiva y en vivo durante informes, debates políticos y procesos electorales (Galarza, 2020).

---

13 Así se consigna en el sitio web: https://museodelamentira.org/

14 Martínez, G. (12 de octubre de 2023). Dignificando la maternidad en tránsito: una partera y una combi. *Verificado*. https://verificado.com.mx/dignificando-maternidad-transito-partera-combi/

4.1.4. Metodologías de trabajo

El trabajo de estos medios descansa en gran parte en sus métodos sistemáticos para verificar y contrastar su información. Ambos medios son transparentes en relación con ello. Tanto en la sección de *fact-checking* de su página web[15] como en su video de lanzamiento[16] y otros materiales, *El Sabueso* establece su metodología de siete pasos inspirados en los procesos de otras plataformas de *fact-checking*. Primero se selecciona la frase del ámbito público en función de su relevancia, luego se busca o solicita al autor de la frase la fuente de su afirmación.

En tercer lugar, se verifica si los datos están disponibles y si coinciden con los del autor de la frase, luego los datos se contrastan con otras cifras o investigaciones de expertos en la materia. En quinto lugar la frase se pone en un contexto socioeconómico o temporal. Luego se confirma, contrapesa, o refuta. Finalmente, la afirmación se evalúa mediante una de las ocho categorías y se publica el veredicto: ridículo, falso, mentir con la verdad, engañoso, no se puede probar, discutible, inexacto y verdadero. En *Verificado* la metodología está visible en su propia pestaña del menú principal de su página web. Su portal enumera cinco pasos: seleccionar un contenido a verificar, consultar a la fuente original, investigar y contrastar el contenido, colocar el contenido en contexto y otorgar un veredicto de entre seis posibles: falso, engañoso, verdadero, impreciso, *paparrucha* e inverificable[17].

Asimismo, ambos medios dicen ser transparentes con sus audiencias y reconocen sus protocolos de rendición de cuentas mediante la inclusión del público en sus procesos. En *El Sabueso* se reciben sugerencias de frases y noticias para verificar, y comentarios a sus conclusiones y veredictos en sus plataformas de redes sociales. Esta

---

15 El Sabueso. (22 de julio de 2015). Metodología. *Animal Político*. https://animalpolitico.com/verificacion-de-hechos/fact-checking/metodologia

16 Animal Político. (9 de febrero de 2015). *El Sabueso* [Archivo de video en YouTube]. https://www.youtube.com/watch?v=tmhn-qNIHvI&t=1s&ab_channel=AnimalPol%C3%ADtico

17 Verificado. (2023). *Metodología: ¿Cómo verificamos?* https://verificado.com.mx/metodologia

opción se ha potenciado con el lanzamiento de "Verifichat", en la que a través de WhatsApp, la audiencia presenta sus dudas y recibe respuesta del equipo[18]. También tiene una política detallada de corrección y rendición de cuentas que incluye todo el proceso de petición de correcciones y las respuestas a éstas[19]. En *Verificado,* según su fundadora, el 30% de las noticias que se verifican son peticiones de la audiencia[20]. También poseen una política de corrección de datos, pero mucho menos detallada que su contraparte.

4.1.5. Misión, visión y principios

Los discursos de estos medios y sus periodistas respecto a misión, visión, valores y principios reflejan el paradigma de periodismo al que se adhieren. *El Sabueso* es el único que tiene una política explícita de adhesión al Código de Principios de la Red Internacional de Verificación de Información (International Fact-Checking Network, IFCN), del Instituto Poynter. Sin embargo, ambos medios mexicanos de verificación movilizan una gran variedad de metadiscursos en defensa de los principios, valores y funciones democráticas y ciudadanas del periodismo.

Por ejemplo, de acuerdo con su página de presentación, *El Sabueso* considera como su misión contribuir "a la vigilancia del debate público" con periodismo "innovador y de calidad, y a hacer [a los lectores] parte integral de nuestro trabajo". La verificación de datos "nos reta como periodistas, pues nos exige nuevas habilidades en el manejo de los datos que redoblan nuestro rigor"[21]. Esto concuer-

---

18 El Sabueso [@ElSabuesoAP]. (4 de septiembre de 2023). *El #Verifichat de El Sabueso* [Post de plataforma X] https://twitter.com/ElSabuesoAP/status/1698732653640556606

19 El Sabueso. (s.f.). Fact-checking: Política de corrección. *Animal Político.* https://www.animalpolitico.com/verificacion-de-hechos/fact-checking/politica-de-correccion

20 Factual. [F_]. (18 de noviembre 2021). *Mesa 28. Verificadores en LATAM: los desafíos que vienen. 10mo Foro Latinoamericano de Medios Digitales y Periodismo* [Archivo de video]. Youtube. https://www.youtube.com/watch?v=lLUAZlDmLEg&ab_channel=Factual

21 El Sabueso. (22 de julio de 2015). Metodología. *Animal Político.* https://animalpolitico.com/verificacion-de-hechos/fact-checking/metodologia

da con la misión más amplia expuesta en la declaración pública de principios del medio al que pertenece: "Animal Político es un medio nativo digital que reúne a periodistas, diseñadores, programadores y editores de video para crear contenido con rigor, precisión y pensado para servir a los ciudadanos"[22]. La alusión a las audiencias y los ciudadanos es frecuente en este medio. "Tenemos muy claro que nuestro trabajo es para los ciudadanos, para que puedan tomar decisiones. Lo que buscamos es diversificar audiencias", precisa la exeditora de *Animal Político*, Tania Montalvo[23].

En una sesión de capacitación a estudiantes universitarios, se les recuerda la importancia de las fuentes y reflexiona sobre los aportes del *fact-checking* a la sociedad[24]. Otro material dice aportar al debate público, "de manera independiente, y sin sesgos partidistas", en una clara alusión a la objetividad[25]. Asimismo, resalta el valor que le atribuye el medio al trabajo colaborativo, a fin de concretar las funciones democráticas del periodismo. Por ejemplo, un ejercicio de *fact-checking* en vivo durante el informe de gobierno del presidente Enrique Peña Nieto en 2015 involucró la colaboración de medios y sociedad civil bajo el liderazgo de *Animal Político.* La editora del medio en aquel momento alabó el potencial del ejercicio para "impulsar rendición de cuentas" a partir de "periodismo, investigación, datos y trabajo en equipo"[26].

En el caso de *Verificado,* su misión es la de ser un medio de comunicación especializado en verificación de hechos, que define como la

---

22 Animal Político. (Diciembre de 2019). *Quiénes somos: Nosotros.* https://www.animalpolitico.com/quienes-somos

23 Villafranco, G. (16 de junio de 2017). Animal Político y los retos de informar en siglo XXI. *Forbes.* https://www.forbes.com.mx/el-reto-ahora-es-disenar-la-informacion-animal-politico/

24 Animal Político. (4 de enero de 2023). *Fact-checking: verificando paso a paso con el equipo de El Sabueso* [Archivo de video YouTube]. https://www.youtube.com/watch?v=MkjkrwybKcs&ab_channel=AnimalPol%C3%ADtico

25 Animal Político. (8 de abril de 2021). *Así olfatea El Sabueso el discurso público* [Archivo de video en YouTube]. https://www.youtube.com/watch?v=VxF7G4Bk3gs&ab_channel=AnimalPol%C3%ADtico

26 Animal Político. (21 de septiembre de 2015). El Sabueso En Vivo: Verificación del tercer informe de Peña Nieto. [Archivo de video YouTube]. https://www.youtube.com/watch?v=Chd-Vzivgn4&ab_channel=AnimalPol%C3%ADtico

labor de "confirmar y comprobar hechos y datos". Se trata, según sus fundadoras, "de poner la lupa al discurso de los políticos, analizar los datos de quienes tienen voz pública, y descubrir si aquello que circula en redes sociales es confiable"[27]. Otro de sus objetivos estriba en la capacitación de periodistas, estudiantes de periodismo y público en general, por lo que una de sus misiones es la educación mediática de los distintos segmentos de la población, "especialmente de nuestros colegas perdiodistas, a través de cursos, talleres, conferencias y contenidos en línea, no sólo sobre la verificación de la información, sino también para la detección de noticias falsas, el ejercicio ético de la profesión periodística, la generación de contenidos con perspectiva de género y el abordaje de temas de derechos humanos"[28].

Otra de sus creadoras, Deyra Guerrero, al celebrar el día internacional del verificador de datos, alude a la recuperación del paradigma: "Hacer *fact-checking* durante casi 5 años ha sido la oportunidad de volver a la esencia del periodismo, que es contar la verdad y ser un catalizador del cambio social". En tanto, Liliana Elóstegui, también fundadora, enfatiza la función social del *fact-checking*, al entenderla como "generar confianza en tiempos de tanta incertidumbre, y que fortalezca las democracias"[29].

Los fundadores de ambos medios también han enunciado metadiscursos explícitos y coincidentes de reparación del paradigma en su intención de 'volver a las bases'. En uno de los muchos ejemplos de metadiscursos públicos rescatados en otros espacios, Daniel Moreno se refirió en entrevista periodística a las raíces del periodismo en el ejercicio de *fact-checking*, mientras que en un panel para televisión sobre la era de la brevedad Daniela Mendoza aludió directamente a los principios del periodismo de Kovach y Rosenstiel (2012).

> [...] La verificación es básicamente la esencia del trabajo periodístico, no hay que inventar muchas cosas. Puedes aprovechar mejor algunas

---

27 Verificado. (3 de abril de 2020). *Somos Verificado* [Archivo de video YouTube]. https://www.youtube.com/watch?v=Mp1nXEzE8ZY&ab_channel=Verificado

28 Verificado. (2023). *Cursos, talleres y conferencias. ¿Qué ofrecemos?* https://verificado.com.mx/cursos-y-talleres

29 García, M. (2 de abril de 2022). Día del Fact-checking 2022, el reto de enfrentar la desinformación. *Verificado*. https://verificado.com.mx/dia-del-fact-checking-2022-el-reto-de-enfrentar-las-desinformacion/

> herramientas digitales, pero básicamente se trata de *recuperar la esencia del periodismo, en el sentido más clásico* [énfasis propio]. Es volver a las raíces. Lo único que hacemos en una verificación es lo que todo periodista debería hacer: verificar antes de publicar y contarlo bien. No tiene mucha más ciencia que eso[30].
> Me decían que para qué hacer *Verificado* si el periodismo ya debe hacer eso, verificar, pero el problema es que no se hace [...]. La credibilidad viene con el uso de un método. Muchas cosas se hacían con poco rigor, más la industria de la desinformación. [Por eso...] hay que volver a la base que es el periodismo, y la verificación es un principio del periodismo. El 4to elemento del periodismo de Kovach y Rosenstiel es la verificación [...] El periodismo es servicio. Hay que hacer periodismo escuchando a las audiencias[31].

4. DISCUSIÓN. VOLVER A LAS BASES: RESTAURAR EL PARADIGMA EN LA ERA DE LA ABUNDANCIA

En el paradigma más tradicional y normativo del periodismo —el liberal— la verificación tiene un significado que se relaciona con los procedimientos internos para verificar hechos antes de su publicación. Con el tiempo, ha adquirido un sentido más amplio y actual que involucra procedimientos y misiones para evaluar públicamente la verdad de declaraciones de políticos, periodistas y otras figuras públicas. La verificación sería un procedimiento, una misión y un valor reivindicado por periodistas y proyectos colaborativos (Graves & Amazeen, 2019; Moreno Gil et al., 2021; Rodríguez Pérez et al., 2023) con el que las plataformas de verificación de datos apelan a la reparación de paradigma de segundo orden y, en el caso de México, alientan la calidad del periodismo mexicano y la necesidad de mejora permanente (Galarza, 2020).

En esta investigación hemos podido mostrar cómo dos icónicos proyectos de verificación de datos en México: *El Sabueso* —sección de *fact-checking* del medio digital de noticias *Animal Político*— y *Verifi-*

---

30 Silva, L. (20 de octubre de 2018). Daniel Moreno, director de Animal Político: "La verificación es la esencia del periodismo". *La Diaria*. https://ladiaria.com.uy/politica/articulo/2018/10/daniel-moreno-director-de-animal-politico-la-verificacion-es-la-esencia-del-periodismo/

31 TVMorfosis. [tv4noticias]. (1 de abril de 2022). *Programa 7. La Era de la brevedad* [Archivo de video YouTube]. https://www.youtube.com/watch?v=HWjqyx99DKY

cado —medio digital dedicado exclusivamente a la tarea de la verificación— han funcionado como catalizadores de un fin más amplio: el de reforzar y reparar discursiva y empíricamente el *paradigma periodístico tradicional* ante por lo menos tres amenazas: 1) el déficit de profesionalización que perciben los periodistas en materia de verificación de datos y corroboración de hechos por la industria mediática, 2) la desinformación apuntalada por la polarización política, el consumo voraz de información en la digitalización y la pandemia por COVID-19, y 3) las condiciones de la industria mediática y del sistema político, que fomentan la opacidad, la desinformación y el reporteo pasivo.

Dicha restauración de segundo orden del paradigma periodístico se materializa a partir del desmarque por ambas plataformas de los medios tradicionales en cinco frentes: a) en sus motivaciones y estructuras de operación, así como en la configuración de sus equipos para llenar el vacío de verificación y contrastación de la industria mediática; b) en sus modelos de financiamiento para garantizar su independencia editorial y su flexibilidad operativa; c) en sus prácticas, modelos y metodologías de trabajo que apuestan por la transparencia y la inclusión de la audiencia; d) en el tipo de servicios y productos que ofrecen, y que no tienden sólo a la verificación, sino también a la alfabetización mediática, el trabajo colaborativo y la profesionalización del periodismo, y e) en los valores, principios y funciones sociales que defienden, y donde se integran las funciones clásicas del periodismo.

Ambos proyectos tienen en común que fueron fundados por periodistas de larga trayectoria en sus respectivas regiones, con intenciones claras de reforzamiento de los estándares tradicionales del periodismo, tanto de sus procesos como de sus misiones. Dichas misiones y acciones buscan reivindicar la función democrática de los medios al erigirse como un vigilante del poder político que somete a los poderosos a escrutinio y sirve a sus lectores. Además, intentan rescatar los principios fundacionales del periodismo, que está obligado a presentar información confiable mediante procesos de verificación y contrastación. Precisamente, las dos iniciativas de verificación de datos surgieron para reparar el déficit dejado por los medios convencionales, en especial en un contexto político que demanda contrarrestar la propagación de información falsa y someter a escrutinio los discursos políticos de los poderosos.

Si bien ambos proyectos poseen características y motiviaciones relativamente similares en cuanto a su misión y lógicas de trabajo, sí buscan generar entornos organizacionales que faciliten —y no que inhiban— la materialización de los ideales del periodismo. Por ejemplo, se integran por jóvenes periodistas no sólo versados en habilidades digitales, sino en los principios periodísticos tradicionales. Asimismo, se cimientan en nuevos modelos operativos basados en la transparencia y rendición de cuentas a los lectores, la incorporación productiva y proactiva de las audiencias y ciudadanos a sus rutinas de trabajo, y la integración de sus equipos a oportunidades de colaboración con diversos tipos de actores. Asimismo, están comprometidos con la alfabetización mediática, la capacitación y la profesionalización del periodismo, y comparten los mismos desafíos en cuanto a legitimidad en un ambiente altamente polarizado. A su vez, las diferencias sustanciales entre ambos proyectos tienen que ver con las trayectorias y perfiles de sus integrantes, su estructura, visibilidad y alcance, y sus horizontes de posibilidad y sustentabilidad financiera a largo plazo.

Con ello se corrobora la existencia de comunidades de práctica tejidas y solidificadas a partir de alianzas y proyectos colaborativos. Al mismo tiempo, se demuestra que sí se pueden desafiar las lógicas históricas y estructurales que han permeado el ejercicio del periodismo en el país. Pero aun desde los márgenes, estas florecientes comunidades enfrentan los mismos desafíos. Pese a sus posibles divergencias en algunas prácticas, misiones y formas organizativas, existe una preocupación de que los ciudadanos se unan a la cruzada de aquilatar el discurso democrático y la rendición de cuentas, y de que no sean sólo los periodistas sino las audiencias quienes legitimen y den valor a la precisión y verosimilitud. Esto se ve complicado en un entorno en el que desde el poder político se estigmatiza y cuestiona al periodismo como ocupación. La reparación del paradigma sólo tendría sentido si se considera legítimo, válido e importante por la propia sociedad.

Referencias

Aldridge, M., & Evetts, J. (2003). Rethinking the concept of professionalism: The case of journalism. *The British Journal of Sociology, 54*(4), 547-564. https://onlinelibrary.wiley.com/doi/10.1111/j.1468-4446.2003.00547.x

Amazeen, M. A. (2020). Journalistic interventions: The structural factors affecting the global emergence of fact-checking. *Journalism, 21*(1), 95-111. https://doi.org/10.1177/1464884917730217

Bennett, L., Gressett, L. A., & Haltom, W. (1985). Repairing the News: A case Study of the News Paradigm. *Journal of Communication, 35*(2), 50-68. https://doi.org/10.1111/j.1460-2466.1985.tb02233.x

Berkowitz, D. (2000). Doing double duty: Paradigm repair and the Princess Diana what-a-story. *Journalism, 1*(2), 125-143. https://doi.org/10.1177/146488490000100203

Blach-Ørsten, M., Møller Hartley, J., & Wittchen, M. B. (2018). A Matter of Trust. Plagiarism, fake sources and paradigm repair in the Danish news media. *Journalism Studies, 19*(13), 1889-1898. https://doi.org/10.1080/1461670X.2018.1492878

Carlson, M. (2012). 'Where once stood titans': Second-order paradigm repair and the vanishing US newspaper. *Journalism, 13*(3), 267-283. https://doi.org/10.1177/1464884911421574

Cecil, M. (2002). Bad Apples: Paradigm Overhaul and the CNN/Time "Tailwind" Story. *Journal of Communication Inquiry, 26*(1), 46-58. https://doi.org/10.1177/019685990202600104

Christians, C. G., Glasser, T., McQuail, D., Nordenstreng, K., & White, R. A. (2009). *Normative Theories of the Media: Journalism in Democratic Societies.* University of Illinois Press.

Deuze, M. (2005). What is journalism?: Professional identity and ideology of journalists reconsidered. *Journalism, 6*(4), 442-464. https://doi.org/10.1177/1464884905056815

Esteban-Navarro, M.-Á., Nogales-Bocio, A.-I., García-Madurga, M.-Á., & Morte-Nadal, T. (2021). Spanish Fact-Checking Services: An Approach to Their Business Models. *Publications, 9*(3), 38. https://doi.org/10.3390/publications9030038

Ferrucci, P. (2022). Joining the Team: Metajournalistic Discourse, Paradigm Repair, the Athletic and Sports Journalism Practice. *Journalism Practice, 16*(10), 2064-2082. https://doi.org/10.1080/17512786.2021.1907213

Galarza-Molina, R. (2020). Fact-checking en el periodismo mexicano: Análisis de la experiencia Verificado 2018. *Convergencia. Revista de Ciencias Sociales, 27*, 1-21. https://doi.org/10.29101/crcs.v27i0.12902

González, R. A. (2021). Mexican Journalism Under Siege. The Impact of Anti-press Violence on Reporters, Newsrooms, and Society. *Journalism Practice, 15*(3), 308-328. https://doi.org/10.1080/17512786.2020.1729225

Graves, L., & Amazeen, M. A. (2019). Fact-Checking as Idea and Practice in Journalism. En *Oxford Research Encyclopedia of Communication*. https://doi.org/10.1093/acrefore/9780190228613.013.808

Graves, L., & Konieczna, M. (2015). Sharing the News: Journalistic Collaboration as Field Repair. *International Journal of Communication, 9*(0), 1966-1984.

Hallin, D., & Mancini, P. (2008). *Sistemas mediáticos comparados: Tres modelos de relación entre los medios de comunicacion y la política.* Hacker.

Hernández Ramírez, M. E. (2010). Franquicias periodísticas y sinergias productivas en la prensa mexicana: En busca de nuevos modelos de financiamiento. En M. E. Hernández Ramírez (Ed.), *Estudios sobre periodismo: Marcos de interpretación para el contexto mexicano* (pp. 55-122). Universidad de Guadalajara.

Hindman, E. B. (2005). Jayson Blair, The New York Times, and Paradigm Repair. *Journal of Communication, 55*(2), 225-241. https://doi.org/10.1111/j.1460-2466.2005.tb02669.x

Hughes, S. (2006). *Newsrooms in Conflict: Journalism and the Democratization of Mexico.* University of Pittsburgh Press.

Kim, B., & Buzzelli, N. R. (2022). The Logics of Fact-Checking Website Operations. *Digital Journalism*, 1-24. https://doi.org/10.1080/21670811.2022.2089707

Koliska, M., & Assmann, K. (2021). Lügenpresse: The lying press and German journalists' responses to a stigma. *Journalism, 22*(11), 2729-2746. https://doi.org/10.1177/1464884919894088

Koliska, M., & Steiner, L. (2019). Paradigm Repair. En T. P. Vos, F. Hanusch, D. Dimitrakopoulou, M. Geertsema-Sligh & A. Sehl (Eds.), *The International Encyclopedia of Journalism Studies* (1a ed., pp. 1-7). Wiley. https://doi.org/10.1002/9781118841570.iejs0036

Kovach, B., & Rosenstiel, T. (2012). *Los elementos del periodismo.* Random House.

Kuhn, T. S. (1971). *La estructura de las revoluciones científicas.* Fondo de Cultura Económica.

Lawson, C. (2002). *Building the Fourth Estate: Democratization and the Rise of a Free Press in Mexico.* University of California Press.

Lelo, T. (2022). The Rise of the Brazilian Fact-checking Movement: Between Economic Sustainability and Editorial Independence. *Journalism Studies, 23*(9), 1077-1095. https://doi.org/10.1080/1461670X.2022.2069588

Márquez, M. (2012). Valores normativos y prácticas de reporteo en tensión: Percepciones profesionales de periodistas en México. *Cuadernos.info,* (30), 97-110. https://doi.org/10.7764/cdi.30.430

Márquez, M. (2015). El impacto de la violencia criminal en la cultura periodística post-autoritaria: La vulnerabilidad del periodismo regional en México. En C. Del Palacio (Ed.), *Violencia y periodismo regional en México* (pp. 15-48). Juan Pablos.

Márquez Ramírez, M., Antonio Manzo, K. D., Romero Cárcamo, L., Cárdenas López, A., Castrillón, L. R., Húguez Sánchez, Á. I., & Rueda, A. (2021). Periodismo y Crisis Sanitarias: Cómo los Periodistas en México Cubrieron y Resintieron la Pandemia por COVID-19. *Global Media Journal México, 18*(35), 201-306. https://doi.org/10.29105/gmjmx18.35-11

Martínez-García, L., & Ferrer, I. (2023). Fact-Checking Journalism: A Palliative Against the COVID-19 Infodemic in Ibero-America. *Journalism & Mass Communication Quarterly, 100*(2), 264-285. https://doi.org/10.1177/10776990231164168

Martínez, S. & Ramos, D. N. (2020). Periodismo colaborativo: Tejiendo Redes en disputa por la palabra y la agenda informativa. *Comunicación y sociedad,* (17), 1-22. https://doi.org/10.32870/cys.v2020.7608

Mellado, C., Márquez-Ramírez, M., Mick, J., Oller Alonso, M., & Olivera, D. (2017). Journalistic performance in Latin America: A comparative study of professional roles in news content. *Journalism: Theory, Practice & Criticism, 18*(9), 1087-1106. https://doi.org/10.1177/1464884916657509

Mena, P. (2019). Principles and Boundaries of Fact-checking: Journalists' Perceptions. *Journalism Practice, 13*(6), 657-672. https://doi.org/10.1080/17512786.2018.1547655

Moreno-Gil, V., Ramon, X., & Rodríguez-Martínez, R. (2021). Fact-Checking Interventions as Counteroffensives to Disinformation Growth: Standards, Values, and Practices in Latin America and Spain. *Media and Communication, 9*(1), 251-263. https://doi.org/10.17645/mac.v9i1.3443

Ogbebor, B. (2020). Paradigm Repair and Journalistic Metadiscourse. En B. Ogbebor (Ed.), *British Media Coverage of the Press Reform Debate: Journalists Reporting Journalism* (pp. 99-122). Springer.

Palau-Sampio, D. (2018). Fact-checking y vigilancia del poder: La verificación del discurso público en los nuevos medios de América Latina. *Communication & Society, 31*(3), 347-363. https://doi.org/10.15581/003.31.3.347-363

Puerta Molina, A. A. (2018). La crónica, una tradición periodística y literaria latinoamericana. *Historia y Comunicación Social, 23*(1), 213-229. https://doi.org/10.5209/HICS.59842

Reese, S. D. (1990). The news paradigm and the ideology of objectivity: A socialist at the Wall Street Journal. *Critical Studies in Mass Communication, 7*(4), 390-409. https://doi.org/10.1080/15295039009360187

Reyna, V. H., Echeverría, M., & González, R. A. (2020). Beyond Exogenous Models: Mexican Journalism's Modernization in its Own Terms. *Journalism Studies, 21*(13), 1815-1835. https://doi.org/10.1080/1461670X.2020.1796765

Rodelo, F. V., Márquez Ramírez, M., Salazar Rebolledo, G., Del Palacio Montiel, C., Echeverría, M., Gutiérrez Ortega, A., Antonio Manzo, K. D., Brambila, J., Buxadé, J., González, R. A., Hughes, S., & Lemini Camarillo, J. L. (2023). Periodistas en México: Encuesta de sus perfiles demográficos, laborales y profesionales. *Global Media Journal México, 20*(39), 110-159. https://doi.org/10.29105/gmjmx20.39-512

Rodríguez-Pérez, C., Seibt, T., Magallón-Rosa, R., Paniagua-Rojano, F. J., & Chacón-Peinado, S. (2023). Purposes, Principles, and Difficulties of Fact-checking in Ibero-America: Journalists' Perceptions. *Journalism Practice, 17*(10), 2159-2177.

https://doi.org/10.1080/17512786.2022.2124434

Ruggiero, T. E. (2004). Paradigm Repair and Changing Journalistic Perceptions of the Internet as an Objective News Source. *Convergence: The International Journal of Research into New Media Technologies, 10*(4), 92-106. https://doi.org/10.1177/135485650401000408

Salazar Rebolledo, M. G. (2018). Resistiendo el clientelismo. Publicidad gubernamental y subsistencia de la prensa crítica. *Colombia Internacional,* (95), 203-230. https://doi.org/10.7440/colombiaint95.2018.08

Schudson, M. (2001). The objectivity norm in American journalism. *Journalism, 2*(2), 149-170. https://doi.org/10.1177/146488490100200201

Smith, P. K., & Sissons, H. (2019). Social media and a case of mistaken identity: A newspaper's response to journalistic error. *Journalism, 20*(3), 467-482. https://doi.org/10.1177/1464884916683551

Vizoso, Á., & Vázquez-Herrero, J. (2019). Plataformas de fact-checking en español. Características, organización y método. *Communication & Society, 32*(1), 127-142. https://doi.org/10.15581/003.32.37819

Vos, T. P. (2017). The Paradigm Is Dead, Long Live the Paradigm. *Journalism & Communication Monographs, 19*(4), 307-311. https://doi.org/10.1177/1522637917734216

La desinformación en los planes de comunicación de las administraciones públicas locales: el caso del Ayuntamiento de Málaga

JESÚS ESPINO GONZÁLEZ
Universidad de Málaga

1. INTRODUCCIÓN

El abordaje de la desinformación se ha convertido en una prioridad para contener los bulos y garantizar la calidad de la conversación pública. Desde el punto de vista de la gestión de la comunicación es, junto a la creciente dificultad que entraña llegar a las audiencias más jóvenes, el mayor desafío al que se enfrentan los gabinetes de comunicación institucionales y corporativos cuando procesan y lanzan mensajes a la opinión pública. Por eso, a la hora de elaborar planes para determinar los objetivos que a medio y largo plazo deben alcanzarse, en la lista de tareas figura —o debería figurar—, en un lugar preferente, la necesidad de garantizar que las fuentes oficiales tengan capacidad de maniobra y mecanismos continuos e instantáneos para explicar, desmentir y verificar, especialmente cuando surgen crisis que pueden desestabilizar su reputación.

Salaverría (2022) se refiere a tres tipos de estrategias para vencer la desinformación: tecnológicas, consistentes en el desarrollo de sistemas de inteligencia artificial capaces de detectar e identificar contenidos potencialmente desinformativos y alertarnos de su existencia y origen; legales, resultado de la aprobación y el cumplimiento de normas específicas que determinen sanciones nuevas o endurezcan las existentes, así como leyes transnacionales; y educativas, que conllevan la formación en alfabetización mediática de la ciudadanía.

Las instituciones públicas, incluidas las locales, pueden intervenir en los tres tipos enumerados por Salaverría: su estrategia comunicativa tiene que definirse teniendo en cuenta las herramientas digitales, la regulación y la divulgación. Los ayuntamientos, como administración más cercana a los ciudadanos, deben responder al reto de la desinformación en primera línea como defensa de la democracia liberal entendida como explica Fukuyama (2022, pp. 19, 21):

> *Democracia* significa "gobierno del pueblo", lo cual hoy en día está institucionalizado en elecciones multipartidistas y justas, periódicas y libres mediante sufragio universal. En el sentido en que yo empleo el término, *liberalismo* se refiere al principio de legalidad, un sistema de normas formales que restringe los poderes del ejecutivo, incluso aunque ese ejecutivo haya sido legitimado mediante unas elecciones. Por consiguiente, lo adecuado sería referirnos a *democracia liberal* al hablar del tipo de régimen que ha prevalecido en América del Norte, Europa, partes del este y el sur de Asia y otros lugares del mundo desde el final de la Segunda Guerra Mundial (...). A lo largo de los siglos se han planteado tres justificaciones fundamentales de las sociedades liberales. La primera se basa en un argumento pragmático: el liberalismo es una forma de regular y permitir que poblaciones distintas convivan pacíficamente las unas con las otras. La segunda es moral: el liberalismo protege la dignidad humana básica y, en particular, la autonomía humana, la capacidad de cada individuo de tomar decisiones. La justificación final es económica: el liberalismo promueve el crecimiento económico y todas las cosas buenas que conlleva, protegiendo los derechos de propiedad y la libertad de realizar transacciones.

La intervención de las administraciones públicas para frenar la desinformación no es una tendencia pasajera, sino que ha alcanzado la categoría de mandato. El procedimiento de actuación contra la desinformación (BOE, 05/11/2020; p. 96.673), con rango de orden ministerial, señala a todas las instituciones y administraciones públicas, sin excluir a las locales, como responsables de asegurar el acceso a información veraz:

> El acceso a la información veraz y diversa es uno de los pilares que sustentan a las sociedades democráticas y que deben asegurar las instituciones y administraciones públicas, porque se conforma como el instrumento que permite a los ciudadanos formarse una opinión sobre los distintos asuntos políticos y sociales. Además, la información permite a la ciudadanía adquirir conciencia y fundamento para participar en los debates públicos y, entre otros derechos democráticos, en los procesos electorales. Por este motivo, la libertad de expresión y el de-

> recho a la información se consagran como derechos fundamentales en nuestra Constitución. Sin embargo, estos procesos de participación democrática se ven cada vez más amenazados por la difusión deliberada, a gran escala y sistemática, de desinformación que persigue influir en la sociedad con fines interesados y espurios.

En su *Comunicación sobre la lucha contra la desinformación en línea,* la Comisión Europea (2018) define el término desinformación sintéticamente: "Información verificablemente falsa o engañosa que se crea, presenta y divulga con fines lucrativos o para engañar deliberadamente a la población, y que puede causar un perjuicio público", entendiendo como tal perjuicio las interferencias en procesos democráticos y la afección a bienes públicos básicos, empezando por la salud, la seguridad y el medio ambiente.

Este capítulo se propone repasar los retos a los que se enfrentan los gabinetes de comunicación institucionales; a continuación, transponer las tres estrategias de Salaverría al nivel municipal aplicadas al caso del Ayuntamiento de Málaga; finalmente, a modo de conclusión, esbozar un plan de comunicación aplicable a los gobiernos municipales españoles a tenor de los retos y las estrategias analizados.

2. RETOS A LOS QUE SE ENFRENTA LA COMUNICACIÓN INSTITUCIONAL

La eclosión de las redes sociales, y la consiguiente gestión de cuentas institucionales, ha transformado a los gabinetes de prensa en gabinetes de comunicación. Esa mutación viene de un cambio de paradigma: de *uno a todos* pasamos a *todos a todos* porque los medios de comunicación han perdido el monopolio de la intermediación (Espino, 2021; p.71). Antes de los *smartphones,* la mediatización de la política la ejercía exclusivamente el periodismo generando opinión pública, es decir, informando y opinando (Gomis, 1974; pp. 221, 255, 317). Ahora, el impacto de una publicación en X —antes Twitter— puede equivaler y hasta superar lo que ese mismo mensaje conseguiría sumar difundido en otros formatos, por ejemplo convocando una conferencia de prensa al uso.

Para Almansa (2011, p. 7), la transición de gabinetes de prensa a gabinetes de comunicación es anterior y se debe a su encuadre en las relaciones públicas: "Si en un principio su labor consistía únicamente en relacionarse con los medios de comunicación, con el paso del tiempo han diversificado sus tareas", ocupándose ahora "también de las relaciones institucionales, la organización de eventos, las relaciones con la sociedad en general, la comunicación interna, etc.".

Los medios de comunicación se han convertido en continuos para satisfacer la demanda de las audiencias activas, adaptándose a un nuevo modelo que lleva, consecuentemente, a un ecosistema inédito (Díaz Nosty, 2013; pp. 17, 49, 115). Esta transición, irremediablemente y en la misma proporción, tienen que asumirla los gabinetes de comunicación, departamentos cuya supervivencia depende de su aclimatación a "una comunicación multidireccional instantánea y permanente", debido a que "el proceso de formación de la opinión pública se enriquece y se complica al alcanzar la comunicación corporativa e institucional nuevos públicos con un lenguaje y unas herramientas diferentes, accediendo a la gran conversación" que se produce en las redes sociales (Espino, 2022; p. 74).

El interés por las noticias ha caído 34 puntos desde 2015, según el *Digital News Report* de Reuters Institute y University of Oxford (2023), que destaca cómo la "dependencia" de las redes sociales haciendo la función de intermediario "continúa incrementándose a pesar de la creciente fragmentación de los canales, y a pesar de que la inquietud pública por la desinformación y los algoritmos esté cerca del pico histórico", unos cambios "fuertemente influenciados por los hábitos de las generaciones jóvenes, que han crecido en las redes y hoy en día suelen prestar más atención a los *influencers* o a los famosos que a los periodistas, incluso cuando se trata de noticias".

En España, con una población de 46,8 millones de habitantes y una penetración de Internet que se sitúa en el 93%, el *Digital News Report* de 2023 remarca que, por primera vez, el consumo de Internet (84,3%) ha superado al de televisión (83,3%), según la Asociación para la Investigación de Medios de Comunicación (AIMC), responsable del célebre Estudio General de Medios (EGM).

En 2022, el tiempo dedicado a la televisión alcanzó su nivel más bajo en 30 años, a la vez que se acentuaba el declive de la prensa escrita, que ha perdido en una década el 60% de sus lectores. El 13% paga por las noticias *online,* el 45% escucha podcast y un 33% confía en las noticias en general —un 40%, en las noticias que consume—, lo que supone detener por primera vez desde 2017 la pérdida de credibilidad del periodismo, más pronunciada entre los menores de 45 años.

Entre los datos de Reuters Institute y University of Oxford destaca que el 41% de los españoles comparte noticias. Las plataformas digitales más usadas para *informarse* son, por este orden, Facebook (30%), WhatsApp (27%), Instagram (21%), YouTube (21%), Twitter (18%) y TikTok (10%). Todo esto en un país cuya posición en el RSF World Press Freedom Index —medida de libertad de prensa de la ONG Reporteros Sin Fronteras basada en el criterio de expertos— es la 36 de 180, con una puntuación de 75,37 sobre 100.

La evolución cuantitativa —involución cualitativa— de la propagación de información se topa, además, con un obstáculo añadido: la reducción de la atención, rebajada a nueve segundos en la generación *millennial,* según recuerda Patino (2020, pp. 16-17), para quien vivimos en “la civilización de la memoria de pez”:

> Nuestros sueños digitales se estrellan contra esta duración ridícula. Nos habían prometido el infinito. Creíamos que el ciberespacio no tendría más límites que los del ingenio humano. En cambio, somos peces encerrados en la pecera de las pantallas, sometidos al ritmo de notificaciones y mensajes. Nuestra mente da vueltas en redondo, de tuits a videos de YouTube, de *snaps* a correos, de *lives* a *push,* de aplicaciones a *newsfeeds,* de mensajes provocadores escritos por un robot a imágenes filtradas por un algoritmo, de datos manifiestamente falsos a *buzz* fuera de lugar. Como peces, creemos que vamos a descubrir el universo a cada instante, sin darnos cuenta de la repetición infernal en la que nos encierran las pantallas digitales a las que entregamos nuestro tesoro más preciado: nuestro tiempo.

Las debilidades que muestra este diagnóstico —declive de la mediación periodística, auge de las pantallas personales, ruptura de la atención— generan alguna oportunidad y permiten desarrollar fortalezas en cierta medida, como veremos en el apartado dedicado a las estrategias tecnológicas. Pero hay una amenaza enorme y muy difícil de combatir desde las instituciones: la desinformación, que "ha tenido un papel central en los procesos políticos con efectos reales en las elecciones en Estados Unidos e Italia o el referéndum de salida del Reino Unido de la Unión Europea" —Brexit—, recuerda Alandete (2019, p. 17) al destacar el papel de Julian Assange y la injerencia rusa en el *procés* que llevó al referéndum ilegal para la independencia de Cataluña, celebrado el 1 de octubre de 2017; y, semanas después, a la efímera declaración unilateral de independencia del día 27.

La invasión rusa de Ucrania en febrero de 2022, y la guerra desatada a partir de entonces, ha revitalizado el debate sobre la desinformación. En su recopilación de propuestas, el Departamento de Seguridad Nacional (2022, pp. 8-9) señala "los niveles de desinformación y manipulación informativa observados en este acontecimiento bélico, con clara afectación a la Unión Europea y sus estados miembros, incluida España", lo que pone de manifiesto, "aún más, la necesidad que tienen las sociedades democráticas de desarrollar mecanismos para dar respuesta a las campañas de desinformación y salvaguardar los valores y procesos democráticos y los intereses de seguridad nacional".

El verdadero propósito de quienes orquestan campañas de desinformación a gran escala es desestabilizar la democracia. Da Empoli (2019, pp. 19-20) se refiere a ellos como *ingenieros del caos* que "están transformando la naturaleza misma del juego democrático" al hacer una "traducción política" del nuevo paradigma de la comunicación: "Si el algoritmo de las redes sociales se ha programado para servir al usuario cualquier contenido que pueda atraerlo un poco más a menudo y mantenerlo un poco más de tiempo en la plataforma, el algoritmo de los ingenieros del caos los empuja a la posición que haga falta —razonable o absurda, realista o intergaláctica— a condición de que capte las aspiraciones y los temores —especialmente los temores— de los votantes". Se trata de "inflamar pasiones" o "azuzar la ira" para conquistar una mayoría que, en vez de residir en el centro, se polariza en los extremos. Es una nueva propaganda que "se alimenta principalmente de emociones negativas porque éstas aseguran mayor participación; de ahí el éxito de las noticias falsas y las teorías de la conspiración".

Las administraciones públicas, por tanto, necesitan imperiosamente reforzar su comunicación institucional mediante una *ingeniería del orden,* por oposición a las técnicas que intentan imponer el caos. Su presencia en redes sociales es obligada para adaptarse a los medios continuos y satisfacer a las audiencias activas. Necesitan ganar velocidad y tener voz en una conversación pública multidireccional, instantánea y permanente. Y han de hacerse presentes en los soportes donde están los públicos más vulnerables a la desinformación —véase imagen I—.

Imagen I. Mensaje en X del Ayuntamiento de Málaga desmintiendo la celebración de un mitin de Joan Tardá y Arnaldo Otegi (02/05/2022).

Fuente: cuenta en X del Ayuntamiento de Málaga

3. ESTRATEGIAS TECNOLÓGICAS

El Ayuntamiento de Málaga —entendiendo como tal todo el *holding* municipal, es decir, incluyendo las entidades dependientes, organismos y empresas— dispone de casi 200 cuentas autorizadas en redes sociales. Edita una guía de redes sociales corporativas que va por su tercera edición (2024) —la primera se lanzó en 2015; la segunda, en 2020—. Este documento define el objeto de los perfiles —servicio público, actualidad, escucha activa—, establece normas de estilo y redacción —con un protocolo de gestión de contenidos— y contempla la monitorización y el análisis de la conversación pública, cómo gestionar una crisis y qué procedimiento ha de seguirse para abrir una cuenta y obtener permiso del Área de Comunicación, lanzarla y ponerla en funcionamiento.

La apertura de las cuentas *paraguas* —las del Ayuntamiento en general, no áreas o entidades específicas— se produjo en julio de 2011, empezando por Twitter —ahora X— y Facebook. Desde entonces, la gestión de las redes sociales municipales, aunque centralizada y controlada por el área competente, se ha apoyado en la asistencia de contratos externos que han aportado personal especializado y herramientas tecnológicas. Los medios propios de la Administración no bastan para cubrir todas las necesidades.

El *test de estrés* que supuso la pandemia dejó claro que los perfiles institucionales verificados en redes sociales tienen un papel fundamental en la gestión de crisis: ordenan la conversación pública, aportan información interesante de servicio público y desmienten bulos en tiempo real —véase imagen II—. En el caso que nos ocupa, las actualizaciones informaron a la ciudadanía sobre la acción de todas las administraciones, convirtiéndose en fuente preferente. Si antes de marzo de 2020 —cuando se declaró el estado de alarma debido al coronavirus— las redes sociales se consideraban necesarias para ejecutar una comunicación pública eficaz, la pandemia demostró que son absolutamente imprescindibles.

Imagen II. Cartel en las redes sociales del Ayuntamiento de Málaga (25/03/2020).

Fuente: redes sociales del Ayuntamiento de Málaga

Una vez que los gabinetes de comunicación institucionales han integrado las redes sociales —herramienta tecnológica— entre sus tareas ordinarias, cuando ya tratan la conversación pública mediante escucha activa y participación orgánica, el siguiente paso es dar una vuelta de tuerca: emplear la inteligencia artificial para detectar y cuantificar lo que está ocurriendo en la conversación pública. La monitorización y el seguimiento son una tarea expansiva cuyo crecimiento tiene progresión geométrica. Por consiguiente, llega un punto en el que no basta con que los gestores revisen personalmente las publicaciones para medir su incidencia y derivar o responder cuando procede. Ni con hacer búsquedas sobre el tema del momento más allá de las menciones o *hashtags* que pertenecen a nuestros hilos y brotan en la pantalla con forma de notificación. Al ritmo que vamos, los informes humanos quedarán atrás.

Procesar la conversación pública desde el ámbito institucional va a exigir una mecanización mayor porque la gran cantidad de datos que se generan a diario supera la capacidad de monitorización manual. En las administraciones más grandes, los pliegos ya empiezan a recoger servicios tecnológicos complejos que no se limitan al *clipping* digital —evolución del dossier de prensa en papel, aún en uso—. Las licitaciones del futuro inmediato abrirán la puerta de los gabinetes de comunicación al procesamiento del lenguaje natural: las máquinas leerán textos y los clasificarán, detectarán los temas relevantes y recurrentes, advertirán de quejas y sugerencias, distinguirán tono y emociones sobre cuestiones concretas, identificarán *influencers* y *haters*. Podrán reducir todo ello a un indicador sintético que mida el *feedback* de la ciudadanía y alimente el cuadro de mandos de la organización aportando información útil para la toma de decisiones.

La tecnología nos ofrece la oportunidad de contar lo de siempre como nunca. Si logramos aprovechar las herramientas digitales desde el ámbito institucional y no las percibimos únicamente como amenaza, Internet será una fortaleza en lugar de una debilidad.

4. ESTRATEGIAS NORMATIVAS

El bando del alcalde de Málaga, Francisco de la Torre, con motivo de la Semana Santa de 2022 (30/03/2022, véase tabla I), incorpora por primera vez un pasaje relativo a la desinformación cuando incluye, entre un total de ocho "recomendaciones generales para la seguridad de asistentes e integrantes de las procesiones", la siguiente: "No secunde situaciones de pánico, bulo o rumor. Comparta sólo información verificada".

Para entender la importancia crucial de evitar la difusión de información falsa en plena Semana Santa —un acontecimiento que conlleva grandes aglomeraciones de personas en la vía pública, véase imagen III—, conviene recordar que en 2017 se produjo una estampida en la procesión del Cautivo tras una pelea: el desconcierto producido durante el regreso del trono, de madrugada, desencadenó una avalancha y acabó con dos heridos (*El País,* 11/04/2017). Más de un centenar de personas se dirigieron a la Jefatura de la Policía Local para refugiarse, y algunas de ellas requirieron atención médica por desmayos y crisis de ansiedad. "Rumores sobre disparos y un coche en dirección contraria desataron la histeria colectiva", tituló *Sur* (11/04/2017) en una detallada información firmada por Juan Cano:

Unos decían que habían oído disparos; otros, que habían visto un fogonazo; y había varios que aseguraban que un coche había entrado a toda velocidad en sentido contrario desde la plaza de la Merced. La psicosis originada por los rumores de un atentado derivó en una avalancha imposible de controlar (...). La gente salió corriendo "en todas las direcciones", cuenta un testigo, "a los músicos se les iban cayendo los instrumentos. Otros presentes incluso aseguran que había hasta teléfonos móviles tirados por el suelo y la gente ni se detenía a cogerlos". Varios niños se perdieron, aunque fueron encontrados al poco tiempo por sus padres. La presencia del helicóptero de la Policía Nacional, que sobrevoló la zona del río más próxima a la calle Carretería para intentar tomar imágenes desde el aire de lo que estaba pasando, contribuyó sin pretenderlo a acrecentar la sensación de que algo estaba pasando. Familias enteras se refugiaron en los locales de los alrededores que encontraron abiertos a esa hora. "Intentamos convencerlos de que salieran, de que no había ningún atentado, pero no había forma", relata otro de los agentes que actuaron. "La única forma de lograrlo fue decirle a la banda de música que volviera a tocar para que comprendieran que la procesión continuaba y que todo volvía a la normalidad".

Imagen III. Anverso del tríptico del Ayuntamiento y la Agrupación de Cofradías repartido por las calles del centro de Málaga durante la Semana Santa de 2023 (el reverso era un plano con las vías de evacuación en torno al recorrido oficial)

Fuente: Ayuntamiento de Málaga y Agrupación de Cofradías de Málaga

En la Feria de 2022 (03/08/2022, véase tabla I), De la Torre dedica la séptima disposición a los "bulos" en estos términos:

> La convivencia en momentos de grandes celebraciones (...) también pasa por una conversación pública de calidad. Por eso, hago un llamamiento a la responsabilidad individual para evitar la difusión de bulos que pueden provocar alarma y generar incluso graves problemas de seguridad (...): pido a los ciudadanos que cuando compartan información sean rigurosos y recurran a fuentes oficiales y/o medios de comunicación que contrastan sus informaciones con dichas fuentes. Tanto el Ayuntamiento como las demás administraciones públicas (...) disponen de perfiles verificados en redes sociales que darán cuenta en tiempo real de lo que suceda durante estos días.

Esta disposición se convierte en una pauta y reaparece, con variaciones mínimas, en la Navidad de 2022 (14/12/2022), la Semana Santa de 2023 (24/03/2023), la Feria de 2023 (05/08/2023), la Navidad de 2023 (13/12/2023), la Semana Santa de 2024 (20/03/2024), la Feria de 2024 (07/08/2024) y la Navidad de 2024 (05/12/2024), último de los bandos publicados hasta la redacción del presente texto —véase tabla I—.

Tabla I. Bandos del alcalde de Málaga que se refieren a la desinformación

Motivo del bando	Fecha (firma)	Disposición sobre desinformación	Disposiciones (en total)
Navidad	05/12/2024	12	13
Feria	07/08/2024	7	8
Semana Santa	20/03/2024	13	14
Navidad	13/12/2023	12	13
Feria	05/08/2023	7	8
Semana Santa	24/03/2023	14	14
Navidad	14/12/2022	12	12
Feria	03/08/2022	7	8
Semana Santa	30/03/2022	12.1.	13

Fuente: https://www.malaga.eu/el-ayuntamiento/el-alcalde/documentos-de-interes/bandos

Los bandos son posteriores al ya citado procedimiento de actuación contra la desinformación (BOE, 05/11/2020; pp. 96.673-96.680). Dicho procedimiento establece cuatro niveles de activación: primero, detección y alerta temprana a escala técnica; segundo, coordinación y sincronización; tercero, adopción de decisiones y establecimiento de objetivos políticos y estratégicos para hacer frente a una campaña de desinformación; y cuarto, gestión política dentro del sistema de seguridad nacional. La respuesta municipal equivaldría, por tanto, al tercer nivel, que en cuanto a comunicación pública se resuelve mediante campañas de comunicación estratégica, de las cuales veremos ejemplos más adelante.

El procedimiento, aprobado por el Consejo de Seguridad Nacional el 6 de octubre de 2020, en plena crisis pandémica, indica a partir de datos del Eurobarómetro que el 88% de los ciudadanos considera que la desinformación es un problema en España y el 66% afirma encontrarse con información falsa o que malinterpreta la realidad al menos una vez a la semana. En su argumentación para situar en contexto, el Consejo de Seguridad Nacional subraya, remitiendo a las citadas encuestas, que los ciudadanos consideran principales responsables de frenar la divulgación de noticias falsas, de luchar contra la desinformación, a los medios de comunicación, las autoridades públicas y las plataformas de medios sociales.

El régimen jurídico español no regula específicamente, como sí han hecho Francia y Alemania, las medidas contra la desinformación. García (2022) atribuye ese vacío a que el derecho a la libertad de expresión "no puede estar sometido a ninguna tutela previa de carácter administrativo". No obstante, "eso no implica que el Estado quede indefenso ante el posible uso malicioso de técnicas" desinformativas. Es evidente que la solución integral debería ir mucho más allá: García concluye que correspondería a las Cortes Generales aprobar una Ley Orgánica "a los efectos de establecer un sistema de colaboración entre la Administración y el Poder Judicial para dotar de absoluta celeridad a las medidas que impidan la difusión de flagrantes *fake news*", como ocurre en Alemania, pero estableciendo las tutelas necesarias para que la seguridad nacional no aplaste derechos fundamentales.

De momento, los *anticuerpos* legales contra el virus de la desinformación consisten en lo que García califica como "una cierta regulación de ínfimo carácter normativo": la orden ministerial —que convierte un mero acuerdo en ordenamiento jurídico, pero el más bajo de la jerarquía— del 30 de octubre de 2020 por la que se publica el procedimiento de actuación aprobado por el Consejo de Seguridad Nacional (BOE, 05/11/2020; pp. 96.673-96.680), basada en la Ley 36/2015 de Seguridad Nacional (BOE, 30/09/2015) y en la estrategia nacional de ciberseguridad (BOE, 30/04/2019; pp. 43.437-43.455).

Visto el panorama, los ayuntamientos no tienen capacidad de aprobar ordenanzas específicas: carecerían de anclaje en la legislación nacional y, por tanto, su efecto sería el de un placebo. Tales ordenanzas son, por ahora, inviables, pues corren el riesgo de ser tumbadas en los tribunales. Los municipios han de quedarse en el terreno de las recomendaciones, en el llamamiento al civismo que supone la promulgación de un bando dictado ante momentos de especial afluencia, como ocurre en Málaga en Semana Santa, en Feria y en Navidad. O, más allá de lo estacional, en situaciones extraordinarias de emergencia, alarma o excepción. El antecedente más claro y próximo lo tenemos en la crisis de la Covid-19.

Mientras tanto, hay que recurrir al *Código de buenas prácticas en materia de desinformación* (Comisión Europea, 2022), iniciativa conjunta a escala europea de las principales plataformas en línea, las plataformas emergentes y especializadas, los agentes del sector de la publicidad, los verificadores, los investigadores y organizaciones de la sociedad civil, quienes siguieron las orientaciones hechas por la Comisión Europea en mayo de 2021. Incluye 44 compromisos y 128 medidas específicas en ocho ámbitos:

- Reducción de los incentivos financieros para los proveedores de desinformación: medidas para que la publicidad no acompañe a la desinformación ni la publicidad contenga desinformación.
- Transparencia de la publicidad política: compromiso de revelar el patrocinador, el gasto y el periodo de visualización.
- Garantía de la integridad de los servicios: medidas contra las cuentas falsas, la amplificación a través de *bots,* la suplantación de identidad, etcétera.

- Empoderamiento de los usuarios: protección a través de herramientas que permitan reconocer y comprender la desinformación, acceder a fuentes autorizadas y recibir alfabetización mediática.
- Empoderamiento de los investigadores: que las plataformas en línea presten mejor apoyo a la investigación sobre desinformación, permitiendo un mayor acceso automatizado a los datos no personales.
- Empoderamiento de la comunidad de verificadores: las plataformas harán un uso más coherente de la verificación y se garantizarán contribuciones financieras justas para el trabajo de los verificadores, además de un mejor acceso a los datos.
- Centro de Transparencia y grupo de trabajo: se creará un centro accesible a todos los ciudadanos, y habrá un foro con presencia de los reguladores de medios audiovisuales para revisar y adaptar los compromisos a la evolución tecnológica, social, de mercado y legislativa.
- Fortalecimiento del marco de supervisión: finalmente, se medirá la aplicación del código en toda la Unión Europea y a nivel de los Estados miembros a través de informes periódicos.

5. ESTRATEGIAS EDUCATIVAS

En los intentos de frenar la desinformación están ganando peso las iniciativas de alfabetización mediática, una apuesta al nivel de la Unión Europea que conecta con "un modelo de creciente corresponsabilidad de la ciudadanía, a la que se considera que hay que dotar de los conocimientos y destrezas necesarios para enfrentar la amenaza de la desinformación" (Sádaba y Salaverría, 2023; pp. 26-27).

En España, destaca el papel de las universidades, las asociaciones de la prensa, algunas empresas privadas, la Administración pública —directa o indirectamente— y los medios de comunicación. Para el caso que nos ocupa, vamos a poner el foco en la Asociación de la Prensa de Málaga, a través de la cual el Ayuntamiento de la ciudad ha impulsado los Talleres Municipales de Alfabetización Mediática, que ya suman tres ediciones (2022, 2023 y 2024), impartidos en los distritos por periodistas contratados al efecto.

La Asociación de la Prensa de Málaga tiene dos proyectos de alfabetización mediática en marcha desde 2018: Prensa en Mi Mochila —para acercar los medios de comunicación a las aulas— y Prensa Sin Edad —destinado a las personas mayores con el objetivo de reducir la brecha digital—. Siguiendo la estela de ambos, el Ayuntamiento inició en 2022 una línea de colaboración para replicar el modelo en instalaciones municipales de proximidad para todo tipo de público.

El Departamento de Seguridad Nacional (2022, p. 179) considera que la alfabetización mediática es "herramienta clave en la lucha contra la desinformación" y entiende "imprescindible incluir la educación mediática como asignatura específica en el currículum académico de Primaria, Secundaria y Bachillerato", impartida por expertos en comunicación. Además, hace una indicación expresa a los ayuntamientos, instándoles —junto a ministerios, comunidades autónomas y diputaciones— a "desarrollar programas específicos con colectivos vulnerables" que les den "conocimientos para evitar los efectos de la manipulación en campañas de desinformación". Por otra parte, solicita al Gobierno campañas de información estatales "poniendo en valor el periodismo de calidad como arma fundamental en esta lucha, teniendo en cuenta que una sociedad bien informada es más difícil de manipular".

En el caso del Ayuntamiento de Málaga, los mensajes sobre desinformación se han asomado a campañas de concienciación que animan a consumir "productos periodísticos de calidad" —véase imagen IV— cuando advierten sobre la posibilidad de que "eso que te ha llegado por WhatsApp y estás reenviando a tus contactos" sea falso y exhortan a compartir "sólo información verificada".

El creador del *retuit,* Chris Wetherell, lo comparó con "entregarle un arma a un niño de cuatro años" (*El País,* 30/07/2019). En su arrepentimiento, afirmó: "Recuerdo que un día pensé que el eslogan 'ponemos el poder en manos de las personas' también podría llegar a decirse de forma un tanto distinta: '¡Oh, no; pusimos el poder en manos de las personas!". Esto da una idea de la diferencia entre manejar una herramienta sin conocer su potencialidad y hacerlo sabiendo hasta dónde puede llegar si no se utiliza correctamente: es importante que el usuario de un *smartphone* sea consciente de lo que está haciendo cuando pulsa un botón.

La alfabetización mediática es la solución más efectiva, aunque tarde en resultar. Porque como argumenta D'Ancona (2019, pp. 173-175), "si la gente quiere que se termine la era de la posverdad, tendrá que acabar con ella de una manera activa (…); si queremos desautorizar y derrotar a la posverdad, la tarea debe ser colectiva, sostenida y obstinada (…). Si la verdad sigue siendo importante para nosotros como civilización, es una tarea que no podemos obviar".

Imagen IV. Campaña del Ayuntamiento de Málaga contra los bulos que fomenta el consumo de productos periodísticos de calidad.

Fuente: Ayuntamiento de Málaga

6. CONCLUSIONES

A lo largo de estas páginas hemos visto a qué retos se enfrentan los gabinetes de comunicación institucionales; hemos aplicado las tres estrategias de Salaverría a la escala municipal, concretamente al Ayuntamiento cuyo caso nos sirve como ejemplo; y para concluir, a continuación, vamos a esbozar un plan de comunicación que pueda resultar útil a gobiernos locales españoles.

Teniendo presente que la desinformación es quizá el reto más acuciante de la comunicación institucional y la necesidad de aplicar la *ingeniería del orden* al diseñar planes de comunicación, los mensajes para contener la difusión de bulos deben tener una presencia transversal y permanente en lugar de reservarse para pequeñas acciones preventivas. Las plantillas de los comunicados oficiales del Ayuntamiento de Málaga —véase imagen V— incluyen como divisa, junto al logotipo, una recomendación elemental: "Verifica la información antes de compartirla".

En cuanto a estrategias tecnológicas, la pandemia constató que las redes sociales institucionales son absolutamente imprescindibles para gestionar crisis en el entorno digital, ya que permiten desmentir bulos en tiempo real y ordenan la conversación pública, con lo que ello supone como guía en momentos de incertidumbre. Por tanto, es necesario tener cuentas activas, a ser posible con un manual que defina su propósito, establezca normas de estilo y ponga reglas que permitan un control y supervisión por parte del área competente. Logrado lo anterior, la monitorización y el seguimiento deberán recurrir a la inteligencia artificial, ya que el procesamiento de la conversación pública supera la capacidad de gestión personal. Por tanto, la contratación pública en materia de comunicación va a abrirse a nuevos servicios que hasta hace poco nos habrían parecido ciencia ficción. En este sentido, los pliegos que van a redactarse en los próximos años introducirán paulatinamente interesantes innovaciones que se irán contagiando, en el mejor de los sentidos, a través de la Plataforma de Contratación del Estado.

En lo que respecta a estrategias normativas, los bandos son una buena oportunidad para incluir recomendaciones con ocasión de eventos en los que se reúne gran cantidad de público: la Semana

Santa, la Feria y la Navidad son las tres citas más evidentes en las que cabe hacer llamamientos a la responsabilidad individual de la población que sofoquen la difusión de bulos no sólo para evitar alarmas innecesarias, sino que éstas deriven en graves problemas de seguridad. Por ello, aunque la actual regulación legal en España se limita a una orden ministerial, la voz de los alcaldes sirve para divulgar y concienciar sobre la necesidad de recurrir a fuentes oficiales y medios de comunicación que contrastan sus informaciones con dichas fuentes. Para que este ejercicio sea completo, las administraciones —en todos los niveles— deben tener a disposición de los ciudadanos perfiles verificados en redes sociales con los que salir al paso si fuese necesario. Mientras no haya otro marco legal, hay que recurrir a buenas prácticas.

Las estrategias educativas, finalmente, conectan a la Administración local con quienes tienen en marcha proyectos de alfabetización mediática, sean universidades, asociaciones de la prensa, medios de comunicación o iniciativas privadas. Los ayuntamientos están entre las entidades públicas señaladas como responsables de diseñar programas específicos para dar a los ciudadanos conocimientos que mitiguen, ojalá hasta dejarlo a cero, el efecto manipulador de la desinformación. Las asociaciones de la prensa se han revelado como dispensadoras de formación que no suele impartirse en Primaria, Secundaria ni Bachillerato y, por tanto, es necesaria a todas las edades, incluso si se ha cursado educación superior. Quienes más y mejor cualificados están para transmitir esas enseñanzas son expertos en comunicación, es decir, titulados en las facultades de Ciencias de la Comunicación: periodistas o publicistas.

Imagen V. Nota de prensa del Ayuntamiento con un mensaje sobre desinformación junto al logotipo municipal: "Verifica la información antes de compartirla"

Ayuntamiento de Málaga
Área de Comunicación

Verifica la información antes de compartirla

mlg

comunicación y prensa municipal

Movilidad

AFECTACIONES A LA MOVILIDAD CON MOTIVO DE LA CELEBRACIÓN DE LA PRUEBA 'PROTOUR FETRI 2023'

Las afecciones de tráfico se producirán entre las 09:00 y las 19:45 horas del próximo sábado 21 de octubre

18/10/2023.- El Ayuntamiento de Málaga informa de las afectaciones a la movilidad que se producirán el próximo sábado, 21 de octubre, desde las 09:00 hasta las 19:45 horas, con motivo de la celebración de la prueba 'Protour Fetri 2023'.

El recorrido y las calles afectadas es el siguiente: Paseo del Muelle 1, paseo Dique de Levante sentido sur, Terminal de Cruceros, Dique de Levante sentido norte, paseo Marítimo Ciudad de Melilla, paseo Marítimo Pablo Ruiz Picasso hasta calle Idris, vuelta por la misma plataforma (carriles sur), plaza de la Malagueta, calle Vélez Málaga, calle San Nicolás, calle Marchena y paseo de La Farola, 2ª y 3ª vuelta al circuito anterior, y finalización en paseo del Muelle 1.

El desarrollo de la prueba en este tramo horario conllevará el corte de la circulación de todo el entorno donde ésta se desarrolla, incluido el acceso a los aparcamientos privados. Entre las 12:00 y las 13:30 horas, sí se permitirá la salida de vehículos de este entorno de forma regulada.

En cuanto a los autobuses de la EMT, se verá afectados los recorridos y paradas de las líneas 8 y 14.

En el caso de la línea 14, de 8:00 a 20:00 horas permanecerá anulado su recorrido por el paseo de la Farola y por el paseo Marítimo y establecerá su cabecera en la parada 1.201, ubicada en el paseo del Parque Torrijos. Por su parte, la línea 8 en sentido este (El Palo) anula su recorrido por el paseo Marítimo Pablo Ruiz Picasso y se desvía por el paseo de Reding, avenida de Pries, paseo de Sancha y avenida Pintor Sorolla hasta el Morlaco.

www.malaga.eu @AyuntamientodeMalaga @malaga @AytodeMalaga
@ayuntamientomalaga @ayuntamientodemalaga @ayuntamientomalaga

Fuente: Ayuntamiento de Málaga

Bibliografía

Alandete, D. (2019). Fake news: la nueva arma de destrucción masiva. Cómo se utilizan las noticias falsas y los hechos alternativos para desestabilizar la democracia. Barcelona: Deusto.

Almansa, A. (2011). Del gabinete de prensa al gabinete de comunicación. La dirección de comunicación en la actualidad. Sevilla-Zamora: Comunicación Social.

Ayuntamiento de Málaga. Bandos. Recuperado de: https://www.malaga.eu/el-ayuntamiento/el-alcalde/documentos-de-interes/bandos.

Ayuntamiento de Málaga (2020). Guía de redes sociales corporativas. Recuperado de: https://www.malaga.eu/informacion-general/redes-sociales.

Boletín Oficial del Estado. Recuperado de: https://boe.es.

Comisión Europea (2018). Communication: Tackling online disinformation: a European approach. Recuperado de: https://digital-strategy.ec.europa.eu/en/library/communication-tackling-online-disinformation-european-approach.

Comisión Europea (2022). Código de buenas prácticas en materia de desinformación. Recuperado de: https://digital-strategy.ec.europa.eu/es/policies/code-practice-disinformation.

Da Empoli, G. (2019). Los ingenieros del caos. Madrid: Oberon.

D'Ancona, M. (2019). Posverdad. La nueva guerra contra la verdad y cómo combatirla. Madrid: Alianza Editorial.

Departamento de Seguridad Nacional (2022). Lucha contra las campañas de desinformación en el ámbito de la seguridad nacional. Propuestas de la sociedad civil. Recuperado de: https://www.dsn.gob.es/sites/dsn/files/LibroDesinfoSN.pdf.

Díaz Nosty, B. (2013). La prensa en el nuevo ecosistema informativo. ¡Que paren las rotativas! Barcelona: Ariel.

El País (30/07/2019). El creador del retuit lo compara con "entregarle un arma cargada a un niño de cuatro años". Recuperado de: https://elpais.com/tecnologia/2019/07/29/actualidad/1564394008_283303.html.

El País (11/04/2017). Estampida en la procesión del Cautivo de Málaga tras una pelea. Recuperado de: https://elpais.com/politica/2017/04/11/actualidad/1491892153_944128.html.

Espino, J. (2021). La gestión de las redes sociales: del gabinete de prensa al gabinete de comunicación. En Gutiérrez Lozano, J. F. y Rosa Castillo, R. M. (Eds.), Nuevas formas de comunicar en la Universidad. La gestión de la imagen en el entorno digital, 71-76. Madrid: Fragua.

Espino, J. (2022). La comunicación institucional en la crisis de la covid-19: el caso del Ayuntamiento de Málaga. Revista de Comunicación de la SEECI, 55, 67-92.

García, F. (2022). El régimen jurídico de la lucha contra las fake news en España. En: Actualidad Administrativa, nº 9 (sept.).

Gomis, L. (1974). El medio media: la función política de la prensa. Madrid: Hora H.

Fukuyama, F. (2022). El liberalismo y sus desencantados. Cómo defender y salvaguardar nuestras democracias liberales. Barcelona: Deusto.

Patino, B. (2020). La civilización de la memoria de pez. Pequeño tratado sobre el mercado de la atención. Madrid: Alianza Editorial.

Reuters Institute y University of Oxford (2023). Digital News Report. Recuperado de: https://reutersinstitute.politics.ox.ac.uk/es/digital-news-report/2023.

Sádaba, C. y Salaverría, R. (2023). Combatir la desinformación con alfabetización mediática: análisis de las tendencias en la Unión Europea. Revista Latina de Comunicación Social, 81, 17-33.

Salaverría. R. (2022, mayo 27). Aprendiendo a detectar la mentira. Alfabetización mediática frente a la desinformación. Conferencia pronunciada en el Salón de los Espejos del Ayuntamiento de Málaga en el marco de los I Talleres Municipales de Alfabetización Mediática [video]. Recuperado de: http://www.canalmalaga.es/conferencia-alfabetizacion-mediatica-ramon-salaverria.

Sur (11/04/2017). Rumores sobre disparos y un coche en dirección contraria desataron la histeria colectiva en la procesión del Cautivo. Recuperado de: https://www.diariosur.es/malaga-capital/201704/11/pelea-genera-avalancha-durante-20170411023817.html.

Rumores políticos y otras formas de contenido digital malicioso difundidos por la extrema derecha en las elecciones brasileñas de 2022

WILSON GOMES
Universidad Federal de Bahía
VIKTOR CHAGAS
Universidad Federal Fluminense

1. INTRODUCCIÓN

Las elecciones generales brasileñas de 2022 fueron muy peculiares en cuanto al papel de las *fake news*, las narrativas conspirativas y otras formas de contenido digital malicioso en la contienda electoral. Se pude decir que los rumores políticos no sólo asumen un papel destacado, sino que, el enfrentamiento a su difusión será fundamental durante toda la campaña electoral.

En primer lugar, porque las fake news ya no eran nada nuevo. Brasil, en 2018, con sus 147 millones de votantes, representó, junto con el impacto político de Estados Unidos en 2016, uno de los mayores éxitos internacionales con relación a la nueva estrategia electoral de la extrema derecha. Ese año, la ultraderecha brasileña trasladó a la política nacional una de las innovaciones más recientes en materia de campañas en línea, a saber, la comunicación política basada en la formación de comunidades y cadenas de transmisión en plataformas de "redes sociales" a través de las cuales se puede crear y difundir mediante un flujo continuo de información una cantidad formidable de noticias falsas y teorías conspirativas. Una ruptura con las campañas electorales tradicionales brasileñas, que durante tres décadas se había concentrado en la televisión y la publicidad electoral gratuita tanto en la radio como en la televisión (Ricard & Medeiros, 2020).

Esto se debió, en gran parte, al rotundo triunfo de un candidato *outsider*, extremista y populista como Jair Bolsonaro, al destacarse como líder de la segunda mayor democracia del continente americano y una de las mayores del mundo. La estrategia se repitió, con similar éxito y perjuicio, en las elecciones municipales de 2020 y durante la pandemia de Covid-19, en el periodo de 2020 a 2021. Fue entonces cuando el país descubrió alarmado que el mismo grupo político que había promovido fake news en 2018 siguió haciendo exactamente lo mismo durante el periodo crítico sanitario.

En segundo lugar, porque la opinión pública y las instituciones políticas y del Estado ya se habían dado cuenta, que no se podía permitir que el daño causado por la difusión indiscriminada de contenidos digitales maliciosos se repitiera, nuevamente, en las elecciones de 2022. El daño acometido a la democracia y, sobre todo, el costo en vidas resultante (750.000 brasileños muertos por Covid-19), fue demasiado alto. Así que muchas instituciones, especialmente, el Tribunal Supremo y el Tribunal Electoral, adoptaron un importante conjunto de medidas preventivas para contener la esperada avalancha de *fake news* durante las siguientes elecciones (Osorio et al., 2022).

Este capítulo es precisamente una evaluación de cómo se desarrollaron las elecciones brasileñas tras un ciclo de casi cinco años de confronto informativo. Observaremos, a continuación, qué cambios fueron detectados entre las dos elecciones generales brasileñas y, las contramedidas adoptadas por las autoridades electorales para hacer frente a los ataques de contenidos digitales maliciosos y cómo, al final, repercutió el uso y abuso de información falsa en las dos vueltas electorales brasileñas de 2022.

2. ANTECEDENTES POLÍTICOS DE LAS ELECCIONES DE 2022

Las elecciones presidenciales de 2018 se trata una contienda política decisiva en nuestra historia republicana por diversas razones, entre las cuales, señalaremos tres aspectos que, consideramos como, los más pertinentes para el tema que nos ocupa.

1. Se puso fin a un ciclo de hegemonía electoral de los gobiernos de centro y centroizquierda que comenzó en el período de la redemocratización brasileña y fue dominado por el Partido de la Social Democracia Brasileña (PSDB) primero, y luego por el Partido de los Trabajadores (PT) (Cervi, 2016).

2. Representó una salida trágica a una crisis política que comenzó en el año 2013, cuando una multitud salió a la calle, llevándose a cabo protestas masivas contra el Gobierno y su política. Inicialmente, estas protestas, fueron movilizadas y lideradas por grupos de izquierda, pero, en seguida, se estableció un cambio radical en su conducta y agenda política, al ser captadas por nuevos grupos, de la denominada como derecha "alternativa", pero, también, por la antigua derecha o grupo constitutivo de la dictadura militar brasileña, que por fin había encontrado un proyecto que les permitía aunar fuerzas.

Las multitudes que reclamaban mejores servicios públicos se transformaron en 2015 en grandes manifestaciones, por las calles y a través de los canales digitales, los grupos de derecha exigían el fin de la corrupción en la política y el *impeachment* a la presidenta Dilma Rousseff, elegida en 2014. La sociedad brasileña extrema, de ese modo, sus posicionamientos y se polariza radicalmente en 2016, cuando finalmente se materializó el *impeachment*, manteniéndose una fuerte tensión social, especialmente enconada durante el mandato del vicepresidente Michel Temer, quien se vio, de forma inmediata, envuelto en un enorme escándalo de corrupción que, también arrastraría y destaparía trapos sucios del, por aquel entonces, partido principal de la oposición, el PSDB. La crisis se agravó con la detención de Lula (PT), apartado de la carrera presidencial cuando lideraba las intenciones de voto, siendo juzgado y condenado ese mismo año —resultó ser un increíble caso de *lawfare* sólo desestimado en marzo de 2021, con la anulación del juicio por el Tribunal Supremo Federal (STF).

Toda esta agitación llega a su punto álgido durante las elecciones presidenciales de 2018, cuando, sobre las cenizas políticas de los dos partidos más importantes y, tras el encarcelamiento del principal líder político de Brasil, surgirá el insólito movimiento de un candidato de extrema derecha, navegando entre las agitadas aguas del panorama político decurrente y, bajo un *tsunami* de sentimiento antipolítico[1] y antipetismo[2] emergente en la población, cuyo efecto de repulsa será potenciado por los medios de comunicación y las élites políticas conservadoras.

En ese momento, la extrema derecha ya se había consolidado como un movimiento político en el que convergían las huestes anti-PT de la derecha y del centro, que preferían dar un cheque en blanco a acatar una propuesta autoritaria y filofascista antes que permitir que el PT retornase al poder. Pero también fue capaz de atraer la atención de importantes sectores sociales que se sentían discriminados o ignorados por las políticas y la ideología de la centroizquierda, como el sector agroindustrial, el sector financiero, los grupos evangélicos conservadores, los pequeños empresarios urbanos de las regiones demográficas más importantes, así como las Fuerzas Armadas y los militares, en general (Porto, 2023; Davis & Straubhaar, 2019).

3. El surgimiento y la victoria electoral de la ultraderecha brasileña son parte constitucional de un movimiento emergente de una ultraderecha global con posibilidades electorales efectivas por primera vez desde la llegada del nazifascismo europeo en las décadas de 1930 y 1940 y de las dictaduras militares latinoamericanas en las décadas de 1960 y 1980 (Chagas & Massuchin, 2022). La victoria de Donald Trump en 2016 fue crucial para que la extrema derecha brasileña considerase como factible, la posibilidad de vencer unas elecciones presidenciales con un candidato radical, extravagante y *outsider*, justo en el momento en que parecía que la democracia brasileña ya estaba consolidada.

---

1 Por "sentimiento antipolítico" lo entendemos como una percepción y una actitud de profundo desprecio por la actividad, las instituciones y los actores políticos, asociada a la lucha por los intereses y los apetitos propios, la corrupción y el desprecio a la población y sus problemas.

2 "Antipetismo" es un sentimiento y una actitud, muy difundidos en la sociedad brasileña desde la década de 2010, de profundo odio hacia el Partido de los Trabajadores, sus actores y su agenda. Un sentimiento que va más allá de la esfera permitida de la crítica y el desacuerdo, puesto que se fomentará el deseo de verlo eliminado, inhabilitado o prohibido.

3. ORIGEN Y EVOLUCIÓN DE LA ESTRATEGIA DE COMUNICACIÓN DIGITAL DE LA EXTREMA DERECHA EN BRASIL

3.1. Los orígenes

El bolsonarismo se ha convertido en una especie de réplica del trumpismo en su agenda socioeconómica (ultraliberalismo), en su agenda moral (ultraconservadurismo), en su actitud autoritaria, alborotadora y exhibicionista y, por último, en su decisión de llevar el medio digital como foco estratégico de comunicación política y utilizar sin escrúpulos la difusión de rumores digitales (*fake news*) y teorías conspirativas como medio para sembrar el pánico moral, satanizar a los adversarios y acometer todo tipo de medidas políticas cuestionables. La campaña de Trump, en 2016, se basó en la proliferación de las *fake news, microtargeting* y el uso habitual de *bots* y otras formas de comunicación automatizada, empleando todas las características más innovadoras de una campaña política digital (Benkler, Faris & Roberts, 2018). La campaña de Bolsonaro también ha innovado en el uso de *apps* de mensajería, especialmente WhatsApp, como centro logístico para la distribución de *fake news* y de teorías conspirativas, pero también como medio de proselitismo político directo, sin la intermediación de los medios de comunicación y la publicidad televisiva (Chagas, 2022).

La estrategia empleada incluía el uso de todas las plataformas y recursos disponibles operando en un flujo continuo y con enlaces que interconectaban toda esa corriente informativa; de modo que no importaba el modo de acceso de una persona en la red, de algún modo, esta, se encontraría expuesta y vulnerable a la comunicación política de Bolsonaro. Es más, los grupos de WhatsApp, los *podcasts, los* canales de YouTube, las comunidades de Facebook, las redes de seguidores de Twitter o Instagram se transformaron en reductos sociales activos a tiempo completo en los que sus participantes ~~tenían cubiertas todas~~ cubrían, de manera esencial, sus necesidades básicas de integración social, interacción con sujetos afines e "información". Es decir, se observa un gran almacenamiento de narrativas y versiones de los hechos, la agenda del grupo y el *encuadre* de los acontecimientos, siempre desde la óptica que le convenía al propio movimiento. No se trataba de meras redes de "información", sino, de redes que establecían comunidades de personas que compartían las mismas convicciones ideológicas, que se convertían y adherían a los mismos valores, que reconocían a los mismos líderes y que, se identificaban como un grupo homogéneo. Los participantes de estas comunidades eran recompensados por su aquiescencia y, de forma contraria, objeto de sanciones por su disidencia, ya que empezaban a celar su imagen como tribu y, al mismo tiempo, a atacar a los grupos externos y/o contrarios.

WhatsApp, en particular, funcionó como un *centro* donde convergían los diferentes actores, contenidos y fuentes de información que conforman este ecosistema. En sus grupos era (y sigue siendo) posible identificar enlaces a canales y vídeos de YouTube, capturas de pantalla de Twitter, memes, llamadas a la acción ciudadana e intercambios de experiencias sobre la vida cotidiana en múltiples niveles, a menudo con refuerzo de opiniones sobre agendas morales conservadoras y ataques a los oponentes.

En 2018, este modo de acción fue esencial para la elección de Bolsonaro a la presidencia. En primer lugar, porque, al tener poco tiempo de publicidad en televisión, según los criterios de distribución de la autoridad electoral, tuvo que confiar en el carácter viral de las redes para sostener y difundir su candidatura. Su campaña se aprovecha de una serie de cambios recientes en el perfil socioeconómico de la población brasileña, que, en la actualidad, tiene mayor acceso a los *smartphones* y planes de telefonía móvil que les permite el uso de las redes sociales incluso cuando el servicio de suscripción ha expirado. Bolsonaro, fue capaz de reunir una red de simpatizantes de gran alcance nacional (Piaia & Oliveira, 2022).

En segundo lugar, también con menos recursos financieros, Bolsonaro apostó por reducir costes operativos ~~de~~ mediante una campaña digital, con pocos viajes y visitas a la población en sus Estados y una agenda limitada de actos y mítines electorales. Según los datos divulgados por el Tribunal Superior Electoral (TSE) sobre la rendición de cuentas de las candidaturas, Bolsonaro, utilizó alrededor de 4,3 millones de reales, mientras que su principal adversario en aquel momento, Fernando Haddad, hizo uso de más de 35 millones de reales (TSE, 2018).

En tercer lugar, debido al ataque sufrido durante la campaña, siendo apuñalado en un mitin, Bolsonaro pasó gran parte de la carrera electoral bajo una exposición pública mínima. Ni siquiera tras su alta médica acudió a las citas públicas de la campaña, como, los debates y entrevistas televisivas, donde su argumentación extrema sería visible, lo que podría hacerle perder el control de las narrativas que le convenían. Fuera de campo, podía ser objeto y sujeto de memes, noticias falsas, vídeos cortos y otros contenidos digitales de gran difusión producidos por el movimiento Bolsonaro y su coordinación de campaña. En este sentido, la estrategia de campaña estuvo fuertemente influida por la lectura implícita de que, los simpatizantes formaban una comunidad con un férreo sentido de pertenencia, sintiéndose a menudo corresponsales de los planes de su candidato.

3.2. La evolución de la estrategia digital: la formación de una ecología mediática y de un campo social

A lo largo del mandato presidencial, esta misma comunidad fue puesta en marcha para hacerse eco de los discursos oficiales, atacar a los opositores y garantizar un clima permanente de animadversión propio de la retórica belicosa empleada por el presidente. El periodo de su mandato entre 2018 y 2022 fue importante para que los actores políticos especializados en difusión propagandística mediante falsos rumores digitales y otras formas de manipulación consolidaran su modelo de actuación. Sobre todo, se perfeccionó su sistema de distribución, apoyándose ahora en un gran número de fuentes divulgativas con credibilidad tribal:

a) Periodistas "bolsonaristas". Este grupo se dividió en al menos dos facciones. Por un lado, un colectivo que tenían un amplio bagaje como periodistas en destacados medios de comunicación, pero que habían sido despedidos por su exceso de parcialidad o fueron condenados al ostracismo, y que se convirtieron al Bolsonarismo, radicalizando su posición crítica, desde que la crisis política se intensificó en 2015-2016. Por otro lado, militantes con habilidades comunicativas en los nuevos medios de comunicación y redes sociales —YouTube, *podcasts*, TikTok, Instagram, Twitter, Facebook— reclamaron su estatus como periodistas legítimos, bien para disfrutar de los privilegios legales otorgados a los profesionales de la información o, porque ello aumentaba su credibilidad a los ojos de la masa militante.

b) Medios periodísticos tendenciosos y militantes. A lo largo de los años, se ha forjado en Brasil una ecología mediática conservadora y de extrema derecha, orientada ideológicamente por el antipetismo y el ensalzamiento de Bolsonaro. Algunas, son claramente organizaciones de fachada, cuyo propósito es servir como parte referencial de la logística para distribuir falsos rumores políticos y teorías conspirativas, ofreciendo una especie de logotipo que da a los chismes e historias de complots un sello periodístico ilusorio. Son muy importantes los propios canales para producir y ofrecer informaciones falsas o distorsionadas, mezcladas con análisis, comentarios, interpretaciones de hechos verdaderos o ficticios, para satisfacer el consumo de la masa interesada en la versión de Bolsonaro de los "acontecimientos" diarios y comentarios sobre los temas más candentes según la agenda de esta facción política. Son medios que se asemejan de forma exponencial a las nuevas organizaciones de noticias que publican en numerosos entornos digitales. Emplean reporteros, columnistas y redactores, utilizan un lenguaje periodístico estándar y recurren a fuentes informativas. Nada se sabe, sin embargo, de los procedimientos de investigación periodística, ya que la dimensión factual representa un porcentaje mucho menor que la información fidedigna, además de estar solapada en las portadas de intervención editorial, comentarios con un sesgo político muy fuerte y encuadres claramente parciales, que revelan una clara inclinación hacia el anti-PT y/o el bolsonarismo. En resumen, no encontramos con un periodismo partidista y sesgado, y un periodismo comprometido solo con un lado de la disputa política, la extrema derecha, a la que ha servido con todos sus recursos.

c) Influenciadores de extrema derecha, celebridades y comunicadores digitales. En 2022, las encuestas ya indicaban que al menos una cuarta parte de los brasileños se había adherido política e ideológicamente al bolsonarismo. Como el bolsonarismo goza de una enorme cohesión ideológica y un gran volumen de adeptos, era natural que, en cierta medida, la extrema derecha hubiera formado un campo social particular. Es decir, un sistema relativamente cerrado en cuanto a las interacciones y al acceso a los recursos deseados por individuos y representantes institucionales. Estos grupos, poseen normas, valores y jerarquías propias, independientes del resto de la sociedad, en los cuales hay agentes e instituciones, dinámicas internas de poder que compiten para lograr influencia y una evolución en las jerarquías. Existen, además, creencias interiorizadas y pautas de comportamiento y actitudes y, por último, había "capitales" específicos del grupo, entre los que, por supuesto, se encontraba el capital simbólico. En resumen, el sistema elaborado difunde una marca de prestigio, reconocimiento y distinción, cualidades a las que, los miembros del grupo aspiran y atesoran competitivamente, además de permitir el acceso fluido a su capital social: redes de contacto, confianza y reciprocidad.

En un ámbito social de esta naturaleza, cabe esperar que la comunicación ocupe una parte sustancial de las energías de dicho grupo y de su propia institucionalización. En 2022, un número considerable de actores individuales y organizaciones ya habían acumulado cientos de miles de seguidores en sus canales y perfiles, convirtiendo la comunicación y la propaganda política en un modelo de negocio muy rentable y, sin duda, estaban influyendo masivamente en un público de derechas y de extrema derecha. El bando de Bolsonaro creó sus propias celebridades o atrajo hacia su órbita a figuras mediáticas populares. Y, distribuyó reconocimiento, prestigio y distinción, de manera copiosa, durante los años de su consolidación, naturalmente, acompañando los criterios que priorizaban su propia supervivencia y avance en la carrera política. Premiaba el conformismo, la contribución específica de cada agente, para el aumento de la autoestima grupal, la satanización del conjunto externo/opositor, la coherencia y consistencia tribal, la apología de los valores, marcos y perspectivas del propio grupo. El resultado, por supuesto fue, su paulatina radicalización, al abandonarse progresivamente las posiciones más moderadas o conciliadoras en favor de las más extremas —porque la moderación no genera prestigio ni distinción y, por el contrario, da paso a sanciones y excomuniones.

Se trata de una red compleja en la que participan periodistas de Bolsonaro, medios de comunicación controvertidos y militantes, *influencers*, celebridades y comunicadores digitales de extrema derecha, fueron la base fundamental para la producción o autenticación, propulsión y difusión de muchos de los rumores falsos, interpretaciones sesgadas, encuadres convenientes y teorías conspirativas (Mendonça et al., 2023). Pero esta élite sólo ejercía una labor eficaz porque de alguna manera comandaba, alimentaba e influía en una enorme base de discusión y difusión de *fake news*, formada por millones de personas convertidas al bolsonarismo.

Se crearon múltiples redes de distribución informativa en los medios sociales ligadas a personas influyentes y temas de su interés, que acabaron por conectarse entre sí estableciendo, de ese modo, galaxias de millones de individuos interconectados que participaban de esos círculos de discusión, de los rumores propagados y en las cadenas a través de las cuales se transmitían sus mensajes en una corriente comunicativa de ida y vuelta, en un ciclo expresivo de *fake news*. También eran grupos que terminaron por salir, de forma orgánica, de los entornos digitales para establecer entornos sociales particulares, en grandes manifestaciones y movimientos o, para participar en iniciativas como protestas, acampadas y, finalmente, marchas violentas en confronto directo con el centro del poder político. Pero, incluso, en los entornos sociales físicos, las conexiones digitales y el consumo de contenidos maliciosos que llegaban digitalmente siguieron siendo las arterias principales y la sangre que los mantenían vivos y coleando.

3.3. Tipología de los rumores digitales

En general, es posible clasificar los falsos rumores políticos, la parte más destacada del contenido digital malicioso difundido por los grupos de extrema derecha durante el periodo electoral de 2022, en cuatro grandes grupos, definidos en función de sus objetivos: (a) *rumores para la promoción o detracción de imágenes*, (b) *rumores para causar angustia y pánico*, (c) *rumores que exigen una reacción urgente*, y (d) *rumores para la destrucción de las instituciones democráticas*. El Cuadro I presenta estas categorías con más detalle.

Nos muestra que entre los *rumores que promueven o desvirtúan imágenes* se encuentran los que promueven la autoimagen, que elogian a Bolsonaro y a su círculo más cercano o realizan proselitismo político, destacando, tanto el carácter supuestamente incorruptible del gobierno como, la exaltación la figura familiar y popular del ex presidente. En este sentido, las imágenes que difunden el supuesto recibimiento de

Bolsonaro por las multitudes, se tratan de imágenes que en realidad se remontan a la visita del Papa Francisco a Brasil durante la Jornada Mundial de la Juventud de 2013 en Río de Janeiro[3]. En esta misma categoría están los rumores destinados a satanizar a los adversarios y alimentar el hiperantagonismo, como, a través de las diversas *fake news* que pretendían asociar al candidato Luís Inácio Lula da Silva con el narcotraficante Marcos Willians Herbas Camacho, más conocido como Marcola[4], o las que construyeron una red de conspiración acusatoria que apuntaba a los dirigentes del Partido de los Trabajadores, como presuntos implicados en el asesinato del ex alcalde de la ciudad de Santo André Celso Daniel, quien fue coordinador de la campaña de Lula en la contienda electoral de 2002 y, el cual fue misteriosamente asesinado[5].

Los rumores de angustia y pánico, por otro lado, suelen estar guiados por una retórica de la amenaza, como la afirmación recurrente de que Brasil se convertiría en una Venezuela o una Argentina, en referencia a países latinoamericanos que, en este momento, afrontan graves crisis humanitarias y económicas, respectivamente. Y los *que apelan a la urgencia de una reacción se* caracterizan, principalmente, por rumores sobre una inminente intervención militar o una interpretación idiosincrásica del artículo 142 de la Constitución Federal, que supuestamente garantiza a las Fuerzas Armadas el papel de poder moderador de la República.

Por último, los *rumores dirigidos a destruir las instituciones democráticas* pueden dividirse en, los dirigidos a atacar la fiabilidad del sistema de voto electrónico, los dirigidos a destruir la credibilidad de las autoridades electorales, los que acusaron de fraude al sistema electoral brasileño y los que fomentaron la desconfianza en los sistemas de verificación de la credibilidad, como periodistas e intelectuales (Gomes y Dourado, 2019).

---

3 Para más información, consulte https://www.estadao.com.br/estadao-verifica/foto-viral-mostra-visita-do-papa-ao-rio-nao-ato-pro-bolsonaro-de-1o-de-maio/

4 Para más información, consulte https://www.estadao.com.br/estadao-verifica/marcola-citado-por-lula-em-video-e-assessor-do-pt-nao-chefe-do-pcc-imagens-sao-de-encontro-com-motoboys/

5 Para más información, consulte https://www.estadao.com.br/estadao-verifica/celso-daniel-assassinato-pt/

Cuadro I. Tipos de rumores digitales

Tipos	Ejemplos
Rumores para promocionar y desvirtuar imágenes	Rumores para fomentar la autoimagen
	Rumores de satanización y antagonismo (intención de voto de Marcola, Celso Daniel)
Rumores para producir angustia moral o pánico	Rumores sobre la amenaza comunista
Rumores que exigen una reacción urgente	Rumores sobre una inminente intervención militar y el artículo 142
Rumores para destruir la credibilidad del proceso electoral y promover la idea de fraude	Rumores para destruir la credibilidad del sistema de voto electrónico
	Rumores para destruir la credibilidad de las autoridades electorales
	Rumores de fraude electoral
	Rumores para fomentar la desconfianza en los sistemas de verificación de la credibilidad (periodistas e intelectuales)

Fuente: Elaboración propia.

4. LAS CONTRAMEDIDAS INSTITUCIONALES DE 2022 Y CÓMO REACCIONÓ ANTE ELLAS LA EXTREMA DERECHA

4.1. La reacción institucional de las autoridades electorales

La principal autoridad electoral del país, el Tribunal Superior Electoral (TSE), actuó en dos frentes para intentar frenar o minimizar los efectos de la avalancha de contenidos digitales maliciosos que eran esperados en las elecciones de 2022. Por un lado, actuó en el ámbito propio de la acción contra el delito electoral, a través de denuncias, investigaciones y decisiones judiciales, mientras que, por otro lado, procedió en consecuencia para tratar de evitar los efectos de las continuas avalanchas informativas de *fake news* y las narrativas conspirativas que buscaban destruir la confianza del votante en el proceso electoral.

El primer frente se originó en 2019, cuando el, en aquel entonces, presidente del Supremo Tribunal Federal, Dias Toffoli, abrió una

Investigación (INQ 4781) para "investigar la existencia de *fake news*, denuncias calumniosas y amenazas contra el Tribunal, sus ministros y sus familiares", nombrando al ministro Alexandre de Moraes como relator del proceso. El mismo Alexandre de Moraes que, debido al sistema rotativo del Poder Judicial, pasó a presidir el TSE en las elecciones de 2022. Desde entonces, a pesar de toda la controversia que rodeó a esta investigación, el juez Moraes denunció a los productores y distribuidores de contenidos digitales falsos como organizaciones criminales y "milicias digitales" cuyo objetivo era atentar contra el poder judicial y el Estado democrático de derecho. Bajo su responsabilidad, la investigación se tradujo, a lo largo de los años y, especialmente, durante el periodo electoral, en el bloqueo de más de un centenar de perfiles de personajes públicos, entre parlamentarios en ejercicio e *influencers* con millones de seguidores, casi siempre alineados con el expresidente Jair Bolsonaro[6]. El propio Bolsonaro se convirtió en blanco de la investigación en 2021, debido a los reiterados ataques al sistema electoral desprovistos de cualquier tipo de prueba.

Además, la investigación ofreció a Alexandre de Moraes los medios para ordenar la retirada de contenidos ilícitos en varias ocasiones clave, para que se investigara a los financiadores y a los probables ejecutores de acciones antidemocráticas y a los principales difusores de rumores falsos e, incluso, para ordenar la detención temporal de productores de contenidos influyentes que atacaban la credibilidad del proceso electoral o arremetían, directamente, contra los jueces de los Tribunales Supremos y las propias instituciones.

Por otro lado, el TSE puso en marcha varios programas e iniciativas dirigidas de forma directa contra la manipulación política a través de contenidos digitales. Además de averiguar, desmentir y poner a disposición de los ciudadanos un registro de los contenidos falsos más difundidos, el TSE se preocupó especialmente por los rumores y otros contenidos que pretendían atacar deliberadamente la credibilidad del proceso electoral, incluidos, los dirigidos a las urnas electrónicas de Brasil.

---

[6] Entre febrero de 2020 y diciembre de 2022, Bolsonaro realizó 46 ataques, en declaraciones públicas, a los otros poderes del Estado y puso en cuestión la fiabilidad de las urnas electrónicas

En 2021, el TSE creó el Programa Permanente de Lucha contra la Desinformación de la Justicia Electoral. El programa reunió a más de 150 instituciones, entre partidos, medios de prensa y entidades de carácter público o privado, como forma de obtener un amplio apoyo social para reforzar la fiabilidad y autenticidad del sistema de votación y, del propio proceso electoral. Las agencias de verificación de datos que formaban parte del programa ayudaron a liderar el proyecto *Fato ou Boato*, un sitio web dedicado a verificar y esclarecer noticias falsas. Desde entonces, el proyecto ha publicado más de 320 esclarecimientos de informaciones de dudosa procedencia difundidas antes, durante y después de las elecciones[7].

A través de una asociación con las oficinas nacionales de algunas plataformas digitales, como WhatsApp, el TSE también desarrolló herramientas para ilustrar a la población, como "Tira-Dúvidas do TSE", un *chatbot* que permitía reenviar contenidos no verificados para su comprobación, y la serie de microposts #DemocraciaEmPílulas. Otra medida incluida en el mismo programa, fue la creación del Sistema de Alerta de Desinformación contra las Elecciones, que abrió un canal directo a la sociedad civil para, así mismo, facilitar las denuncias sobre contenidos falsos específicamente dirigidos al ataque expresivo de la fiabilidad del sistema electoral. Los temas abordados no involucran *fake news* sobre partidos o candidatos, sino, contenidos sobre: denuncias de fraude electoral; manipulación de votos; conteo fraudulento de votos; manipulación de las urnas; denuncias de que las urnas son inaudibles; conteo viciado de resultados electorales; ataques de *hackers* a urnas/el TSE; información falsa sobre horarios, lugares, orden de votación y documentos requeridos; cuentas falsas de la Justicia Electoral; y amenazas a las mesas de votación[8].

En la misma línea, se lanzó el Programa de Fortalecimiento Institucional de la Gestión de la Imagen de la Justicia Electoral, con orientaciones sobre la gestión que coloca en riesgo la reputación y

---

7 Para más información, consulte https://www.tse.jus.br/comunicacao/noticias/2022/Novembro/fato-ou-boato-publicou-193-esclarecimentos-contra-fake-news-em-2022

8 Para más información, consulte https://www.tse.jus.br/eleicoes/eleicoes-2022/sistema-de-alerta-desinformacao

directrices para el tratamiento preventivo y reactivo del daño a la imagen de las autoridades electorales.

El TSE también patrocinó la creación del Frente Nacional de Combate a la Desinformación (FRENTE), integrado por funcionarios de la Justicia Electoral, y lideró la Coalición para la Verificación, junto con los organismos de verificación. También fue responsable de la publicación del Boletín de Enfrentamiento a la Desinformación *¡!!PAUSE!!!* y de la Guía Básica de Enfrentamiento a la Desinformación. Junto con *FRENTE*, también publicó el Manual para Confrontar la Desinformación y Defender la Reputación de la Justicia Electoral.

Por último, en vísperas de la segunda vuelta de las elecciones de 2022, se aprobó una resolución que permitía al tribunal actuar "de oficio" —es decir, sin ser llamado por la Fiscalía o las partes interesadas— para imponer multas y eliminar contenidos y perfiles responsables de contenidos difamatorios o fraudulentos en un plazo de 24 horas[9], siguiendo la doctrina de la "democracia defensiva" (Braga y Alarcon, 2023; Oliveira y Rêgo, 2023). Los informes de gestión del tribunal muestran que los canales de denuncia recibieron más de 500 alertas diarias sobre noticias falsas[10], la mayoría de estas alertas estaban relacionadas con el descrédito del sistema electoral (Baptista et al., 2022).

4.2. Cómo los partidarios de Bolsonaro lidiaron con las medidas de la autoridad electoral: un estudio

Aunque las acciones emprendidas por el TSE en Brasil en 2022 fueron eficaces para garantizar que el candidato, Luís Inácio Lula da Silva, que ahora cumple su tercer mandato como Presidente de la República, fuera declarado electo, no pudieron impedir que la extrema derecha siguiera produciendo y diseminando contenidos digitales malintencionados. Basamos nuestras conclusiones en un estudio em-

---

9 Para más información, consulte https://www.cnnbrasil.com.br/politica/tse-aprova-medidas-para-agilizar-exclusao-de-fake-news/

10 Para más información, consulte https://g1.globo.com/politica/eleicoes/2022/noticia/2022/10/20/tse-recebe-mais-de-500-alertas-diarios-de-fake-news-no-segundo-turno-das-eleicoes.ghtml

pírico que comprende una investigación etnográfica a largo plazo[11] en la cual, los investigadores participaron en 65 grupos de Bolsonaro en WhatsApp desde el primer semestre de 2018.

Los investigadores entraron en contacto con estos ambientes digitales a través de invitaciones abiertas y, para llevar a cabo un registro de las observaciones, se adoptó un protocolo de investigación encubierta, en el que los individuos observados desconocen los objetivos de la investigación (Resolução No. 510, 2016).

Los grupos de discusión política en plataformas de mensajería han demostrado ser un entorno fructífero para observar la actividad de grupos militantes de extrema derecha, especialmente en lo que respecta a la circulación y difusión de noticias falsas y conspirativas (Recuero, Soares & Vinhas, 2023; Massuchin et al., 2021; Sacramento & Paiva, 2020). Desde 2018, plataformas como WhatsApp y Telegram se destacan en Brasil por su extrema capilaridad y por dificultar su control sistemático por parte de las autoridades públicas debido a la opacidad caracterizada por los sistemas de cifrado de extremo a extremo (Chagas & Da-Costa, 2023). Se estima que, las *fake news*, llegan a casi todos los electores y que es un tipo de comunicación que logra operar esquivando el radar de la Justicia Electoral. De esta forma, entender cómo circulan y se producen los rumores, las informaciones, falsas o no, las interpretaciones y el contexto de los hechos, reales o inventados, es un paso importante para comprender las estrategias de comunicación política más impactantes en ese determinado momento de las campañas electorales.

El marco empírico fue localizado en el período demarcado, de los tres últimos meses del gobierno Bolsonaro a los tres primeros meses del gobierno Lula[12] —por lo tanto, de octubre de 2022 a marzo de 2023. El propósito de esta sección es permitir la observación continua de las formas en que el Bolsonarismo se articula tras el fin del mandato de Bolsonaro, incluyendo acciones golpistas, como las em-

---

11 La investigación fue aprobada por el comité de ética de la Universidad Federal Fluminense (Dictamen nº 29720620.8.0000.5243).

12 Las elecciones generales de 2022 se decidieron en dos vueltas: la primera tuvo lugar el 2 de octubre y la segunda el 30 de octubre. Podían votar 156,4 millones de personas; el 79,41% acudió a las urnas en la segunda vuelta.

prendidas el 8 de enero de 2023[13], una semana después de la toma de posesión de Lula.

¿Qué hemos averiguado?

Los efectos de estas medidas en los grupos de discusión organizados en torno a los servicios de mensajería privada pueden clasificarse en tres enfoques diferentes:

a) éxodo y migración;

b) la decisión de pasar a la clandestinidad; y

c) la difusión de narrativas de resiliencia y la construcción de un segundo nivel de trama.

Éxodo y migración de individuos. Una de las medidas más eficaces en la actividad de grupos de debate político en los servicios de mensajería privada como, WhatsApp, es la migración de individuos entre variados canales. Las migraciones se adhieren a tres cadenas principales: abandonos, eliminaciones e incorporaciones. Mientras que el abandono de los grupos de Bolsonaro suele ser el resultado de una decisión individual, los dos últimos movimientos migratorios son el resultado de acciones tomadas por los moderadores dentro de los grupos. En concreto, la eliminación de usuarios de un grupo determinado será un indicio de que la moderación ha intensificado el control sobre dicho entorno. En los grupos observados durante esta investigación, las tasas de eliminación y adición de usuarios alcanzaron su cota máxima en los días posteriores, inmediatamente a la primera y segunda vuelta de la contienda electoral, y volvieron a aumentar ~~en~~ la semana siguiente tras la invasión de edificios públicos el 8 de enero y, de nuevo, a finales de febrero, cuando el Tribunal Supremo ordenó la detención de varios de los implicados en

---

13 El 8 de enero de 2023, los partidarios de Bolsonaro descontentos con el resultado electoral, los cuales, desde noviembre de 2022 se concentraban en campamentos frente a cuarteles de la policía o de las Fuerzas Armadas, marcharon a Brasilia hasta la Praça dos Três Poderes, donde se encuentran los edificios del Palacio del Planalto, del Congreso Nacional y del Tribunal Supremo, los invadieron y saquearon, con la intención de crear las condiciones para un levantamiento popular para que las Fuerzas Armadas favorables a Jair Bolsonaro pudieran dar un golpe de Estado.

las manifestaciones antidemocráticas (Gráfico I). De ello se deduce que los flujos migratorios se intensificaron en los períodos marcados por la disuasión o la reprimenda de la actividad pública por parte de los grupos de Bolsonaro. Sin embargo, cabe destacar que estos movimientos no indican una pérdida de apoyo, sino una dispersión de partidarios, es decir, una migración de la esfera pública a la privada. Se detecta una incidencia razonable de mensajes de desánimo y otros, en respuesta, alientan diversas actuaciones, llamando a los "patriotas" a seguir movilizándose. Hay comentarios que promueven acciones privadas como el ayuno y la oración, y se hacen llamamientos a los usuarios para que no abandonen los grupos y luchen hasta el final, aunque tengan que esperar otros cuatro años.

Gráfico I. Éxodo y migración en los grupos de partidarios de Bolsonaro

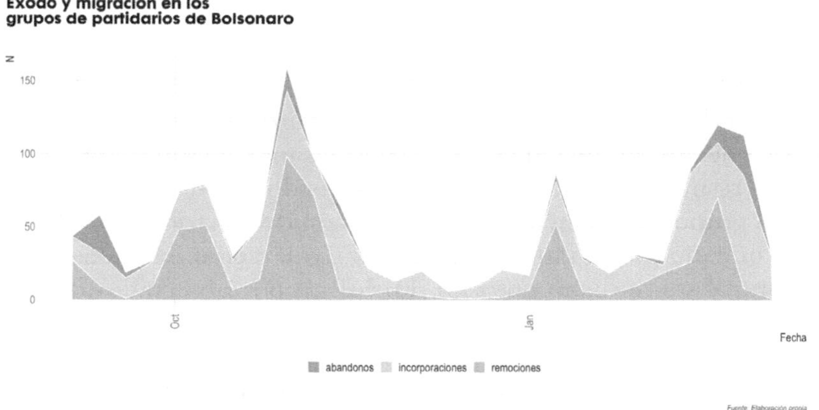

Fuente: Elaboración propia.

La decisión de pasar a la clandestinidad. Otro indicador consistente de los efectos de las sanciones institucionales sobre los partidarios de Bolsonaro se refiere a la propia visibilidad de los grupos de discusión política. En WhatsApp, como relata Chagas (2022), es bastante común que estos foros adopten una identidad visual y enunciativa estandarizada, indicando claramente que se trata de grupos de simpatizantes. Sin embargo, es común que las nomenclaturas adoptadas para cada grupo cambien de vez en cuando y por diferentes razones

(Gráfico II). Durante las elecciones de 2022, los grupos se mantuvieron relativamente estables, pero, inmediatamente, después de conocerse el resultado, varios de ellos optaron por cambiar de nombre, lo que es percibido como una clara señal de reorientación de sus objetivos. Más tarde, a finales de diciembre, en vísperas de la toma de posesión de Lula y, de nuevo, poco antes del Ocho de Enero, muchos moderadores articularon de forma coordinada un cambio de nombre para los grupos que los gestionan. Nombres genéricos como "Amigos y Familia", "Deportes y Bienestar", "Pastel de Chocolate"[14], entre otros, comenzaron a prevalecer, en detrimento de títulos más explícitos como "Bolsonaro Brasil 2022". El 4 de enero, poco antes de la invasión de los edificios públicos de los Tres Poderes, varios usuarios de diferentes grupos comenzaron a solicitar que se cambiaran los nombres de los grupos, alegando que era necesario para preservar el canal. Algunos comentarios sugerían que el poder judicial estaba "acabando" con los grupos. La adopción de nombres genéricos responde a una estrategia para ocultarse del ojo público. De esta forma, los grupos abandonan el terreno de la visibilidad y pasan a la clandestinidad. Su actividad se hace aún más difícil de controlar y se disfraza en el paisaje común de los grupos privados, en un efecto similar al descrito por Zuckerman (2015) en su teoría de los gatos peludos[15]. Las noticias falsas siguen circulando, pero ahora en una estructura de grupos, en apariencia, inofensivos.

---

14 Debido a los riesgos para la seguridad de los investigadores, se han omitido los nombres reales de los grupos, preservando en la medida de lo posible el contenido de las nomenclaturas adoptadas.

15 La teoría de los gatos peludos de Zuckerman es una especie de postulado-provocación, según el cual los canales de redes sociales más convencionales suelen ser más útiles para el desarrollo de acciones subversivas que los foros estrictamente dirigidos al activismo, ya que los primeiros están poblados de comportamientos legales y socialmente aceptables, como el intercambio de imágenes de gatos peludos.

Gráfico II. Cambios en los nombres de los grupos de partidarios de Bolsonaro

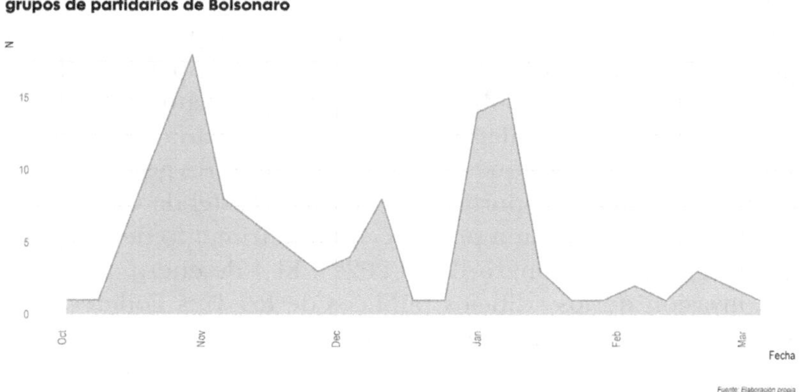

Fuente: Elaboración propia.

Difusión de narrativas de resiliencia y construcción de un segundo nivel de trama. Aunque según el discurso institucional la lucha contra las *fake news* fue un éxito, una mirada atenta a las narrativas que circulan en los grupos de simpatizantes de Bolsonaro sugiere, que no sólo la circulación de estos mensajes continúa siendo evidente, sino que las medidas adoptadas para impedir su difusión han dado lugar a un segundo nivel de la trama, según el cual existe una persecución sistemática por parte de actores del poder judicial (Gráfico III). Esta persecución sirve, entre otras cosas, para encubrir el supuesto fraude electoral. Aparte de los picos en las menciones a este tipo de narrativa al final de la primera y segunda vuelta de las elecciones, la recurrencia de este tipo de expediente es persistente y sistemática a lo largo del tiempo. Surgen mensajes que recomiendan resiliencia y otros que contribuyen para una nueva llamada a la acción. En general, de cualquier modo, el efecto sobre la trama anunciada por Bolsonaro es similar al que experimenta cualquier otro escenario marcado por las teorías conspirativas: el de una conspiración de segundo nivel, es decir, cuanto mayor intensidad observamos en la tentativa para desacreditar o deslegitimar la trama, encontramos más evidencias de que explica la realidad. En última instancia, no hay más salida que la admisión de culpabilidad por parte de quienes se oponen a reconocer la narrativa conspirativa.

Gráfico III. Narrativas conspirativas y de resiliencia en los grupos de partidarios de Bolsonaro

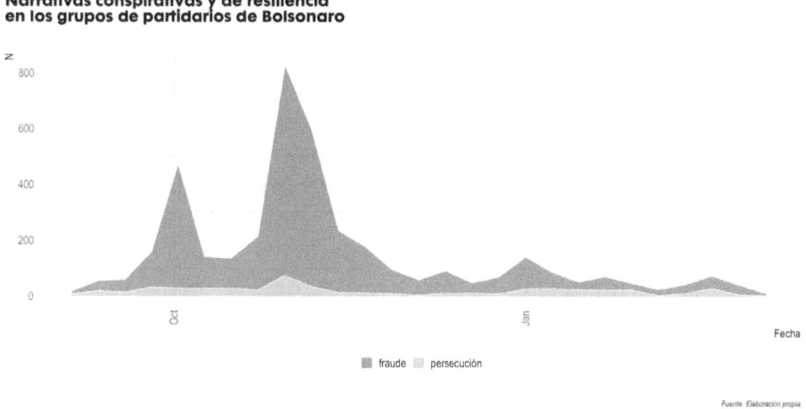

Fuente: Elaboración propia.

Los tres comportamientos anteriores, que tuvieron lugar en grupos de discusión política de simpatizantes de Bolsonaro, resumen los efectos de las medidas institucionales para combatir la propagación de noticias falsas, adoptadas por las autoridades electorales de Brasil en 2022.

5.5. Consideraciones finales

Es innegable que estas medidas lograron una victoria parcial en el combate a la circulación de *fake news* y narrativas de complot durante el último ciclo electoral en Brasil. Más aún, cuando, dichas medidas, se combinaron con acciones "de oficio" tomadas por el poder judicial que, particularmente en el contexto del 8 de enero, serían decisivas para desmovilizar las acciones de los grupos de extrema derecha que trabajaron, como ahora sabemos, para producir las condiciones sociales para acometer un golpe de Estado. Aunque, aparentemente nada —ni las duras medidas tomadas por el TSE, ni el intenso trabajo de las agencias de verificación de hechos y del periodismo para contrarrestar los falsos rumores, ni una opinión pública experta y "vacunada" contra las oleadas de *fake news* y narrativas conspirativas— fue capaz de impedir que los partidarios de Bolsonaro continuaran su ofensiva informativa antes, durante y después de las elecciones, especialmente durante el intento de golpe de Estado. Si las contramedidas fueron importantes, sus efectos pueden haber sido evitar el contagio de la pandemia informativa fuera del circuito Bolsonaro, nuevas conversiones o la propagación del pánico moral y la satanización de los opositores fuera del grupo. No obstante, dentro del círculo del bolsonarismo, estimado en un ¼ de la población, no parece haber tenido más efecto que el cambio de tácticas y ajustes estratégicos, por lo que los grupos permanecen ahora en un entorno de mayor privacidad, clandestino y resistente.

También es importante señalar que el ecosistema de extrema derecha se apoya en diferentes fuentes con credibilidad tribal, incluyendo periodistas, medios de comunicación sesgados y personas influyentes. Estos actores también son partes interesadas en esta disputa, ya que sus audiencias dependen de la participación del referido grupo de partidarios de Bolsonaro. Las contramedidas contra estos actores podrían tener un profundo impacto en el debate sobre la libertad de expresión en el futuro.

Por último, aunque esta tipología se utiliza con poca frecuencia, es importante reconocer e identificar las categorías de rumores digitales, y posiblemente adoptar medidas de contención diferentes para cada una de ellas, ya que los efectos perseguidos también son diferentes. Los rumores que apelan a la urgencia de una reacción, por ejemplo, suelen ser circunstanciales y efímeros, mientras que los que promueven y desvirtúan imágenes y los que producen angustia moral o pánico son duraderos y tienen profundas repercusiones en el imaginario popular. Las soluciones a estos métodos requieren destrezas diferentes. Por esta razón, las futuras agendas de investigación quizás deberían ofrecer la oportunidad de un debate que refleje más claramente estas diferentes formas de utilizar las *fake news* y las narrativas conspirativas en el contexto político-electoral.

Referencias

Baptista, E., Lopes, N., Penteado, C., Camargos, J. (2022). Fato ou boato nas mídias sociais: a batalha contra as fake news. En A. Lavareda & H. Telles (Ed.), *Eleições municipais na pandemia* (pp. 215-236). FGV.

Benkler, Y., Faris, R., & Roberts, H. (2018). *Network propaganda: Manipulation, disinformation, and radicalization in American politics.* Oxford University Press.

Braga, S., & Alarcon, A. (2023). Sociedade da (des)informação: uma análise longitudinal da jurisprudência e das decisões do TSE sobre fake news nas eleições (2018-2022). *Revista Justiça do Direito, 37*(1), 6-35. https://doi.org/10.5335/rjd.v37i1.149416

Cervi, E. (2016). *PSDB e PT em eleições nacionais: fatores geográficos, políticos e socioeconômicos na polarização partidária no Brasil (1994 e 2014).* Flacso-es/PPGCP-UFPR.

Chagas, V. (2022). WhatsApp and Digital Astroturfing: A Social Network Analysis of Brazilian Political Discussion Groups of Bolsonaro's Supporters. *International Journal of Communication, 16,* 2431-2455. https://ijoc.org/index.php/ijoc/article/view/17296

Chagas, V., & Da-Costa, G. (2023). WhatsApp and transparency: an analysis on the effects of digital platforms' opacity in political communication research agendas in Brazil. *Profesional De La información, 32*(2), Artículo e320223. https://doi.org/10.3145/epi.2023.mar.23

Chagas, V., & Massuchin, M. (2022). Repertórios e estratégias do ativismo digital de direita. En L. Tatagiba, D. R. de Almeida, A. Lavalle, & M. K. Silva (Ed.). *Participação e ativismos: entre retrocessos e resistências* (pp. 207-232). Zouk.

Resolução No. 510, de 7 de abril de 2016, que establece normas aplicables a la investigación en Ciencias Humanas y Sociales, cuyos procedimientos metodológicos involucran el uso de datos obtenidos directamente por los participantes, información que se identifica o que puede conllevar mayores riesgos que los existentes en la vida cotidiana. Conselho Nacional de Saúde (BR). *Diário Oficial da União, 98,* de 24 de maio de 2016, seção 1, pp. 44-46. https://conselho.saude.gov.br/images/comissoes/conep/documentos/NORMAS-RESOLUCOES/Resoluo_n_510_-_2016_-_Cincias_Humanas_e_Sociais.pdf

Davis, S., & Straubhaar, J. (2020). Producing Antipetismo: Media activism and the rise of the radical, nationalist right in contemporary Brazil. *International Communication Gazette, 82*(1), 82-100. https://doi.org/10.1177/1748048519880731

Gomes, W., & Dourado, T. (2019). Fake news, um fenômeno de comunicação política entre jornalismo, política e democracia. *Estudos em Jornalismo e Mídia, 16*(2), 33-45. https://doi.org/10.5007/1984-6924.2019v16n2p33

Massuchin, M., Tavares, C., Mitozo, I., & Chagas, V. (2021). A estrutura argumentativa do descrédito na ciência: uma análise de mensagens de grupos bolsonaristas de Whatsapp na pandemia da COVID-19. *Fronteiras-Estudos Midiáticos, 23*(2), 160-174. https://doi.org/10.4013/fem.2021.232.11

Mendonça, R., Freitas, V., Aggio, C., Santos, N. (2023). Fake News e o Repertório Contemporâneo de Ação Política. *Dados, 66*(2), Artículo e20200213. https://doi.org/10.1590/dados.2023.66.2.301

Oliveira, G., & Rêgo, E. (2023). Democracia defensiva no Supremo Tribunal Federal: o inquérito das fake news como estímulo para a construção de uma jurisprudência constitucional em defesa da democracia. *Revista Digital de Direito Administrativo, 10*(1), 318-335.

Osorio, A., Alvim, F., Siqueira, G., Barcelos, J. Vargas, M., Rodrigues, T., Rondon, T. (2022). Programa Permanente de Enfrentamento à Desinformação no âmbito da Justiça Eleitoral: plano estratégico: eleições 2022. Tribunal Superior Eleitoral. https://www.justicaeleitoral.jus.br/desinformacao/arquivos/programa-permanente-de-enfrentamento-a-desinformacao-novo.pdf

Piaia, V., & Oliveira, R. (2022). Bolsonaro, entretenimento e política. *Revista Compolítica, 12*(2), 87-112. https://doi.org/10.21878/compolitica.2022.12.2.611

Porto, M. (2023). *Mirrors of whiteness: media, middle-class resentment, and the rise of the far-right in Brazil.* University of Pittsburgh Press.

Recuero, R., Soares, F., & Vinhas, O. (2020). Discursive strategies for disinformation on WhatsApp and Twitter during the 2018 Brazilian presidential election. *First Monday, 26*(1). https://doi.org/10.5210/fm.v26i1.10551

Ricard, J., & Medeiros, J. (2020). Using misinformation as a political weapon: COVID-19 and Bolsonaro in Brazil. *Harvard Kennedy School (HKS) Misinformation Review, 1*(2), 1-8. https://doi.org/10.37016/mr-2020-013

Sacramento, I., & Paiva, R. (2020). Fake news, WhatsApp e a vacinação contra febre amarela no Brasil. *MATRIZes, 14*(1), 79-106. https://doi.org/10.11606/issn.1982-8160.v14i1p79-106

TSE (2018, diciembre). *Prestação de contas – Eleições 2018.* https://www.tse.jus.br/eleicoes/eleicoes-2018/prestacao-de-contas-1/prestacao-de-contas-eleicoes-2018

Zuckerman, E. (2015). Cute Cats to the Rescue? Participatory Media and Political Expression. En D. Allen & J. S. Light (Ed.). *From Voice to Influence: understanding citizenship in a digital age* (pp. 129-154). University of Chicago Press.

La mentira en la comunicación política

MARIO RIORDA

En el plano internacional, la mentira no necesariamente es un mal comportamiento. Muchas veces es considerada necesaria, inteligente y hasta virtuosa, alerta John Mearsheimer. Sin embargo, vaya paradoja en la evidencia que él mismo encontró: los líderes casi no les mienten a otros países, sino que parecen más inclinados a mentirle a su propio pueblo. Y lo hacen desde un patrón común: creer que el engaño trae beneficios estratégicos[1].

¿Qué es la mentira política? Guy Durandin es muy pedagógico: la mentira consiste en dar voluntariamente a un interlocutor una visión de la realidad diferente de la que uno mismo tiene por verdadera. Esta definición deja entrever que la mentira también puede ser sostenida aun en ausencia de un conocimiento de la realidad, lo que —para justificar decisiones— implica que puede haber mentira junto con ignorancia y desconocimiento"[2].

Una elocuente muestra de 1119 discursos políticos del oficialismo y de la oposición que tomaron estado público en la Argentina desde 2010 y analizó Chequeado, una organización dedicada a verificar el discurso público aportó datos alarmantes. La mitad de los discursos está fuera de la realidad y solo un cuarto dice la verdad. El 49,86% de los discursos fueron considerados por Chequeado "totalmente falsos", "insostenibles", "engañosos" o "apresurados". Muchos adolecen de "enmascaramiento", lo que implica no contar la historia completa, rebajar la gravedad de hechos y daños u oscurecer aspectos delicados de sus propias operaciones de respuesta. Un cuarto de los discursos estudiados tiene algo de verdad, pero no son incuestionables. Son "verdaderos, pero...", lo que implica que son consistentes con los datos disponibles, pero omiten algún elemento del tema o su

---

1 Mearsheimer, J (2012., *Por qué los líderes mentem.,* Rio de Janeiro, Zahar.

2 Durandin, G (1990). *La mentira en la propaganda política y en la publicidad.* Buenos Aires. Paidós. Pag.25.

contexto; o son "discutibles", lo que supone que la conclusión de si son verdaderos o no depende de las variables con las que se analicen. Finalmente, de los discursos contrastados en la Argentina, solo un cuarto, el 25,73%, corresponden a discursos chequeados como "verdaderos". Esto es, están sustentados en datos verificables[3].

En otro contexto, el mexicano, la palabra presidencial en las conferencias de prensa diarias y matutinas denominadas "mañaneras", son falsas en su mayoría. Casi 6 de cada 10 frases verificables que emite el propio presidente Andrés Manuel López Obrador, en un período analizado que va de diciembre de 2018 a septiembre de 2019, fueron mentiras o verdades a medias. La agencia de chequeo Verificado aporta un análisis acumulado sobre 389 frases sujetas a comprobación: 158 son verdaderas, 125 son engañosas, 94 son falsas y 12 están pendientes de una mayor investigación[4].

En los Estados Unidos, casi la mitad de los más de 11.000 primeros tuits del presidente Donald Trump en su presidencia fueron ataques (la mayoría falsos), y autoalabanzas. Incluso, tras perder, fue suspendida su cuenta por difundir contenido *fake* porque el 38% de sus afirmaciones eran falsas, según la propia red TW (llamada así en ese momento)[5].

Estos datos, seleccionados arbitrariamente, constituyen sólo un ejemplo de una vasta casuística que muestra que la "mentira política institucional" existe y es importante, visible absolutamente expuesta en la voz política y periodística.

Obvio, también cabe analizar la desinformación desde la diseminación vía la "mentira política industrial" como un acto de propagación estimulada, legal o no, a través de la saturación informativa (también llamada dominación informativa) y la persistencia vía partidos, organizaciones y consultoras. De los tantos ejemplos de este

---

3 Zommer L. y M. Riorda (2018). ¿Por qué mienten los líderes? https://chequeado.com/por-que-mienten-los-lideres/

4 10 meses de «Las Mañaneras" de AMLO: 56% es falso o engañoso: Verificado (2020) https://www.ceonline.com.mx/post/10-meses-de-las-ma%C3%B1aneras-de-amlo-56-es-falso-o-enga%C3%B1oso

5 La presidencia de Donald Trump en tuits, New York Times, 2019. https://www.nytimes.com/es/2019/11/04/espanol/mundo/tuits-donald-trump.html

segundo tipo para imaginar la diseminación artificial de mensajes, el estudio de Bastos y Mercea (2019) sobre el proceso del Brexit fue pionero: el 32% del tráfico de Twitter en Brexit fueron de sólo 10 cuentas bots. De 794,949 sólo 30.122 estaban en el Reino Unido. Y las cascadas de contenidos hacían que, mientras usuarios activos movilizan 40 a 80 contenidos, en el mismo lapso, los Bots, 320 a 640. Vale decir, 1,5 a 2 horas más rápida la diseminación de contenidos que si se moviera orgánicamente[6].

La desinformación se ha definido como una información incompleta, vaga, engañosa o ambigua. En este sentido, los contenidos *fake* podrían entenderse como una versión avanzada y tecnológica de la desinformación, ya que este término refiere a piezas de información manipuladas intencionadamente que aparecen en Internet y, especialmente, en las redes sociales. ¿Qué cosa preocupa de este fenómeno? La aceleración y su consiguiente expansión. El aceleracionismo da cuenta de esto y no tiene una única acepción para que pueda ser entendido. Tres enfoques son centrales[7].

Un enfoque estructural que concibe al aceleracionismo como una compilación de aceleraciones tecnológicas y sociales que vienen produciendo una rápida metamorfosis de la comunicación política. Desde este enfoque pueden discutirse seriamente las prácticas políticas, los conceptos clásicos de enfoques de agenda, las visiones de la representación política, los tiempos políticos convencionales (tiempo electoral, inicios de mandatos, combustión de las crisis, etc.), los sistemas de medios, el rol de las instituciones políticas clásicas, etc. Todo está en debate y la teoría de la comunicación, en asociación con estos grandes conceptos, no cambia tan a la par de estas transfor-

---

6 Bastos, M. T., and D. Mercea (2019). The Brexit Botnet and User-Generated Hyperpartisan News. *Social Science Computer Review, 37*(1), 38-54. https://doi.org/10.1177/0894439317734157

7 Riorda, M. (2023) "El aceleracionismo es la transformación de la comunicación política" en Sarasqueta, Gonzalo (comp.) "En la nave de la ciberdemocracia. Mediatización, sesgos y polarización en la era digital", Colección Parlamento Futuro, Instituto de Capacitación Parlamentaria ICaP, Honorable Cámara de Diputados de la Nación, Ministerio de Educación, Buenos Aires. 2023, pags. 181-194.

maciones. Obvio, en esta transformación, la desinformación también se amplifica como potencialidad.

Un enfoque de lo impredecible, donde el aceleracionismo es vértigo, como mecanismo de secuencias que se suceden en torno a un hecho. Es la sucesión de eventos superpuestos y concatenados. La escalabilidad resume esta concepción. Lo impensable, la expansión no controlada, la convergencia multimedial no del todo comprendida, la no dependencia de un centro expansor único, la incalculable posibilidad de voces y sentidos confrontando, la infinita potencialidad. La desinformación adquiere la idea de propagación impensada con escalabilidad a tiempo real, amplificación descontrolada y también descentrada. Le pasó al presidente mexicano Enrique Peña Nieto que fue tendencia mundial durante más de un mes tras la matanza de Ayotzinapa. El hashtag *#YaMeCansé* (del miedo, de la injusticia y de la impunidad, tal el uso que fue adquiriendo desde el activismo) estuvo en primer lugar de los *trending topics* de México por 26 días consecutivos y se expandía consecutivamente como tendencia mundial. Le pasó a empresas como Balenciaga en su indefendible campaña que incluía escenas de abuso infantil y se transformó en un escándalo planetario, o a Budweiser con su campaña de *BudLight* protagonizada por la influencer Dylan Mulvaney que, por su transexualidad, desató un boicot desde sectores conservadores en Estados Unidos. El entorno estratégico es turbulento y múltiples factores inciden. Por lo tanto, la predicción y la planificación pierden eficacia en estos tiempos, por lo que el viejo modelo de liderazgo productor, central y todopoderoso —en la cima— que toma decisiones, comunica y puede afrontar cualquier decisión en cualquier momento, definitivamente no funciona más. O mejor, no existe más[8].

Un enfoque de acción urgente, protagonizado por las voces políticas bajo la presión de la instantaneidad, del tiempo real. La transformación tecnológica digital es la contracara de la ralentización. Todo

---

[8] Riorda, M. (2023) "El aceleracionismo es la transformación de la comunicación política" en Sarasqueta, Gonzalo (comp.) "En la nave de la ciberdemocracia. Mediatización, sesgos y polarización en la era digital", Colección Parlamento Futuro, Instituto de Capacitación Parlamentaria ICaP, Honorable Cámara de Diputados de la Nación, Ministerio de Educación, Buenos Aires. 2023, pags. 181-194.

es hiper mediático, pero lo es ya. El modo de existir en la monotonía digital es a través de más y más velocidad, muchas veces con radicalización, para ganar en visibilidad. La visibilidad pretende traducirse en relevancia, y tal relevancia se convierte en fuente de legitimidad, ensaya Majid KhosraviNik[9]. Con tal de aparecer, de ser, de existir, diferentes personalidades políticas hacen cualquier cosa. Y cuando digo cualquier cosa es cualquier cosa. Apresuramiento. Acelerar cualquier posicionamiento con la impronta de estar primero ahí, sobre esta tendencia. Son las tendencias de lo que se habla en redes a tiempo real lo que legitima la acción. La política ya no se muerde los labios para no tentarse de opinar de todo, cualquier tema que aliente algún clivaje (posiciones dicotómicas en torno a temas) será una excusa de posicionamiento. Ahí, en esa presión, en esa instantaneidad, la desinformación es una consecuencia esperable en todo momento.

Pierre Rosanvallón hablaba de "líderes de proximidad" que lograban una inmersión radical en el mundo de la particularidad. El autor le llama el "descenso de la generalidad"[10]. Ese liderazgo baja a lo concreto y trata de empatizar ahí, frente a un estímulo y un lugar en particular, a cada rato. En palabras de Rocío Annunziata, muchos liderazgos se transforman en "campeones del estar ahí"[11]. Su dinámica política implica pensar lo público desde la escenificación constante, sobre lo concreto, para lograr visibilidad. Ese "estar ahí", ahora es "estar ahí digitalmente". Presencia digital es el verdadero acto de persistencia. Lo cotidiano, lo constante, lo inmediato. Es la acumulación de apariciones y sus respuestas lo que demuestra su pensamiento, su ideología, su propósito, no necesariamente su conceptualización, tampoco la verdad, tampoco la evidencia. Pero no sólo en referencia solo a las personas políticas, también a la ciudadanía que hace exactamente lo mismo desde su rol. La era de la protesta perpetua,

---

9 Khostavinik, M. (2017) "Right Wing Populism in the West:Social Media Discourse and EchoChamber", en *Inside Turkey*, julio 19(3).

10 Rosanvallon, P. (2008) La légitimité démocratique. Impartialité, réflexivité, proximité. Paris. Seuil.

11 Annunziatta, R. (2012) "¿Hacia un nuevo modelo de lazo representativo? La representación de proximidad en las campañas electorales de 2009 y 2011 en Argentina". En Cheresky I.y Annunziata R. (comps) S*in programa, sin promesa. Liderazgos y procesos electorales en Argentina*, Prometeo Libros, Buenos Aires.

según Devashree Gupta, se manifiesta de modo convencional en la individualidad siendo parte de movimientos sociales, pero también activando ese rol en las redes sociales[12]. Las voces no callan, están igual de activadas en el tiempo real, incluso comparten falsedades, de modo rápido, con racionalidad discutible.

Por todo ello, conceptualizando al aceleracionismo, se podría concluir que es una transformación estructural, social y tecnológica, de la política; que presume —en potencia— una escalabilidad no planificable de los efectos del hacer político; y que empuja, como una especie de presión o mandato, a actuaciones políticas —preferentemente comunicativas— instantáneas, de las personas políticas, incluyendo a la ciudadanía. Si la comunicación política pudiera definirse como el intento de control de la agenda pública, entiéndase, la voluntad de incidir, con tensión y confrontación frente a otros, o con cooperación junto a otros, para instalar un orden social y un sentido social frente a un estado de cosas, el aceleracionismo hiere de muerte el sentido algo estático de esa pretensión. Ahora, la comunicación política "aceleracionsita" es más bien un acto de sobrevivencia en una agenda no controlada. En ese aceleracionismo, y su modo de afectar —o definir también— el sistema político y su vinculación como soporte, estilo y potencialidad de expansión de la desinformación, plantea impactos tan grandes que la democracia no puede eludir considerar:

a) Desde una concepción de filosofía democrática, la desvirtuación de la información circulante pone en juego a la libertad (de elegir de la ciudadanía). Produce muchos efectos de saturación informativa que logran tergiversar la información disponible para una decisión óptima. Si bien lo óptimo es un aspiracional idílico, asbtracto y supuesto, aquí se parte del otro extremo, cual es la necesidad de desconfiar del contenido informativo, de seleccionar lo mucho, de jerarquizarlo y, tras ello, asumirlo como válido, proceso que no queda claro que todos hagan.

b) También, trastoca y desfigura la representación política porque los procesos rápidos en contra de alguien o algo, generan

12 Gupta, D. (2017), Protest poltics today, Polity, Londres.

pérdida de chances de personas o instituciones y alteración de la competitividad. Tras eso, se dañan de reputaciones públicas y ello conlleva muchas veces el sostenimiento de procesos de corrupción porque muchos procesos de desinformación pública tienen un financiamiento opaco, muchísimas veces ilegal incluso y a grandes escalas.

c) Hay autoritarismo porque se intenta silenciar/tapar el disenso con núcleos argumentales míticos e irreales. No hay debate sobre fenómenos reales, sino muchas veces actos reprobables desde lo ético y también desde lo legal.

d) Genera tendencias artificiales gregarias y conductas tribales que encuadran y modelan el debate público desde la más pura artificialidad, pero con una violencia y expresiones racistas, sexistas y estereotipantes, cada día más exacerbadas y humillantes.

En esencia, deslegitima el sistema democrático porque mucho de la aceleración de contenidos y, por ende, de procesos políticos, muchas veces tienen un único efecto que directamente socava la institucionalidad democrática. "Visto de esta forma, las *fake news* son el instrumento privilegiado de la desintegración del debate democrático. Supone la existencia de un otro, cuyo objetivo es manipular estratégicamente el espacio político, distorsionar el ágora como entidad comunicativa antes que presentar argumentos y llegar a conclusiones" afirman Calvo y Aruguete (2023, 30)[13].

Hay una gran cantidad de elementos que hacen posible o, más bien, explican estos efectos en los modos del intercambio político en estos tiempos. Uno de ellos es el agravamiento del antagonismo. El antagonismo es inerradicable, sentencia Chantal Mouffe, pero no implica que adversarios se transformen en enemigos[14]. Populismo-antipopulismo, democracia-dictadura, república-comunismo. Sin descaro se aproximan a una política del miedo, o bien o del asco,

---

13 Aruguete, N. y E. Calvo (2023). "Odiar el ágora: formas digitales de la recesión democrática en la era de la desinformación". *LASA Forum.54: 2.*

14 Mouffe, Ch. (2013) *Agonística. Pensar el mundo políticamente.* Fondo de Cultura Económica. Buenos Aires.

que repugna. Pasar desapercibido nunca, jamás... Simplifican a la sociedad como afirma Anton Pelinka[15]. La diseñan —imaginariamente— homogénea y, por lo tanto, lo heterogéneo pasa a ser una amenaza. Entonces cualquiera puede ser peligroso o perpetrador de algo. Activan desde la diferencia. Ese discurso "popularizante" carece de pretensión de verdad y también de democraticidad tras su poder descalificador.

La dimensión antagónica es inherente a las relaciones humanas y es la política, como un orden siempre contingente y temporario, la que ordena. Nada indica que no pueda haber un consenso conflictual, es decir reconocer la pluralidad en vez de negarla. La política —según la autora—, debiera apaciguar los antagonismos permitiendo que, cada quien, defienda sus ideas, esto es, el tránsito de un antagonismo a un agonismo propio de lo político. Los desacuerdos no sólo son legítimos sino necesarios, aún con un debate encarnizado sobre alternativas. Por ende, piensa en procedimientos regulados, democráticos, donde subyace la idea de consenso racional, centrado en la arena donde se dará el debate. Destacar el pensamiento de Mouffe es reconocer la ausencia de inocencia. Sin embargo, su enfoque realista empieza a quedarse corto en la descripción del accionar político y sus cambios.

Por ejemplo, hay una verdadera dificultad para el discernimiento entre lo verdadero y lo falso. Discursos o noticias falsas pueden estar basadas en hechos reales, pero las conclusiones sobre las causas y/o consecuencias de las mismas son, obviamente, erróneas. Por ende, la desinformación es amplia en sus modos: puede ser generada vía medios apócrifos con contenido fabricado; puede ser generada por cuentas apócrifas con contenido fabricado; puede ser de falsa conexión entre titulares de medios no se relacionan con el contenido; de falso contexto con contenido verdadero pero descontextualizado; de contenido satirizado o simplemente de contenido engañoso o apenas verosímil; sin mencionar la cantidad de cosas que no son desinformación pero muchas veces están al límite por sus impactos, como opiniones, ironías, pronósticos, u otros.

---

15 Pelinka, A. (2013) 'Right-wing populism: Concept and typology', in Wodak, R., Khosravinik, M. y Mral, B. (eds), Right-wing Populism in Europe: Politics and Discourse. London: Bloomsbury, 3-22.

Utilizando datos de encuestas de 154.195 encuestados en 142 países, se investigaron las percepciones de los usuarios de Internet sobre los riesgos asociados con la exposición a información errónea. Los hallazgos: La mayoría de los usuarios habituales de Internet a nivel mundial (58,5%) se preocupan por la desinformación. Existen claras diferencias geográficas: la preocupación por el riesgo de información falsa es mayor en América Latina y el Caribe (74,2% de los usuarios de Internet[16].

Los datos anteriores son coincidentes con los aportes de Newman (2022) quien demuestra que más de la mitad de la población (56%) se preocupa por identificar la diferencia entre lo real y lo falso en Internet cuando se trata de noticias y el dato va creciendo. Aquellos que dicen que usan principalmente las redes sociales como fuente de noticias están mucho más preocupados (64%) que las personas que no las usan en absoluto (50%), mientras que muchos países con los niveles más altos de preocupación también tienden a tener niveles altos. del uso de noticias en las redes sociales. Esto no quiere decir que el uso de las redes sociales cause desinformación, pero los problemas documentados en estas plataformas y una mayor exposición a una gama más amplia de fuentes parecen tener un impacto en la confianza que las personas sienten acerca de la información que encuentran[17].

La cuestión es que, aun apelando a altos niveles de discernimiento, la verdad se ha constituido como un bien privado: lo que yo quiero que sea verdad, lo que me gusta, lo que creo, lo que defiendo. “Si bien la orientación política puede no ser muy influyente en términos de la composición general del marco de las noticias falsas, todavía parece tener un efecto cuando se trata de agendas políticas más sólidas y críticas explícitas de los medios” afirman Riebling y Wense (2019, 67)[18].

---

16 Knuutila, A., Neudert, L.-M., Howard, P. N. (2022). Who is afraid of fake news? Modeling risk perceptions of misinformation in 142 countries. Harvard Kennedy School (HKS) Misinformation Review, pags. 1-3.

17 Newman, N. (2023). Overview and key findings of the 2023 Digital News Report. Reuters Institute. University of Oxford. Pag. 17 https://reutersinstitute.politics.ox.ac.uk/digital-news-report/2023/dnr-executive-summary

18 Riebling, J. y I.V. Wense (2019). Framing the mass media: Exploring fake news as a frame embedded in political discourse. *Journal of Alternative & Community*

Calvo y Aruguete son más taxativos, resaltando la ruptura de tres consensos que hacen a la propagación de *fake news.* La ruptura del consenso cognitivo por lo que se acepta la evidencia que apoya nuestras creencias y se descarta aquella que no es consistente con lo que queremos probar; del consenso político que induce a emitir enunciados falsos para producir un daño al oponente; y del consenso ciudadano que promueve una balcanización de las y su distinción por comunidades, planteando que "en definitiva, en el mundo de las *fake news* buscamos datos que confirman nuestros prejuicios, los publicamos en las redes sociales con el objetivo de dañar a nuestros oponentes políticos y aceptamos que nuestras creencias y los datos fácticos que las justifican se distingan de las de quienes nos atacan"[19].

En un experimento de campo en la India para probar la eficacia de una intervención pedagógica sobre la capacidad de los encuestados para identificar noticias falsas durante las elecciones de 2019[20], Sumitra Badrinathan relata que se realizaron encuestas a personas que recibieron capacitación presencial en alfabetización mediática con herramientas para identificar noticias falsas. Así, se capacitó en búsqueda inversa de imágenes y en como orientar la navegación en la web para lograr la verificación de datos. El resultado fue que, tras la alfabetización mediática, no aumentó significativamente la capacidad de los encuestados para identificar noticias falsas en promedio. Incluso más, los encuestados que apoyaban al partido gobernante se volvieron significativamente menos capaces de identificar noticias falsas.

"Las reacciones que observamos en redes sociales (compartir, responder, gustar o, incluso, ignorar mensajes) no responden solamente a un alineamiento cognitivo después de interpretar un evento lógicamente. Son, ante todo, una defensa de nuestras convicciones frente a los objetivos comunicacionales del otro. Más allá de las dis-

---

Media. Pag. 67

19 Calvo, E. y N. Aruguete (2020). Fake news, trolls y otros encantos. Cómo funcionan (para bien y para mal) las redes sociales. Ed. Siglo XXI. Buenos Aires Pág. 41-43.

20 Sumitra Badrinathan (2020) Educative Interventions to Combat Misinformation: Evidence From a Field Experiment in India, Center for the Advanced Study of India, University of Pennsylvania.

quisiciones exhaustivas, la información política nos hermana, nos brinda un marco de contención en el plano afectivo" sintetizan Aruguete y Calvo (2023, 33) y aportan un dato preocupante en uno de sus experimentos de verificación de contenido: "los encuestados que observaron la refutación están más enojados, asqueados, estresados, tristes y temerosos que quienes se toparon con la confirmación. Las diferencias no son menores: los que interactuaron con la refutación se mostraron cuatro veces más enojados (16,3%) que quienes observaron la confirmación (4,4%)... porque tiñe la intención comunicativa de quien no pertenece a nuestro grupo, y la pone al servicio de la estrategia política más no de la comprensión.... Las noticias falsas polarizan, aún antes de debatir su contenido, porque ponen de manifiesto que hay un otro que no respeta las condiciones del diálogo democrático"[21].

Quizás queden perspectivas algo optimistas tras este largo pesimismo a modo de evidencia. Que las comunidades conectadas no dejan entrar cualquier tema a su núcleo de intereses. La desinformación puede radicalizar grupos o tribus, pero no se expande fácilmente a otros grupos, vale decir, no desborda con facilidad. La otra lectura, es los efectos persuasivos de los contactos comunicativos (por ejemplo los de campaña), suelen ser cercanos a cero según datos agregados en base a metanálisis de la literatura experimental y cuasiexperimental. De los tantos ejemplos, sirva este por su contendencia, ya que Kalla y Brookman aportan estudios que sugieren que la estimación más optimista que podría justificarse a partir de la literatura es que el contacto de campaña persuade a aproximadamente 1 de cada 175 votantes, pero que nuestra mejor suposición es que persuade a aproximadamente 1 de cada 800 votantes, sustancialmente cero[22]. Algo similar aporta el estudio de Hager (2019): 0,7% a 2,2% es la variación estimada de aumento electoral como producto a la exposición de

---

[21] Aruguete, N. y E. Calvo (2023) Odiar el ágora: formas digitales de la recesión democrática en la era de la desinformación https://forum.lasaweb.org/files/vol54-issue2/dossier-5.pdf

[22] Kalla, J. and D. E. Broockman (2017). The Minimal Persuasive Effects of Campaign Contact in General Elections: Evidence from 49 Field Experiments. *Forthcoming, American Political Science Review*, Stanford University Graduate School of Business. Pag. 13

publicidad on line, más un aumento de 1,4% de negatividad sobre oponente. En total, este estudio experimental realizado sobre 189 distritos postales de Berlín concluye que las estimaciones no fueron estadísticamente significativas y los resultados son escépticos sobre la influencia decisiva de la publicidad online en las elecciones[23].

La lucha contra la desinformación incomoda. No es sólo una batalla contra la ilegalidad, es también un acto cotidiano contra discursividades que son mentiras y no pasan el filtro de una verificación. Y que, aún con verificación, su impacto en la reversión es ínfimo. Para colmo, hay una verdadera tensión entre control y libertad. Cualquier intento de combatir las noticias falsas se encuentra en el límite entre el control y la libertad desde la regulación. Y no alcanza con la autorregulación de los medios —digitales especialmente— sino que hacen falta mecanismos de regulación de prácticas distorsionadoras, más transparencia sobre algoritmos y más cobertura sobre la privacidad de datos personales. Y, aun así, siempre es poco todo eso. Hacer de la mentira una empresa de "alto riesgo", parafraseando la filosofía de Transparencia Internacional, es todavía una utopía porque políticamente la desinformación es deliberada. Se cree que el engaño trae beneficios estratégicos y porque, además, existe un desdibujamiento de los límites entre información y espectáculo, sin siquiera considerar el desdibujamiento de los límites entre aquellos y la ética política.

---

23 Hager, A. (2019), "Do Online Ads Influence Vote Choice?", *Political Communication*; 36 (2019), 3.